温润如屏
守道如山

韦屏山 著

广西人民出版社

图书在版编目（CIP）数据

温润如屏　守道如山 / 韦屏山著. — 南宁：广西人民出版社，
2024.4（2024.6 重印）
　　ISBN 978-7-219-11601-2

　　Ⅰ. ①温… Ⅱ. ①韦… Ⅲ. ①中学—校长—学校管
理—南宁—文集 Ⅳ. ① G637.1-53

中国国家版本馆 CIP 数据核字（2023）第 137751 号

WENRUN RU PING SHOUDAO RU SHAN

温润如屏　守道如山

韦屏山　著

策　　　划　赵彦红
执行策划　林晓明　陈晓蕾
责任编辑　林晓明
责任校对　周月华　韦振泽
美术编辑　牛广华
版式设计　王程媛

出版发行　广西人民出版社
社　　址　广西南宁市桂春路 6 号
邮　　编　530021
印　　刷　广西昭泰子隆彩印有限责任公司
开　　本　787 mm×1092 mm　1 / 16
印　　张　19.5
字　　数　323 千字
版　　次　2024 年 4 月　第 1 版
印　　次　2024 年 6 月　第 2 次印刷
书　　号　ISBN 978-7-219-11601-2
定　　价　75.00 元

序

韦屏山校长，一位心头燃烧着对教育事业的热情之火、坚定执着的教育工作者。他为学校的发展倾注了无数心血，始终坚定地走在教育创新的前沿。三十年如一日，他以不屈不挠的精神，克服重重困难，努力为学校创造更好的教育环境。

他深知办学的艰辛与挑战，但从未被困难所吓退。他以乐观向上的态度，勇往直前地面对每一个挑战。他千方百计地筹措资金，通过各种渠道为学校争取更多的资源，不断改善学校的办学条件，为了学校的发展不遗余力。

他秉持"学术引领，温暖育人"的理念，以现代治理理念办学。他深知教育是培养人的事业，必须以高瞻远瞩的眼光和扎实的学术素养引领学校发展。同时，他坚信每一个学生都是独特的个体，都需要温暖、关爱和尊重。因此，他倡导以现代治理理念办学，推动学校教育教学的科学化和民主化，努力实现学校的全面协调发展。在他的领导下，学校不仅在教学质量上取得了显著的提升，还积极承担社会责任，为社会培养了众多优秀人才。他的办学理念和治学精神不仅为学校赢得了良好的社会声誉，也为教育行业树立了典范。

他的付出和努力不仅赢得了师生的尊敬和爱戴，也为我们树立了榜样。他的坚韧和执着精神，激励着每一位师生勇往直前，不断追求卓越。在他的引领下，学校逐渐成为一所充满活力和创造力的教育殿堂。

他的智慧和远见卓识，如同明灯照亮了我们前进的道路。他的慈祥和关爱，如同春风温暖了我们的心灵。他的严格和要求，如同砥砺磨炼了我们的意志。他的鼓励和支持，如同阳光照亮了我们的前程。

韦屏山校长的教育人生告诉我们：只要我们坚定信念、勇往直前，就一定能够在教育事业中取得更大的成就。他用精神激励着我们不断前行，为创造更加美好的教育未来而努力奋斗。他用行动诠释了"有志者事竟成"的道理，也让我们看到了"持之以恒、必有所成"的力量。

在广袤的教育领域，我们常常会遇到这样的情况：教育的普遍规律与特殊规律的碰撞，教育的人文关怀与科学精神的融合。我们如何在这些矛盾中寻找到平衡，让教育真正成为滋养生命、启迪智慧的沃土？韦屏山校长的著作《温润如屏　守道如山》为我们提供了宝贵的启示。

韦屏山校长以他丰富的教育实践和深入的思考，展现了一位教育者如何在现实中坚守理想，如何在理想中踏实前行。他的教育理念就像一块温润的玉石，需要我们细心研磨，才能窥见其中的智慧和光芒。

在书中，我们看到了他对"生命教育"的深

度解读。他认为,"保护个性,引领个体发展是生命教育的关键"。这一理念贯穿在他的教育实践中,无论是他提倡的"情商教育法",还是他倾注心血实践的"主题活动",都充分体现了对每一个生命的尊重和关怀。

同时,韦屏山校长强调了教师的专业成长和教育的科学化。他认为,"作为一名教师要有专业成长的意识",这不仅是他对自己的期许,也是对教育的热爱和坚守。他的教学策略、课程设置以及教学管理,都充满了前瞻性和科学性。他以自己的实践证明了,教育不仅是传授知识,更是启迪智慧,引领未来。

此外,韦屏山校长还以他的敏锐和智慧,对现实中的教育问题进行了深入的思考和解读。他以"琢玉性惟坚,孜孜以成华"的精神探索教育的本质和规律,以期为我们的教育事业提供更多的启示和帮助。

《温润如屏 守道如山》这本书是韦屏山校长多年教育实践和思考的结晶。它不仅是对教育的深入探讨,也是对人生的深情告白。这本书将引领我们走进韦屏山校长的教育世界,去感受他对教育的热爱、执着和创新。

在阅读这本书的过程中,我们不仅能够从中获得教育的启示和指导,更能够感受到韦屏山校长对教育的深情厚谊和对每一个生命的尊重与关怀。他山采石，攻玉在行，韦屏山校长用他的行动诠释了什么叫作真正的教育工作者。

在当今这个充满挑战和机遇的教育环境中，我们需要像韦屏山校长这样的探索者和引领者。他的教育理念和实践经验不仅为我们提供了宝贵的启示和指导，更为我们的教育事业注入了新的活力和动力。

在这本书中，我们得以一窥教育领域的深度与广度。教育，是栽培未来的事业，它要求我们有前瞻的视野，有科学的方法，更要有温暖的心灵。

第一篇"他山采玉，攻玉在行"向我们展现了学校管理的艺术与智慧。在课程的设置中，我们看到了韦屏山校长对学生全面发展的深思熟虑；在教学管理的常新中，我们看到了他对教育质量的坚守。

第二篇"守望相助，温暖同行"，是对生命的关怀与尊重。温暖教育不仅仅是一种方法，更是一种理念、一种精神。它强调的是人与人之间的连接，是心与心的交流。

第三篇"真心育人，玉汝于成"揭示了育人的真谛。无论是高考冲刺的策略，还是对未来人生的奠基，背后都透露出韦屏山校长对学生真挚的关怀与期望。

第四篇"美其众材，琢玉成华"则体现了韦屏山校长对教育的更高追求。他倡导学生们应拥有

"风物长宜放眼量"的气度，不被琐事困扰，追求更为远大的目标。同时，他也提醒我们，教育的目标不仅仅是为了考试，更重要的是为学生们未来的人生奠基。无论是思维决定命运的观点，还是拥抱这个伟大时代的呼吁，都体现了他对教育的超前思考。

第五篇"诲人不倦，成果丰硕"用数据和事实说话，展现了韦屏山校长在教育实践中的出色成果。这些研究与实践，不仅丰富了教育理论，更为中学教育注入了新的活力。

这本书，不仅仅汇集了韦屏山校长的思考与实践，更是对教育本质的探讨与献礼。希望每一位读者都能够从中受益，共同为构建一个更好的教育环境而努力。

我想说，《温润如屏　守道如山》这本书是每一个教育工作者和学生都不应该错过的宝贵财富。它让我们重新审视教育的本质和价值，让我们更加坚定地走向教育的未来。让我们一起跟随韦屏山校长的脚步，去探索教育的无限可能！

最后，让我们向这位睿智的教育工作者致以最崇高的敬意！让我们从他的事迹中汲取力量和智慧！让我们以他为榜样，勇往直前，为教育事业贡献自己的力量！

南宁市第三中学党委书记　韦　坚

2024 年 1 月

目 录

Contents

第一篇

他山采玉，攻玉在行

课程为基　温暖为先　育人为本*
——新高考背景下南宁三中选课走班的实践与思考

2021年6月，广西教育厅印发了《广西壮族自治区普通高中新课程实施方案》，明确从2021年秋季入学的高中一年级学生开始实施"3+1+2"模式，即在语文、数学、英语3科必修科目的基础上，物理和历史作为选择性必修科目，学生必选1门；政治、地理、化学、生物4科作为选修科目，学生任选2门。与此相对应的是在学科教学上实施选课走班制度。选课走班制度早已在浙江、北京、上海等新高考改革省（市）实施，但真正在广西全面推行乃是第一次。

学校关爱学生成长，为党育人、为国育才，强化组织领导，提升学术治理，梳理工作步骤，细化选课流程，用"五化"（课程实施层级化、课程内容主题化、艺音体专项化、跨学科课程融合化、特需内容微课化）课程策略来保障素养落地，通过优化教

---

* 本文发表于《广西教育》2022年第23期，第39—42页。收入本书时有删改。

学管理、打造品质课堂和变革学习方式来促进教师深度学习，通过"五阶"（课堂掌控—课题引领—课程领导—项目统领—成果培育）学术路径来推动教学专业发展，从而实现选课走班制度的平稳落地。但是，技术层面的选课走班不是重点，我们更应思考新高考改革背景下普通高中课程设置和教学改革如何推动核心素养校园落地，新高考背景下如何进行学校课程规划。这是摆在普通高中面前首要的问题。按照这样的思路，我们开展了实践探索。

一、学习政策文件，领会改革精神

政策是我们推进教育改革的依据。为了深入推进教育改革，中共中央、国务院、教育部出台了一系列政策措施。南宁市第三中学（简称南宁三中）组织全校教职工以专题会议学习、网络研修学习、校刊读物学习的方式开展学习培训，使全校教职工深刻领会高考综合改革的目的、意义、内涵和要求，为顺利推进高考综合改革营造良好的氛围。

对于本轮课程改革，我们将其根本任务确定为以为党育人、为国育才为总目标，以学校文化建设、学科育人为载体，全面落实立德树人方针，培养有家国情怀、有世界眼光、德智体美劳全面发展的社会主义接班人。

本轮新高考背景下的课程改革有 2 个具体任务：

一是素养导向下的国家课程校本化实施。国家基础课程的优化实施及课堂教学的重构对核心价值、学科素养、必备品格和关键能力提出了更高的要求，学校课程体系建设与课堂教学改革要齐头并进。

二是适应新高考的课程调整和管理变革。对选课和走班管理进行变革，增设或调整校本课——顺利对接新高考，把学校从传统应试教育和学校管理中解放出来，腾出时间进行适应高考改革的校本化变革性实践。

二、强化组织领导，提升学术治理

为扎实推进改革，南宁三中强化组织领导，不仅成立了"双新"改革工作领导小组，还成立了学校学术委员会、学科奥林匹克竞赛（简称奥赛）委员会、课程规划中心、教师发展中心、学生指导中心、教学创新中心。

首先，以扁平化实体学术机构的高效运行推进新高考背景下的课程建设。开展以实体学术机构为单位、以项目为推手的课程领导力建设工程，各中心负责立项并完成本中心的项目。以南宁三中新时代课程体系结构为纲，学校召开课程规划编制学术研讨会，2021 年 4 月各中心提交规划初稿至学校发展研究中心，2021 年 5 月初步完成规划编制。

其次，以学术机构的高效运行推进课程建设和教学改革。例如，由科研处牵头组织学校发展研究中心，设立 8 个项目组，围绕课程、教学、评价、管理和指导等方面展开研究。每个项目组均设有专项负责人，安排研究内容，设定预期成果；项目组成员包括科研处、教务处、政教处、年级组、心理组等教研组骨干教师，联动协同，整体推进。8 个项目组承担 11 个任务群，分两个阶段逐次展开，拟于 2023 年 8 月完成并通过验收。课程规划中心负责协调选课组织管理部和高一年级的工作联动，完善面对未来的整体性解决方案。

三、理念引导实践，坚持发展为本

南宁三中确立了坚持立德树人，尊重学生选择，尊重每一个生命的成长，确保发展至上，为党育人、为国育才的指导思想；还确定了有利于孩子的发展，有利于国家、民族发展的原则，以及孩子会选乐选、家长放心、学校满意的平稳性原则。在具体实践中我们落实指导思想和原则，最大限度地满足学生的发展需求，学校开放 12 种选课组合，其中青山校区最终形成 11 种、五象校区形成 8 种。从 2022 年 4 月的调查数据来看，青山校区"一般满意程度以上"达到 98.32%，五象校区达到 97.36%。对于个别学生的选课组合，我们并没有取消，而是综合调配资源给予支持并开足课程。例如，青山校区有 2 人选择历史、化学、地理，3 人选择物理、地理、政治，3 人选择历史、生物、地理，7 人选择历史、化学、政治；五象校区有 4 人选择物理、生物、政治，1 人选择历史、化学、地理：个性化的选择极大地促进了孩子们心理、情绪的良好发展，开放选择的良好氛围会降低未来的管理压力。走班以来，孩子们展现了自主选择后的乐学爱学态度。

四、组织前期考察，生涯模拟推进

（一）考察调研，学习先进

2019—2020 年，学校先后组织干部、骨干教师赴 6 个省份 19 个学校考察学习，调研先进模式、学习先进经验。这些学校各有特点和优势，通过调研和学习，我们听到了、看到了在新高考模式下选课分班、走班教学面临的一系列挑战，以及这些学校的先进做法，考察人员逐渐达成了改革共识。一是认识到只有完善和构建更好的课程体系，才能满足新高考的要求，才能满足学生素质发展的需求；二是认识到进一步发展学校生涯教育体系，帮每个学生找到适合自身发展的生涯发展之路的重要性。

多次考察调研使我们对高考综合改革的认识更加深入，对改革的内容更加了解，对改革的路径更加明晰，为下一步工作的开展提供了宝贵的经验，拓宽了新时代教育视野。

（二）生涯教育，会选乐选

新高考正在改变高中学生的学业及个人成长的规划，即由原来的单一模式变成多种复合模式。这种变革有利于国家选拔人才，有利于学生成才，留给学生的选择空间更大。因此，学校构建了完整的生涯教育"135"发展模式，"1"是树立了"适恰、适应"这一核心理念，"3"是建立了实践拓展、社团发展、校企体验三大实践平台，"5"是建立了"规划课程、探索活动、发展指导、学科渗透、主题班会"5 个实施路径。学校的生涯教育的实施遵循"四个结合"原则：生涯教育和心理工作相结合，生涯教育和主题班会相结合，生涯教育和思政教育相结合，生涯教育和实践活动相结合。

通过课程育人、活动育人、实践育人，学校把立德树人融入生涯教育的各环节，引导学生将生涯规划与个人发展、社会责任、国家发展结合起来，培养他们强大的内心世界、深刻的思维方式、强烈的责任意识、广阔的国际视野，促进学生全面而有个性地发展。例如，高一上学期全年级开展研学旅行，特别是很多班级都开展的红色研学，引导学生铭记党的光辉历史，赓续红色血脉，厚植爱国爱党情怀，在回忆峥嵘岁月中感受革命先烈坚强不屈、无私奉献的革命精神。又如，面向全体高一学生开展生涯游园会，由"强化自我认知——对自己的洞察和理解；普及生涯知识——对梦想的分解和评估；参加模拟招聘——遇见未来的自己；宇航员自白——

顺利'着陆',筑梦再启航"4个部分组成,指导学生从意识唤醒和生涯发展方向进行人生规划。此外,我们开展"职业说"活动,邀请来自不同行业的家长和校友走进课堂,向学生介绍自己所在行业的特点、发展前景和能力需求,并近距离接受学生的访谈,回答学生最感兴趣的问题。具体选课之前,在学生、教师、家长3个层面开展宣讲活动,通过讲政策、讲程序,让学生会选乐选,让家长放心。

（三）模拟选课,资源评估

通过模拟选课,了解初步选课分布情况,了解学生初步的选课意向、学习需求,我们在开展课程设置及考试安排、学校课程整体设计、课时合理安排、教学有序组织、师资及资源协调配置、学生学习和生涯规划指导等方面的准备工作时才能做到心中有底。学校分别在2019年11月、12月进行了两次模拟选课,基于模拟选课数据,启动教室、教师资源匹配研究,形成初步应对方案。在技术层面的准备上,通过两次模拟选课的实操积累了经验,完善了工作程序,形成了具体的工作方案。南宁三中是南宁市第一批次普通高中,大批优秀学子进入学校求学。整体上,这些孩子的学习能力、自我管理能力较强,学习方向相对明确,基于学校的基本情况,先后在2021年11月、12月和2022年1月进行了3次模拟选课,最终于2022年2月完成选课,开始走班教学。选课走班实施2个月以来,学校教学平稳有序进行。

五、学术引领改革,综合推进选课

（一）细化工作流程,完善管理制度

为保证选课的顺利进行,我们建立了"选课指导—模拟选课—方案制订—课表生成—走班选课"等细化的实施流程,并对关键时间点、关键细节进行了梳理,对关键人物进行了培训,同时根据选课走班的需要,借鉴发达省份的经验,建立选课走班实施方案、指导手册、班级管理方案、选修课程办法等方面制度,为选课走班提供保障。

（二）"五化"课程策略,保障素养落地

为应对选课走班的推进给学校课程实施带来的挑战,学校对国家基础课程进行"五化"校本化处理。"五化"课程策略是落实学科核心素养有效的路径和方法,也是对课程内容的二次开发和深度开发。接下来,以学校艺音体（艺术、音乐和体育）专项化、跨学科课程融合化为例进行说明。

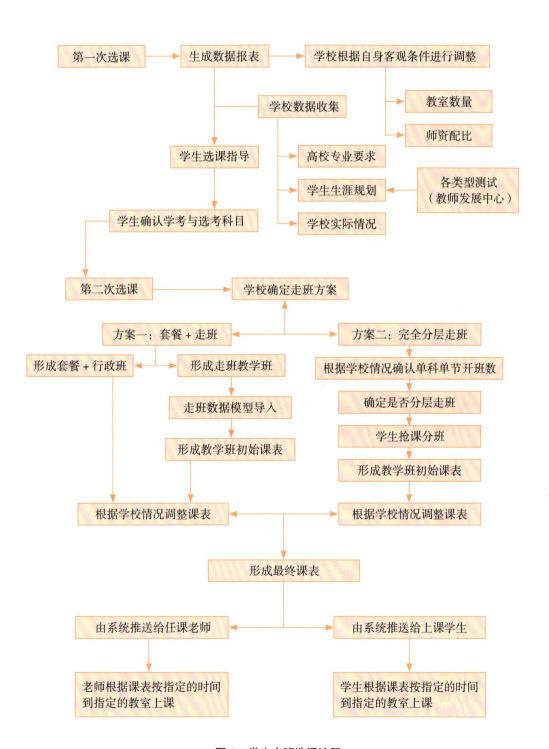

图1　学生走班选课流程

为满足学生个性化的发展需求，2002 年以来学校就一直实践探索艺音体专项化。如体育课程设置方面，改变了传统行政班级的授课局限性，实现体育选课走班制教学组织形式，开设了足球、篮球、排球、网球、羽毛球、乒乓球、软式棒垒球、街舞、轮滑、花样跳绳、珍珠球、智慧飞盘等 10 多个项目供全体学生选择，不断拓宽学生的视野，受到学生的喜爱，相关情况获得《广西日报》等媒体的报道。

跨学科课程融合化是指把几门学科课程整合成一门综合课程，通过某一主题将不同学科的相关知识整合在一起，让学生把多种学科的知识综合运用在一个具体的任务或者项目上，让教师们共同来实施教学，分担相应的内容。例如，"光阴的故事——二十四节气"校本课程，以中华优秀传统文化中的二十四节气为主题，将语文、历史、地理、英语等学科知识跨学科整合起来，实现这几门学科老师面向选修学生同上一节课，不仅有利于激发学生学习的兴趣、有利于引导学生理解和把握主题，拓宽学生视野，还通过整合汇聚教育资源，强化学科间的融合与分享，在创新课程建设方式的同时，提升了教师的综合素养。

（三）优化教学管理，打造品质课堂

面对新教材和新课堂实施的困局，学校实施"五维"教学管理，以"精准作业"提效率，以"听课研课"促反思，以"教学比赛"激发展，以"学情监控"保质量，以"教研品牌"见学术，有力保障了新教材的高质量实施。

图 2 "五维"教学管理流程

一是实施精准作业研究。围绕"题目命制、说题解构、研制标签"三方面保障精准作业，推进精准教学；定期开展命题培训，原创命题大赛，提升命题技术。

二是推进听课研课。研制新教材应用背景下的各学科课堂教学评价量表，打造"二阶五步一体化"主题高效研课模式，常态化开展校级优质课评比并形成案例。

三是强化学情监控。学校学情分析系统以学力评估与促进为中心，以课堂、考题品质优化为牵引力，以考情、班情分析评价为驱动力，以大数据采集及应用为驱动力，促进教学复杂系统的高水平运演。

四是打造教研品牌。每个教研组提出本组的研究品牌，以项目为抓手，提炼教学模式，建设校本课程。例如，高中语文"读写共构"教学策略、数学课堂落实"立德树人"教学目标的教学模式、物理问题解决——"事·数·型·算"四重表征教学法、"三阶递进、六维促学"导向化学深度学习的教学实践、立德树人视域下高中思想政治课培育学生"政治认同"素养的实践、深度学习视域下高中历史课堂教学实践、高中生地理实践力研究、基于"思政教育"的高中生物课堂。

（四）变革学习方式，促进深度学习

为适应选课走班新形势，学校倡导并实践六类学习方式，即合作学习、项目学习、研学游学、研究性学习、无界学习、具身学习，推动师生关系的变革，推动课内外的互联互通。例如，英语组在项目学习中开展以"家长会后与父母相见"为故事开端的英语原创剧本表演，项目主题既真实又有趣，还和学生的生活息息相关，学生带着浓厚的兴趣围绕这些主题去探究并解决问题。项目学习有助于锻炼高阶思维能力，学生在构思方案、自主探究、作出决策以寻求问题解决的过程中，决策、创造、系统推理分析等高阶思维能力会得到充分锻炼，达到深度学习的目的；而且不同的学生对待同一问题可产生多种解决方案，这促使学生常常需要多角度思考、综合考量或逆向思考。

（五）"五阶"学术路径，推动专业发展

为适应"双新"课程对教师发展的挑战，学校以"三课"为抓手，聚焦课题研究，围绕课程建设，引领课堂实践，强力推进教师研究成果化、系列化。同时以项目建设为驱动，以教学成果培育为目标，规划了"课堂掌控—课题引领—课程领导—项目统领—成果培育"的"五阶"学术路径，有力推动了教师的专业发展。

（六）坚持立德树人，实践温暖教育

在改革过程中，为凝聚全校师生共识，共同应对挑战。学校以"守望相助、温暖同行，各有所成、各美其美、美美与共"为共同愿景，打造温馨的校园环境，建立温暖的课程、课堂、班级文化，实行有温情的学校管理，让学生们涵养"真·爱"教育情怀，让教职工们追求幸福的教育工作生涯，提高师生的支持感、归属感、安全感、认同感，实现"温暖三中"。

六、思考改革展望，打造核心课程

（一）先进理念和专业技术

改革的关键是理念，不是技术，技术方面可以交给专业人士，对孩子们发展的重视不可让位于对管理压力增加的担忧。选课走班背景下，能够保障孩子们发展的因素当中最重要的是尊重学生选择。经过 3 个月的选课教学实践，我们发现，多几种组合和少几种组合在走班管理上几乎没有差异。没有最好的选课组合，没有最好的走班模式，充分尊重孩子们的选择就是最好的模式。

（二）专业内涵和教学技巧

教育的着眼点是学生，着力点是教师。改革的关键是教师，核心是其专业内涵，不单纯是教学技巧。教师发展的关键是教学学术发展，教师教学学术发展是教育教学质量提升的关键。在新一轮改革中，我们的注意力不应该放在各种选课技巧、排班技巧上，更不应该挖空心思引导孩子们选择学校自认为好的选课组合。

（三）平台建设和课程模式

本轮改革是素养导向下的国家课程校本化实施。本校的课程平台建设是关键。管理层面的选课走班若没有课程的支持，即便选课走班的模式是高效的，育人效果也或难以达成。因此，只有完善校本课程体系，打造良好的实体课程平台，才能为选课走班保驾护航。

提升学校党建科学化水平的认识与实践

2016年4月，组织任命我担任南宁三中党委书记一职。任职近5年以来，在上级党组织的正确领导下，我带领党委班子认真贯彻落实党的十八大、十九大精神及习近平总书记系列重要讲话精神，深入推进"两学一做"学习教育常态化、制度化，扎实开展"不忘初心、牢记使命"主题教育，积极探索"合作体"党建模式，强化党建工作对学校德育、教学、科研、发展的引领与融合，开展广西教育科学"十三五"规划党建专项课题研究，将党建工作与学校发展紧紧联系在一起，提升学校党建科学化水平，为学校的发展提供了坚强有力的组织保证。

经过近5年的党建工作实践，我认为新形势对党务工作者提出了新的要求。一是统一思想认识，需要党委班子成员认真履职尽责、基层支部书记坚决贯彻党委决策、全体党员同志认真参与其中。二是重新全面认识党建工作，要坚持"务实"与"务虚"相结合。努力达成共识并自觉实践，营造良好氛围。最后形成"规定动作"不走样、"自选动作"有创新的良好局面。三是适应新常态，在党言党、在党忧党、在党为党、在党爱党、在党兴党、在党护党。现将具体实践述评如下。

一、坚持抓班子、把方向、重学习、谋全局

（一）深入学习贯彻党的方针政策，保障社会主义办学方向

党的十九大召开后，学校党委迅速行动起来，认真组织学习会议精神，通过教职工大会、专题研讨会和党员集中活动日等形式，结合校园电视台、广播站、板报、橱窗等载体，向师生宣讲党的方针政策。同时，结合学校实际，通过主题班会、国旗下的讲话等方式，宣传、贯彻和落实党的方针政策。

（二）抓好领导班子和党员队伍的学习

每周组织党委班子成员和中层以上干部进行政治业务学习，努力提高班子成员和中层以上干部的政治理论水平，加深对党的重大战略思想的理解和把握。同时，认真抓好党员队伍学习，在"两学一做"学习教育中，有计划、有针对性地开展《习近平谈治国理政》一书的学习分享，学习新修订的《中国共产党章程》《中国共产党纪律处分条例》，进行"两学一做"网络学习等各种学习，组织党员参加党的十九大知识竞赛活动和各种党建主题征文活动，努力提高党员的党性修养和政治素养，使每位党员时刻牢记初心使命，勤奋工作。

（三）加强科学化管理

为深入贯彻落实党中央关于重大事项决策、重要人事任免、重要项目安排和大额度资金使用（简称"三重一大"事项）必须由党委集体决策的要求，实行领导班子民主决策制度，制定《中共南宁市第三中学委员会关于落实"三重一大"事项集体决策制度的实施办法》。定期召开党政联席会议，凡属"三重一大"事项必须由集体研究决定，增强决策的公平化、科学化、合理化；充分发挥学校教职工大会、教代会的作用，对学校重大问题，广泛征求干部、教职工、学生及家长的意见和建议，切实将学校的发展与教职工、家长紧密相连；注重以民主生活会、组织生活会为主阵地，加强党内民主建设，倡导党员积极开展批评与自我批评，互相监督、互相学习，加强沟通、增进感情，共同提高、共同发展。同时，注重听取民主党派、退休教职工的意见，努力使学校的各项决策更加民主化和科学化。

（四）加强和改进思想政治工作方法

学校党委坚持以人为本思想，以"守望相助，温暖同行"为工作的出发点和着力点，定期在党员微信群发布"微党课"内容，组织全体党员关注"绿城党旗红"公众号，下载"八桂先锋"APP、"学习强国"APP。注重把思想政治工作的重心下移，将支部建在年级组、党小组建在备课组，党支部书记任年级领导小组成员，充分发挥党支部在教育教学工作中的战斗堡垒作用。全力抓好学校意识形态工作，大力开展社会主义核心价值观和传统文化进校园活动，守好学校意识形态阵地，丰富校园文化，切实防范不良文化向校园渗透。形成党政工团齐抓共管、全方位多角度做好全校思想政治工作的新局面。

二、着力抓教育、育人才、建队伍、正风气

（一）党建引领，全面提升教育教学质量

学校党委不断创新工作方法，充分发挥党员的先锋模范作用，促进学校各项工作的全面发展。

标准引领，促进名师迅速成长、学校持续发展。学校把引领教师的专业发展、名师培养工作作为重要抓手，促进名师队伍不断壮大。在标准引领下，学校教学质量不断提高，教师不断得到专业发展。近5年来，16名教师被评为正高级教师，8名教师被评为南宁市教坛明星，71名教师被评为南宁市学科带头人，224名教师被评为南宁市教学骨干，31名教师分别被评为南宁市教育系统优秀教师、优秀班主任、优秀教育工作者，一批教师在全国、省级、市级优质课比赛中获一等奖。

以"科研强校"为中心，全力推进科研治校发展战略。党员教师科研项目成果不断涌现：国家级教学成果奖二等奖5项，18项课题获广西基础教育教学成果奖，多个科研成果获南宁市社会科学成果奖，有92位党员教师的102个课题获得自治区级课题立项，389位党员教师的课题获得市级立项，466个课题通过市级和自治区级结题验收。

抓中心，着力打造学校竞争力。教学是学校工作的中心，也是党委工作的中心。学校党委始终围绕教学这一中心开展工作，始终把提高教学质量作为党建工作的着力点和落脚点，深化课堂改革，狠抓教学管理，学校高考成绩不断攀登新高峰，一

本率创新高，2021 年达 90.07%，获得高考突出贡献奖和卓越奖。学科奥赛更是获得历史性突破，继续名列广西第一。

（二）抓队伍，着力提升干部执行力

干部的培养是党委的重要工作，学校党委注重发挥组织纪律的约束作用，突出培养干部良好的组织纪律观念，注重抓好对干部的"传帮带"，突出抓好干部业务能力素质的提升，坚持实施岗位锻炼的培养方式，让干部平常时候看得出来，关键时刻站得出来，危急关头豁得出来。通过深入谈心、民主座谈等形式，全面了解后备干部的情况，大胆起用有发展潜力的中青年教师，给予他们发展锻炼的机会。一年来，学校公开选拔、重新考核聘任了一批中层领导干部，提拔了 10 名中层副职干部为中层正职干部，新任用了 34 名优秀青年教师为中层副职干部，公开聘任了一批处室主任助理，为南宁三中的持续发展提供了后备力量。

（三）落实基层党组织标准化建设要求，推动学校工作有序开展

一是积极落实经费，指导五象校区和初中部青秀校区按标准建成支部党员活动室。二是指导召开青山校区党支部换届会议和 3 个新校区党支部成立会议，学校党委由 5 个在职党支部增加到 8 个在职党支部，增强、配足支部班子，使支部工作更加务实，党员在学校工作中的先锋模范作用得以突显，充分发挥党组织的核心作用和党员的先锋模范作用。

（四）抓好培养发展工作，增强党组织的活力

学校党委注重党员的培养发展工作，全方位、多层次地对广大师生进行党的知识教育。校园电视台每周及时通报时政信息，宣传党的方针政策，牢固树立爱党、爱国的信念。党委班子成员每年坚持为教师、学生上专题党课，以加强党的基本理论知识教育。2021 年，党的群众基础不断扩大，更多的优秀教职工积极要求加入中国共产党，10 名同志加入中国共产党，29 名优秀教师向党组织提交了入党申请书。

（五）深入开展"先锋引领校园党旗红"活动，打造党员名师队伍

学校党委采取学习和研修、课堂教学、教育科研、搭建平台、交流合作等培养途径和方式，开展"真·爱"讲堂、"创先争优"活动、青年教师优秀课评比活动、教学基本功大赛活动、校区教研交流活动等，加强党员名师的培养，打造一批党员教学名师、党员奥赛名师、党员特色教师，使他们成长为引领学校名师团队的标杆

人物。近 5 年来，有 8 名党员同志评上正高级职称、55 名党员同志评上副高级职称、5 名党员同志获评南宁市教坛明星、25 名党员同志获评南宁市学科带头人，大大提升了学校的影响力。

（六）抓风气，着力凝聚学校向心力

不断加强廉洁自律，开展多种形式的党风党纪教育活动，保障党员队伍"追求高线，守住底线，远离红线"。学校党委先后开展了"廉政集体谈话"、"真·爱"讲堂、"红歌会"、"中国梦·师德颂"教师节颁奖典礼、签订"廉洁从政从教承诺书"、"廉洁短信伴我行"等活动，采取学资料、听报告、看电影、讨论交流等多种方式，组织党员干部和教职工深入学习党的基本理论知识、党的方针政策。学校党委先后组织党员在南宁昆仑关战役遗址和南湖公园李明瑞、韦拔群烈士纪念碑举行"缅怀革命先烈，弘扬民族精神"活动，增强了党员的责任感和使命感。紧盯重要时间节点，引导党员干部自觉接受组织监督，严格落实党员领导干部个人事项报告制度，自觉净化"三圈"、过好"三关"，做到守土有责，守土负责，守土尽责。

（七）积极开展教育帮扶活动、落实教育"精准扶贫"工作

南宁三中积极投身教育扶贫，全方位帮扶多个县（市）的薄弱学校，与田阳县（今百色市田阳区）教育局、凤山县人民政府、田林县教育局（今百色市田阳区教育局）、隆安县隆安中学等签订了"教育帮扶协议书"，近 5 年来组织党员 300 多人次到当地高中开展高考备考策略研讨等形式的教育帮扶活动，充分发挥示范性高中的辐射作用，展现广西基础教育领域集团化发展的新成效。

（八）狠抓实事惠校，把"民生为重"落在实处

学校党委狠抓教育民生政策落实，确保家庭经济困难学生的资助工作顺利高效完成。近 5 年来，青山校区共为困难学生（含库区移民及建档立卡家庭经济困难学生）免除学费 884 人次，减免金额 72.72 万元；资助学生 2194 人次，发放总金额 204.45 万元。

（九）坚持党建带团建，团建促党建

党建带团建是提高团建工作水平的根本保证和落实党的方针政策的有效途径。思想建设是党的建设的重要组成部分，也是团的建设的首要任务。学校共青团始终把学生的思想政治建设放在首位。通过在各类社团活动中融入社会主义核心价值

观，潜移默化地影响学生，使之内化于心，外化于行。通过"维护交通秩序志愿服务""为建宁小学赠书""暑期校外志愿服务"等一系列志愿者服务活动，让学生对"富强、和谐、平等、友善"有了更深层次的感悟。2018 年，南宁三中团委书记当选共青团十八大代表，共青团中央书记处第一书记到五象校区视察工作。这些都是上级部门对学校党建带团建工作的肯定。

初心如磐、使命在肩，征途漫漫、唯有奋斗。我将进一步解放思想、开拓创新、努力工作，为推进学校发展再立新功，为实现教学改革领跑广西、教育成绩迈向全国名校的目标作出新的更大的贡献。

提升学校管理科学化水平的认知和实践

　　什么是科学？著名的生物学家达尔文曾给"科学"下过一个定义："科学就是整理事实，从中发现规律，做出结论。"而《博弈圣经》也提到"文明的永恒、普适、唯一性就是科学"。一般来说，科学包括两个方面：事实和规律。在学校管理中，如果能尊重事实和规律，就学校发展中遇到的事情进行规划，按认知规律进行梳理和整合，在实践中提升管理水平，就会产生事半功倍的效果。

一、办学理念是提升学校管理科学化水平的核心

（一）办学理念的传承与创新

　　办学理念是一所学校引领管理的方向。用先进的理念引领学校的发展，是学校发展的主线，也是一所学校提升的重要思想。而校训更是一所学校的灵魂，体现办学传统，是学校历史和文化的积淀。南宁三中是一所百年名校，自 1897 年乌龙寺讲堂创建到 1930 年提出校训"敦品力学"，几十年的积淀，让这一校

训深入人心。"敦品"即注重品德修养，"力学"即努力学习以报效祖国。在校训的引领下，学子们为实现理想而努力奋斗。随着时局的变化、时代的变迁、历史的发展，南宁三中人应时代要求，于1984年提出了全新的校训："勤奋学习，立志报国。"为建设祖国，南宁三中人不断创新发展，不断挑战自我，立志通过努力学习来报效祖国。又经历了几十年的积淀与发展，适应新的发展需要，于2002年正式提出了"真·爱"教育的办学思想。"真"就是崇尚科学精神，树立忠于事实、坚持真理的人格品质，养成求真务实、重在行动的工作作风，坚持严于律己、躬身自省的人生追求；"爱"就是追求教育真谛，是一种理解、尊重、信任、关心、宽容、要求、奉献，是一种能触及灵魂、动人心魄的教育过程，更是教师感染学生、教育学生的情感魅力所在。同时，学校重新将"敦品力学"作为校训，并始终用这一办学思想和校训引领学校发展，成为广西一流、全国知名的示范性高中。

（二）办学理念的认同与自觉追求

学校的办学思想与理念，是学校全体师生认同的观点，每个人都将这一思想和理念应用到教学和学习中，每个人都要认同办学理念"与我有关"，这就需要把办学理念整合、嫁接、提升到教育教学过程中，让全体师生感受到在学校建设中饱含着你的创造、他的贡献、我的辛劳，人人尽自己的智慧，赋予学校办学理念新的内涵。学校开设"真·爱"讲堂这一最高的荣誉平台，为全校师生提供交流和学习的机会。学校每学期定期开设"真·爱"讲堂，让名师将自己在教书育人中的实践、故事和专业发展的经验与全体师生分享，促进全体教师的专业化发展，也让学生感受到自己的成长离不开教师的哺育，学会感恩。"真·爱"讲堂有老师讲述专业发展的经验，有班主任讲述教育故事，有中层领导讲述学校管理中的智慧，更有职工讲述学校发展中的保障，全面阐述了"真·爱"教育这一办学思想。例如，梁惠红老师的《教书，是一种修行》、张小华老师的《共同成长》、林川敏主任的《活动育人，促进班级建设》、黎承忠老师的《用热情留下自己的声音》、许宜春主任的《甘当绿叶，默默奉献》等，讲台上每一位老师都用心讲述自己的发展和教育故事，讲台下每一位教职工都用心聆听着、学习着。正是这种理念认同，使学校发展更快速、更科学，使南宁三中成为广西基础教育的一张名片。让"真·爱"为本、追求卓越成为南宁三中人的精神共识，让南宁三中教师用"真·爱"的胸怀拥抱着生活，关爱着学生，塑造着一代代道德与学问上的"真人"。

二、课程建设是提升学校管理科学化水平的实施途径

课程是学校开展教育的平台，是学校办学理念实施的载体。课程不仅是学科教学和课堂教学，还是教师、学生、教材、环境4个因素的整合。课程本质上是一种教育进程、一种实践状态，因此学校内的一切教育活动都是课程，都是检验教育状态的过程。学校课程文化特性包括基础性、开放性、选择性、综合性。学校应根据课程文化特性创造适合学生发展的课程，开发课程体系。

（一）三级课程结构系统

一是国家和地方的基础类课程（必修课），这是国家和地方的核心基础课程，是学校课程体系中的主干课程；二是学科拓展的探究类课程（必修课与选修课相结合），是基于学校自身的教育传统与办学理念，对基础类课程进行二次开发的课程，是国家和地方基础类课程的重新架构与组合；三是校本课程（选修课），是学校自主开发课程，是对国家和地方基础类课程的拓展，对学校二次开发课程的补充，包括体育健身、快乐阅读、美育熏陶和科技创意4类。

（二）课程导向

学校设置主题化的特色课程，依据"课型不同，目的趋同"的原则进行课程建设。一是以"全面发展"和"德能并举"为主题导向，开设必修课程，全面落实国家和地方课程要求。如必修课设置了阅读主题课、仪式仪态美育主题课、传统文化主题课、健康教育主题课、安全教育主题课、责任意识主题课等开发类课程。二是以"因需设课"和"学有所长"为主题导向，开设了学生自主选择的校本课程，实现了从"学校有什么条件开什么课"到"学生有什么需要开什么课"的跨越式发展。如人文素养类主题课程"趣味传统文化""《史记》选读""《世说新语》与魏晋风度""汉字的故事与汉字的书写""山水田园诗欣赏""文化随笔赏读""英语歌曲鉴赏""英汉思维与语言形式比较"等；科学素养类主题课程"蚂蚁搬家——走进动物行为学""解读生命的密码主题课——走进遗传学""膳食与健康""舌尖上的化学""化学视角看刑侦""魔法物理""先有鸡还是先有蛋——生物学中逻辑问题""真相只有一个——法医与生物学技术"等；身心素养类主题课程"魅力篮球""高雅网球""激

情足球""好玩滑轮""形体之美""健康生活每一天""心灵有约"等。同时，学校以社团为载体，推进综合实践课程的开展，通过学校的电视台、广播站、记者团、文学社、演讲社、机器人社、无线电社、心理协会、舞社、棋社、羽毛球社、足球社等让学生在活动中体验课程。学校以奥赛为依托，开设自己的校本奥赛课程，打造广西奥赛第一校，开发了学科特长系列课程的"基础篇"和"拓展篇"两部分奥赛系列课程，如"认识逻辑斯谛曲线——走进生态学""收藏大自然的点滴"等。

（三）课程领导力的提升

课程领导力是指教师作为课程的领导者和参与者，以课程标准为依据，创造性地设计课程教学环境，有效实施课程教学，全面提升课程质量的能力。学校以"'说·做·写'实践研究"为课题，开展提升课程领导力的研究。

一是研究"说"，即深入对话。对话是课程实施的重要途径，提高教师与自身、与文本、与他人对话的能力，是提升课程领导力的基础。"说"既是发现问题的方式，也是解决问题的方式。学校组织名师200人次，到北京市、重庆市、广州市、佛山市、南宁市、柳州市、钦州市、贵港市、百色市、河池市、崇左市、来宾市、东兴市等地开展讲学活动。"说"得清，表明对课程有明确的认识，进而对课程设计和实施做到系统把握，就能发挥在课程行为上的引领作用。通过说"教育、教学思想"、说"教学内容"、说"教学方法"、说"教育故事"、说"解决问题的依据"等呈现课程实施的过程和方法。例如，杨泰金老师的《优秀班主任的成长内核》、魏述涛老师的《热爱班主任工作，做最好的自己》等班主任讲座，梁惠红老师的《追寻教书的意义》、杨泰金老师的《光的反射和折射》等教学讲座，李杰老师的《学生发展核心素养与课堂教学变革》等教学方法讲座。同时，学校以科研为抓手，先后完成了"提高学习效益的十点策略""数理统计的方法""新高考背景下的物理课堂与课程资源""以变应变——语文新考纲解读"等课题研究，开展了以高考备考为主题的"精神备考　精准备考""依托考纲、精准备考""深入研究、精准指导""基于考题研究的高考地理策略研究"等备考文化的建设。学校图书馆也配合学校的课程发展，开展了"新时期、新常态下的中小学图书馆走向"的课题研究。真正让"说"与科研相结合，以研促说，以说促教。

二是研究"做"，即实践研究。只有"做"，才能让我们对事物的认识从朦胧化为清晰，能让幻想变成现实，收获更多的教育经验，这是提升教师课程领导力的根本。在"做"中"学"，在"学"中落实"做"，不让教育改革停留在文献里和空想中。为此，学校设立"做"的标准和执行标准，立足"做"，把"做"当成实践研究的重点，要求做前"决心第一，结果第二"，做中"完成第一，完美第二"，做后"胜利第一，经验第二"。学校在高考备考中对高考数学题进行分析，就体现了"说"和"做"相结合，真正做到了先"做"再"说"，边"说"边"做"，"说""做"相结合，完成第一的实践要求。

例1：高三数学备课组对高考数学题的分析如下。

首先是高三数学备课组说高考数学选择题知识点，然后再分析举要如表1所示。

表1　高考数学选择题知识点

题号	年份				
	2016 年	2015 年	2014 年	2013 年	2012 年
1	集合	复数	集合	集合	集合
2	复数	三角恒等	复数	复数	概率
3	数列	简易逻辑	函数性质	概率	复数
4	几何概型	概率	双曲线	双曲线	解析几何
5	双曲线	双曲线	概率	算法	数列
6	三视图	圆锥体积	三角函数	立体几何	算法
7	函数图象	平面向量	程序框图	数列	三视图
8	不等式	三角图象	三角变换	三视图	三角
9	程序框图	程序框图	线性规划	二项式	双曲线
10	解析几何	二项式定理	解析几何	解析几何	函数图象
11	立体几何	三视图	函数与导数	函数	立体几何
12	三角图像	函数与导数	三视图	数列	函数图象
13	平面向量	偶函数	二项式	向量	平面向量
14	二项式定理	解析几何	逻辑	数列	线性规划
15	数列	线性规划	平面向量	三角	概率
16	线性规划	解三角形	解三角形	函数	数列

其次是高三数学备课组每 5 题一组进行高考数学选择题知识点排布。第一组总结基本模式：集合、复数、双曲线、概率。第二组总结基本模式：算法、立体几何、三角或函数。第三组总结基本模式：解析几何、立体几何、函数或导数。第四组总结基本模式：平面向量、二项式定理、数列或三角。

最后是高考数学备课组进行模拟考和强化训练命题模式的知识点排列。

表 2　第一组总结基本模式

题号	年份				
	2016 年	2015 年	2014 年	2013 年	2012 年
1	集合	复数	集合	集合	集合
2	复数	三角恒等	复数	复数	概率
3	数列	简易逻辑	函数性质	概率	复数
4	几何概型	概率	双曲线	双曲线	解析几何
5	双曲线	双曲线	概率	算法	数列

表 3　第二组总结基本模式

题号	年份				
	2016 年	2015 年	2014 年	2013 年	2012 年
6	三视图	圆锥体积	三角函数	立体几何	算法
7	函数图象	平面向量	程序框图	数列	三视图
8	不等式	三角图象	三角变换	三视图	三角
9	程序框图	程序框图	线性规划	二项式	双曲线

表 4　第三组总结基本模式

题号	年份				
	2016 年	2015 年	2014 年	2013 年	2012 年
10	解析几何	二项式定理	解析几何	解析几何	函数图象
11	立体几何	三视图	函数与导数	函数	立体几何
12	三角图象	函数与导数	三视图	数列	函数图象

表 5　第四组总结基本模式

题号	年份				
	2016 年	2015 年	2014 年	2013 年	2012 年
13	平面向量	偶函数	二项式	向量	平面向量
14	二项式定理	解析几何	逻辑	数列	线性规划
15	数列	线性规划	平面向量	三角	概率
16	线性规划	解三角形	解三角形	函数	数列

表 6　模拟考、强化训练命题模式的知识点排列

题号	知识点
1	集合
2	复数
3	变化
4	概率
5	双曲线
6	算法
7	变化
8	立体几何
9	三角或函数
10	解析几何
11	立体几何
12	函数或导数
13	平面向量
14	二项式定理
15	数列或三角
16	变化

结合年级的质量分析中总分分布形态图，给出学校尖子生备考建议。

例 2：模拟考数据分析示例（总分分布形态）。

（单位：人）

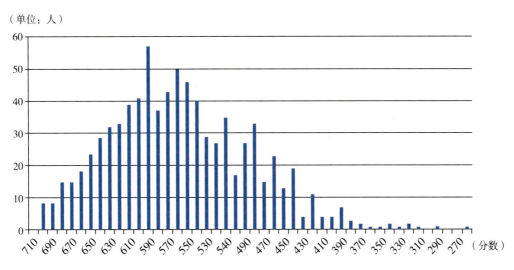

图 1　模拟考总分分布形态

例 3：尖子生一对一培养措施举例。

采用精准辅导，设置个性化课程，对发现的问题分人、分模块进行研究，合力

突破尖子生的知识短板，分工如下表：

表7　不同教师分别阅同一份卷的打分情况

学生姓名	选择题题号	13	14	15	16	17	18	19	20	21	22	23	总分	阅卷人	扣分原因
王××	60	20				12	12	12	12	12		8	148	流水改卷	
		5	5	5	5	12	12	12	12	12		8	148	魏远金	23.不等式解错
		5	0	5	5	12	12	12	12	11		9	143	黄河清	14.没写"bn=" 21.等价命题不准确 23.不等式解错
		5	5	5	5	12	12	12	12	10		9	147	黎承忠	23.不等式解错
		5	5	5	5	12	12	12	12	10		8	146	於惠锋	23.不等式解错
		5	5	5	5	12	12	12	12	10		9	149	邹信武	23.不等式解错
		5	5	5	5	12	12	12	12	10		7	145	刘辉	23.不等式解错

表8　不同教师分别阅同一份卷的打分情况

学生姓名	选择题题号	13	14	15	16	17	18	19	20	21	22	总分	阅卷人	扣分原因
方××	60	20				12	12	12	12	12	10	150	流水改卷	
		5	5	5	5	12	12	12	12	10	150	魏远金	
		5	5	5	5	11	12	12	12	10	149	黄河清	17."c=2"的合理性
		5	5	5	5	12	11	12	12	10	147	黎承忠	18.过于 21.x=n（n+1）代入时分母少1
		5	5	5	5	12	12	12	12	10	150	於惠锋	
		5	5	5	5	12	12	12	12	10	150	邹信武	
		5	5	5	5	12	12	12	12	10	150	刘辉	

例4：以奥赛为依托，缩减常规课，增加奥赛课程，设置奥赛个性化课程。

表9　数学奥赛班课程表

	星期一	星期二	星期三	星期四	星期五	星期六
第一节	物理	语文	数学	化学	物理	数学奥赛培训
第二节	英语	英语	数学	数学	英语
第三节	政治	历史	化学	物理	音乐
第四节	生物	化学	语文	英语	语文
第五节	地理	体育	信息		
第六节	数学	数学奥赛培训	生物	自习	数学
第七节	化学	物理	生物
第八节	语文	通用	体育
第九节	自习	自习	班会

三是研究"写"，即收获成果。著名哲学家培根曾说过，写作使人精确。因为写作时，要从高屋建瓴的高度去思考、审视教育教学活动，通过写总结、写反思，提炼并提升教育教学的理解力，促进教育思想和教学风格的成型、丰富、完善，收获更多的教育成果，这也是提升教师课程领导力的关键。为提升学校管理科学化水平，学校科研处指导学科教师，对所"说"、所"做"进行总结，形成重要成果，这样才能被借鉴参考，才能传承积淀的内涵。教师在教学中如何凝练自己的成果，提取"说"的、"做"的观点形成论文呢？这就需要解决两个问题：一是教学任务十分繁重，怎样处理好教学与研究的关系？二是怎样发现论文写作的切入点，写出高质量的论文？这就需要老师重研究、勤积累，在做中学。

教师从技术层面要提升研究能力，不断缩小与别人的研究能力差距，这样才能提高教学思考力。同时，面对教育现象，教师要看到别人没有看到的、想到别人没有想到的、做到别人没有做到的。教师要把研究的成果转化为教学内容，从而促进自己提高教学的境界。教师的核心竞争力就是研究能力，教师应以自治区级立项课题、市级立项课题开展"写"的研究，确定研究什么，怎样研究。教师可从以下几方面研究，达到提升学校管理科学化水平的实践目标。

1. 研究"教"，是"写"的前提。

"教"是一个教师专业发展的基本要素，有效的"教"才能达成高效的学。教学有法，教无定法；大法必依，小法必活。一节好的课应该突出"教"的引导，在以学为主体的实践过程中，高效完成教学内容和思维培养。那么怎样上好一节课呢？以"问题导学"教学模式在一节新授课教学中为例，我们来看看如何通过"研教"落实课堂教。

首先是新课引入。新课引入是基础，它的立意是调动学生学习的积极性，其效果常常影响了学生对整节课的关注度和参与度。一是问题要抓住关联性，尽可能地让学生看到新知识的引进是自然的，甚至是不可避免的，使问题一提出就抓住学生的心，吸引其对新知识产生强烈的求知欲，从而积极思考；二是对学生猜想、发现的观点进行提炼，特别是可能产生的认知冲突，以此引发学生的探索欲望，激发学生对获取新知识的迫切心理需求；三是教师教学的立足点可放在阐述学习新知识的必要性上，让学生由对新知识的好奇转化为对新知识的渴望。

其次是概念形成。概念形成是重点，它对学生构建自身的认知结构起关键作用，要让学生理解概念形成的合理性，以简洁的形式将知识循序渐进的发展过程呈现给学生。一是以知识产生的合理性作为问题主线。问题的设置要张弛有度：问题太泛，导向性不强；问题太窄，学生容易走入教师预设的轨道，影响学生思维的独立性。二是要根据学生实际，铺设一定的阶梯。既要注重正向思维也要展示逆向思维，既讲正确思维又讲错误思维，使学生充分感受到数学思维的合理性与必然性。三是学生对信息进行收集、整理、提炼会存在一定的困难，教师要注重把"概念形成"的问题主线明晰化，给学生以良好的启迪。

再次是概念深化。概念深化是灵魂，它能帮助学生以正确的观点去看待问题，是教师进行创新实践最富于挑战性的一个舞台。一是重点对概念内涵、外延进行挖掘，突出概念的本质特征；二是充分引导学生深入思辨，理解概念的本质，而不只是停留在概念的外壳上；三是注重引导学生用自己的语言阐述概念。在概念学习的整个过程，体现了很多重要的教学思想方法，这些思想方法在概念探究的过程中往往是一种朴素的运用，学生并没有意识到，所以要通过这一环节的点拨、分析、总结、提高，让学生感悟。

然后是概念的应用与探索。概念的应用与探索是关键，主要任务是例题的讲解、拓展、探究，这是教学中强化新知识学习、展示学科思想方法、培养学生能力的重要载体。一是教师要引导学生思考：为什么要讲这道题？目的是什么？从知识角度看，它着重强调什么？从方法层面看，它反映了哪些重要的学科思想方法？对今后有哪些指导意义？二是引导学生分析解题思想的类化。学生在解决问题的过程中可能百思不得其解，之后又可能顿悟，此时的思维具有很大的直觉性，顾及不到对自己的思维过程进行分析、整理，需要总结方法。

最后是总结归纳。总结归纳是升华，它对学生深入理解新知识的重点和关键，构建起自己的知识网络，起着十分重要的作用。一是围绕新知识脉络、教学重点来设置问题，学习总结什么、怎么总结的方法和策略，以概念和基本方法作为出发点引导学生思考、总结；二是引导学生使用"系统学习"的方法，把教学某一环节中看似孤立但在整节课中起到桥梁作用的问题和办法联系、总结出来，明确每一种方法的特点；三是围绕"构建知识网络"来总结归纳。教学的知识、方法其实就像工具，教学过程就是不断充实工具箱并不断使用工具去解决问题的过程。

2.研究"思"，是"写"的实践。

教学是一门遗憾的艺术，精心设计的教学方案在实施的过程中常常没能取得预期的效果，问题到底出在哪里？这就需要在事后进行反思。只有反思才能促进教学，只有反思才能形成自己的教学成果，只有对课堂中出现的教学问题进行释疑的思考，才能不断提升课堂品质。

有一次，学生问了我一道物理题，我认真为他作了解答。可是第二天，他又拿这道题来问我："老师，我想请你看看我原来这样想为什么解不出来？"面对这样的问题，我进行了反思：学生第一次问我问题时，我不假思索地把自己解决问题的办法和盘托出，忽略了学生解决问题的原有思路，没有设身处地地从他的角度去理解、分析问题，了解他面临的困难和求助于教师时的期望，并没有真正解其"惑"。这件事给我的启示：教师在为学生解答问题时，必须从学生原有思路出发，分析其遇到问题的思维障碍，不应急着用自己的解题思路去代替学生的原有思路，否则，就没有真正解决学生的"疑"，反而成为一种新的"灌输"，抑制了学生思维的发展。这说明，教师释疑要与学生认知基础相协调，要帮助学生对问题的成因进行分析，否则就会出现"投射效应"的影响、出现对"反馈"概念在教学中的作用存在认识上的偏差，教师自身观察力、想象力和创造思维能力也会出现提升不足的缺陷。因此，教师在释疑中要加强理论学习，端正教育思想，提高心理品质；要加强对学生学习心理和思维活动的研究，对症下药；要因势利导、循序渐进，将释疑的过程转化为师生共同探索、发现的过程，促进学生思维能力的提高。教师为学生释疑，要从发展学生思维能力的高度出发，充分把学生的认知基础与教师教学目标有机地结合起来，从点滴抓起，这样才能更好地培养和提高学生的思维能力。

通过教学反思，教师就会很快寻找到很多"写"的切入点，记录自己教学中的困惑与反思，为课堂发展提供很好的借鉴。例如，怎样撰写"教学案例分析"？怎样深化学科思想方法的教学？怎样培养学生物理解题能力？怎样培养学生创新能力？怎样加强立体几何教学的针对性？怎样提高学生运算能力？解抽象函数问题有哪几种基本思路？数形结合有哪几种基本形式？怎样在解题中应用函数图象变换？如何拓展应用题教学与学生单向思维？怎样在数学教学中提高学生注意力？教师通过全面寻找切入点，全面回顾自己在教学中的得失，进而形成教学反思成果。

3.实践"写"的感悟。

我们常犯的错误：不会也不愿正确去区分"事实"与"判断"，常常以主观的判断去给事实定性，从而影响了事实的客观性。当看到一名平时纪律有些松懈的学生上课迟到，会不自觉地想：这个学生真散漫，屡教不改。而事实上，他真的是因为上学路上做好事给耽误了。看到校园里一对男女学生有说有笑地走在一起，也许就会想：这俩孩子该不会是在谈恋爱吧？而事实上，这是他们进入南宁三中后第一次相遇。你感觉自己在课堂上已经讲得非常详细，学生不可能听不明白了，可学生还是没听明白，因为你认为的难点并不都是学生最需要你帮助解决的问题。听见办公室里同事们为发表一篇文章而开心议论的时候，自己心中却在想：他们是不是在含沙射影自己从未发表过文章？事实上同事根本就没有一丁点这种意思。面对领导在会上批评的一件事，自己会想：为什么老是针对我？为什么领导总是看不到我做得好的地方？而领导其实只是就事论事，真诚提醒大家。为什么你常常得出与事实不符的判断？为什么你对学生的教育总不得法，总不能让学生心服口服？为什么你在集体中不受欢迎，还总感觉是别人的错？我的感悟：应该改变一种心境去面对事实，换一种角度去了解事实，从而改变解决问题的思路和办法。

关爱学生是教师这份职业的一种责任，教师对学生的爱可以说是天底下最无私、最真挚的爱，但是，在教育实践中，为什么很多时候我们的辛勤付出、我们的爱并没有得到学生应有的理解呢？原因也许是多方面的，但是我觉得很多情况下我们还缺乏一种意识和能力，那就是我们没有努力让学生感受到爱！

凭什么让学生喜欢你？只有让学生感受到你的关爱，他们才会喜欢你。鼓励是学生健康成长的源泉，在对学生寄予期望时，要积极评价，要鼓励学生参与活动，鼓励竞争，并选树榜样，这样学生才会敬重你；要平等关爱每一名学生，让每一名学生都拥有机会，对不同层次学生都给予符合其学习程度的指导，这样学生才能感受到你的关注；用宽容的心去善待学生，尊重学生人格，学会倾听，要允许学生犯错。在不断修正中，让学生感受到关爱。

对学生如此，对同事也该如此。工作中，不少教师常常有这样的苦恼：为什么自己也很努力，但总是别人带的班成绩更好？为什么同样按学校的要求做了，但领导表扬的总是他人？为什么总是别人做得更好？优秀教师"优"在哪呢？自己总是按时按量、不折不扣地完成任务，并且常常想方设法比计划做得更好，而决不做"差不多先生"，但是仍收效甚微。事实上，在工作目标明确的情况下，完成任务的质量比的就是谁做的过程更精细，谁更全力以赴和持之以恒。想了，就要去做；知道，就要做到；做到，就要见到。尝试改变思维方式，尝试把自己变成一名研究者，尝试让学生感受到你的关爱，尝试做集体中不可或缺的人，尝试提高说理的能力等，记录这个阶段的反思，写出自己的感悟，就能提升自身教学艺术，提高教学技能，形成自己的教育教学风格。风格是一种境界，歌德说："风格是艺术所能企及的最高境界。"雨果说："风格是打开未来之门的钥匙。"别林斯基说："风格是思想的浮雕性、可感性。"我以为：风格就是你对教育的独特理解。风格就是你的教育智慧的个性化体现。风格就是面对活生生的教育现象时，别人没有看到的，你看到了；别人没有想到的，你想到了；别人没有做到的，你做到了。这就是你为师的境界，这就是你为师的风格。

4. 坚持"写"是一种智慧。

每个人对教学的思考和感悟都是有区别的，认真感悟他人的真知灼见，吸收他人闪光的思想和先进的做法，内化为自己的认识，并在实践中体会、发展，这是提升自己的重要渠道。所谓"站在巨人的肩膀上"，正是我们缩短与理想教师距离的有效途径。苏格拉底曾经对他的学生们提出这样一个要求——把你的手臂尽量往前甩，再尽量往后甩，每天甩300下，看谁能坚持做到。学生们都笑了，这么简单的事怎么会做不到呢？过了10天，苏格拉底问他的学生们："每天甩臂300下，哪些同学坚持了？"90%以上的学生骄傲地举起了手。一个月后，他再次提起这个问题，坚持下来的学生只有80%。一年后，苏格拉底再次问道："还有哪些同学坚持每天做甩臂运动？"这时候只有一个学生举起了手，这个学生叫柏拉图。这就是坚持。

当我们听报告时，带着任务去听，定下目标去听，把感悟和思考的问题写出来，就形成了一篇心得；当我们读一本书时，把感动自己的文章记下来，把能引起自己强烈共鸣的观点记下来，就形成一篇读书笔记；当我们把课堂教学中的神来之笔记下来，把教学实践中的失败案例记下来，把教学反思中的深切感悟记下来，就形成了一个案例……而这些都是教育理论的"故乡"。机会，总是留给那些做好充分准备的人，智商高的人善于发现机会，情商高的人善于抓住机会。坚持以"写"去追求教育的理想，追求幸福完整的教育生活。

三、制度是提升学校管理科学化水平的实施保证

管，是一种竹制管状乐器，类似笛子，六孔；理，治玉也，即将一块玉材雕琢成玉器。从《说文解字》的释义上看，雕琢玉器前要有精心的策划，而吹管要各方面和谐、协作、配合。可以说，事前精心布置，过程讲究和谐，这就是"管理"的最初含义了。"真·爱"为本的管理理念，目标是尊重人、发展人、激励人，而成就人的最重要方式就是制度，包括制度管理、人文管理、心本管理 3 个维度，通过管理做到以爱育爱，以情融情。

（一）制度管理

制度建设体现现代化规则意识，以引领成长为导向，以刚性原则为标尺，完善和创新各项管理制度。既重视刚性规则的权威性，也重视评价标准的引导性。2021年，学校已建立 117 项规章制度，并不断补充、完善。

1. 加强常规工作的过程管理。

例如，在教学工作中抓好核心教学常规（备课、上课、批改作业、监考、辅导、研究等），向教学常规要质量，抓严细节，抓实过程。

2. 加强常态下的工作质量管理。

例如，在教学评价中强化教学效果考核，组织好质量检测、单元检测和期末考试，考试之后要通报考试成绩，搞好质量分析，实现考试成绩与教师奖励挂钩。

3. 加强民主管理，从领导集权走向民主共建。

例如，以党组织为政治核心、监督保障，重大事项由学校领导班子集体研究决定，学校建立并完善教职工代表大会制度，实行校务公开制度和民主评议干部制度，不断健全职能部门职权和责任追究制度，在专业发展中实行学术委员会制度。

（二）人文管理

人文管理的重心在于人文关怀，在于尊重教师的成长需求，要鼓励教师自主追求、自主学习、自主实践、自主创造。而管理的作用不仅是一种要求，更是一种引领，在于为教师的发展提供学习的平台、交流的平台、提升的平台。学校从行政推

进转向学术跟进，引领教师自觉提升学术素养和研究水平。

（三）心本管理

心本管理的关键在于文化认同，让每一个人都知道自己的重要性，这是现代化管理的重要标志。学校开展了"我为高考献一计"活动，真正让教师作为学校的主人进行管理，让教师在管理中形成自觉意识。同时，也注重"务实"与"务虚"相结合，注重管理的高效性、人文性。例如，在备考中提出"提高复习课的有效性"的要求，重在号召加强集体备课，认真研究复习课的特点，多听课交流，多听取学生意见反馈，检查学科成绩是否缩小差距。用"务虚"倡导教师们积极参与活动，积极献计献策。例如，在备考过程中布置的"务实"要求：过教材关、过真题关、过训练关、过精准"教"关、过精准"学"关、过回归关、过熟练关、过规范关、过体能关、过心理关。要落实这些要求，就要设定标准，标准不明确，执行缺力度，效果就会大打折扣。为此，学校开展了"设立标准与执行标准"的研讨，如加强教师对高考题的研究，开始没有标准，只是要求教师研究高考题，做好高考真题试卷。要知道高考卷有很多套，这种不明确的标准导致教师不知道要做哪套卷，也不知道从哪套试卷做起，并且做了让谁检查呢？领导做了吗？为什么让教师做？所以最终没有人去做这件事，这种"务虚"的要求没有起到倡导的作用。可见"务虚"工作"务实"抓，难以落实；"务实"工作"务虚"抓，难见成效。因此，应当改变思路，重新设定标准，明确要求每个学科教师只研究近3年全国卷Ⅰ，讨论试卷特点，研究试题难度，开学前备课组上交一份根据此试卷命制的模拟题并进行发言。可见，这种标准是容易实现的，因为有目标，开学要发言就要准备，开学上交一份模拟试题就要参考原卷，所以教师很好地执行了标准并完成了任务。设立好的标准，才能有好的执行。

四、人的现代化是提升学校管理科学化水平的目标

现代化是社会现代化与人的现代化有机统一，而人的现代化是社会现代化的标志。人的现代化是指人的思想观念、思维方式、行为方式、生活方式，实际是从传统向现代的转变，是人的素质全面充分的提高。人的现代化有乐于接受新事物，准备接受社会的改革与变化，头脑开放且尊重不同的看法，注重未来与现在并守时惜

时，注重效率、效能，对人和社会的能力充满信心，注重计划，尊重知识，追求知识，相信理性及理性支配下的社会，重视专门技术并敢于正视传统，相互了解、尊重别人和自重，认为程序比结果更重要等特征，这些特征也是提升学校管理科学化水平的实践方向。让教师享受教育的幸福，让学生享受幸福的教育，这是学校教育发展的最终目标。"真·爱"教育一直引领着学校管理科学化水平发展的方向和高度，学校注重培养学生在成长过程中，懂"真·爱"、会求知、健身心、能探究、有特长，德智体美劳全方位培养和核心素养提升。

（一）"懂'真·爱'"体现了现代化办学的素质培养效果

坚持以学生发展为本，全面贯彻党的教育方针，运用有效的教育策略和方法，把学生培养成为懂"真·爱"、会求知、健身心、能探究、有特长的德智体美劳全面和谐发展的高素质合格公民。

（二）会求知体现了现代化办学的学力培养效果

教育学生尊重知识、尊重科学，培养良好的学习态度、学习兴趣、学习方法、学习意志、学习习惯和学习能力，具有较为扎实的基础知识和基本技能，使学生不仅学会，而且会学、好学乃至乐学。

（三）健身心体现了现代化办学的健康培养效果

注重培养学生健康的体质、积极的心理、顽强的毅力和善于竞争与合作的精神，培养学生文明礼仪习惯，做到行为美与心灵美的和谐统一。

（四）能探究体现了现代化办学的创新培养效果

充分利用校本课程和选修课程，培养学生乐于探究、勇于探究、善于探究的能力，激发学生创新思维火花。近年来，学校在数学、物理、生物、化学等奥赛以及创新能力大赛中共培养出 300 多名获奖、获加分的竞赛选手，每年都有 10 余人参加全国决赛，并取得佳绩。

（五）有特长体现了现代化办学的潜能开发效果

着力打造富有特色的校园文化，如元旦通宵活动、新蕾艺术节、德育实践活动、学生社团活动等，营造一种健康高雅、内涵丰富、活泼有序的文化氛围，激发了学生的发展潜能，培养了学生良好的兴趣爱好，使他们初步拥有了诸如人文修养、体育健身、艺术鉴赏、琴棋书画、劳技制作、科技创新等方面的特长，使学生思想得到熏陶，精神生活得到充实，道德境界得到升华，为今后进一步发展打下了良好的基础。例如，2003 年考入河海大学的赵亮同学，在大三时期就组建了"夸父"创业团队，成功研制的"太阳能光纤圣诞树"，获得投资 1000 万元人民币，成立了以"夸父"创业团队为核心的常州夸父太阳能应用技术有限公司。又如，1997 年考入广西财经学院的林严同学，成为广西电视台《夺宝奇兵》栏目主持人，后来继续学习，获得文学硕士、MBA 硕士、EMBA 博士学位。这种继续学习的能力，正是南宁三中管理科学化的体现。

南宁三中教师在享受教育的幸福的同时，不断提炼教育教学成果，获得基础教育国家级教学成果奖 2 项、自治区基础教育教学成果奖 10 项以上，70 余人次获国家级、自治区级课堂教学竞赛第一名或一等奖，300 余人次在全国、全区、全市教学论文、案例、设计中获奖，2 人享受国务院政府特殊津贴，2 人获评全国模范教师，1 人获评全国优秀教师，21 人获评特级教师，18 人获评正高级教师，多人获评南宁市优秀教师、先进工作者、"我最喜爱的老师"、学科带头人、教学骨干等称号，等等。

总之，要提高学校管理科学化水平，主要是从 3 个层次进行实践。从规范化角度看，优化方式方法，提高管理科学化的认知水平，提升管理科学化的制度建设，提高管理科学化的质量和效率；从精细化角度看，坚持管理科学化由粗放管理向精细管理的转变，从制度管理向人文管理的融汇，突出人的现代化管理，让各管理环节呈现连续性；从个性管理角度看，要实现管理的科学化，就要在管理上实行动静结合的管理模式，由他律为主向自律为主转变，通过教育提高自身素质和自我约束力。同时，坚持管理平台由传统型向现代智化转变，通过信息化平台，实现管理科学化水平的最佳效能。

以红军的战斗力塑造团队

中国工农红军（简称红军）是土地革命战争时期中国共产党领导的人民军队，前身为工农革命军。

大革命失败后，中国共产党开始独立领导武装斗争，红军诞生于南昌起义的枪炮轰鸣中，孕育于井冈山会师星星之火的微光中。与她的历史相伴随的是一连串辉煌的胜利——她打败了反动者，赶走了侵略者，推动建立了全新的国家，保卫了祖国的主权和领土完整。由于装备落后，红军曾经被人讥讽为"泥腿子"，但她不争辩，只用事实说话。她用敌人的惨败、自己的胜利，证明了自己是世界上最伟大的军队！

如果要找出一句表现红军战斗力的标志性话语，那么，"保证完成任务"最为典型。中国工农红军中指挥官和士兵在接受任务时，都会行一个标准军礼，并坚定地说："保证完成任务！"

红军之所以能在装备落后、环境恶劣的情况下成功生存并取得胜利，靠的就是这种"保证完成任务"的态度和信念。

"保证完成任务"并不是一句简单的口号，它是一个承诺，说出来是要负责任的。在军队中，言必行，行必果，一句"保证完成任务"，就相当于一纸军令状。

"保证完成任务"，首先对困难要有充分的估计，但又不惧怕困难。只有事先认识到困难，才能在执行任务的过程中克服困难、排除困难。困难不可怕，可怕的是对困难的畏惧和对困难的轻视。"红军不怕远征难，万水千山只等闲。"红军面对困难时，有一种大无畏的乐观精神，他们充分认识困难、研究困难，然后用坚决的行动去克服困难、争取胜利。

"保证完成任务"，更是体现了坚决的执行力。一支部队、一名士兵，要完成上级交给的任务，就必须具有坚决的执行力。"保证完成任务"，是执行力的表现，它体现了一个人对自己的职责和使命的态度。

如今，"执行"已经成为团队管理者和团队领导者最热衷使用的词。在激烈的竞争环境中，无论我们把"执行"的重要性怎么抬高，都不为过。所有的工作，最后都是以"执行"结束的。执行，永远是所有团队必须面对的最大问题。

如何执行？怎么让执行更有效率？怎样提高执行力？这些都是很复杂的学问。它既需要精神信仰，需要激情和动力，也需要明确的目标和正确的方法；既需要个人的努力奋斗，也需要团队的精诚合作；既需要领导者的领导艺术和个人魅力，也需要团队成员的甘于奉献。

当我们把学校管理艺术和教职工素养归结到对教育工作事业的坚定信仰和不折不扣的执行时，有信仰、有激情，能吃苦、能奉献，坚持集体至上，有远大的目标和崇高的理想，就是学校这个团队所有成员所需要具备的品质。

我国著名教育家陶行知先生曾说："校长是学校的灵魂。"校长是团队的领路人，又是带头人，这就要求校长：一要有政治意识，需要保持清醒的政治头脑，保持敏锐的政治观察力和鉴别力，坚定正确的政治方向，始终坚守对马克思主义的信仰、对中国特色社会主义和共产主义的信念、对党和人民的绝对忠诚。二要有大局意识，善于从全局和战略高度、用长远眼光观察形势，分析问题，善于围绕大事认识和把握大局，自觉地在顾全党和国家大局的前提下做好本职工作。三要有团结意识，团结就是力量，力量才是保证。只有构建团结的领导团队，引领辐射至学校学科教研组的每一位教职工，学校的发展事业才能一步一步向前，不断迈向辉煌。四要有看齐意识，向党中央看齐，向党的理论和路线方针政策看齐，向党中央决策部署看齐，做到党中央提倡的坚决响应、党中央决定的坚决执行、党中央禁止的坚决不做。

有了校长的领导，学校中层干部在学校行政运行中需要履行上传下达的管理职能，要落实组织计划，设定工作目标，对基层进行规范化、具体化的管理，激励教职工执行任务，为打造坚实的基层团队进行文化建设。作为中层干部，应该有这样的认识：三流中层，推卸责任；二流中层，承担自己；一流中层，承担团队。提升中层干部的能力，首先要有将自己归零的心态，只有将心态归零，才能不断进步。会反省，才会有进步；而大反省，才有大进步。

无论是校级领导还是中层干部，都应该在不断追求进步的道路上关注精神世界的丰富。概括来说就是：三心、三力、三感、三气。

"三心"，即童心、爱心、责任心；"三力"，即学习力、思想力、行动力；"三感"，即神秘感、幽默感、美感；"三气"，即正气、霸气、锐气。作为教师团队，不仅需要具备本体性知识（学科化知识），还要具备条件性知识（教育学、心理学、教育法、教育管理、教育研究方法、教育评价等知识），以及经验性知识、跨领域知识。

团队不仅要关注重要成员能力的提升，还要关注管理层次的提升，需要从制度管理向文化管理提升。制度管理只能解决"不可那样做"或"只能这样做"的问题，而不能解决"为什么我要这样做""我如何做得更好"的问题。只有文化管理，才能引领学校和谐成长。一件有意义的事情，只要长期坚持下去，做出规范，做出影响，就会形成文化。南宁三中坚持"文化育人"，在学校文化建设中，只要是符合教育规律与学生身心发展特点的活动，都能长期坚持下来，最后都显现出其教育值和文化的影响力。我们从以人为本的观念出发，重新审视原来的教育管理，选择新的管理视角，甚至包括处理学生违纪时，都要特别强调如下几点：程序正确、证据充足、充分陈述、合法救济、轻重恰当、慎重公开。

面对新一轮教学改革的挑战，还需要以解决突出问题为突破口和主抓手。加强团队的行动力，敢于担当、善于设计、多做功课。尤其要辩证地使用权力，少下结论性的评价，要通过多元化的评价引领行为。

学校的管理，必须通过多元化的评价，鼓励团队中的每一位教师树立终身学习的观念，因为教书育人是一项需要综合知识支撑的事业，唯有读书可以为我们的教育教学滋养底气和灵气，任何一位名师都是具有强烈自主发展意识的个体，也是特别善于学习的个体。任何被制度、被领导推着往前走的个体都难以成为名师。可以说教师的精神空间决定了教育的空间，教师的精神空间应得到更多的关注。有智慧的教师才能呈现优质的教育；平庸的教师因方法错误，做得越多，对学生的伤害就越大。

南宁三中的管理文化，就是鼓励教师成为集体中不可或缺的人。这是南宁三中教师文化的又一个亮点。具体来说，就是要求教师树立以下几个意识。

一是角色意识：青年教师要做到业务精进，心态开放，求教虚心，敬畏教育。中年教师要争做团队的中流砥柱，率先垂范、甘于奉献。资深教师要从容淡定、宽厚包容、乐于合作。

二是沟通意识：团队中的每一个成员都应当主动沟通，寻求理解，遇到分歧矛盾要善于变通，才能形成和谐进步的局面。

三是文化意识：营造积极向上的办公室文化和学术氛围，以文化引领学校发展，是学校管理的最高境界。教师办公室文化不仅集中体现了广大教师的群体素质与文化品位，也直接影响教师工作的心境与效率。积极向上的办公室文化可以凝聚教师的正能量，让办公室成为教师憩息的空间、交流的沙龙、高效的工作室、学习的书房。

四是信心意识：给学生以良好的引领，给学生信心。通过温馨班级建设，努力营造一种平等、和谐、友爱的氛围，让学生体验集体的温暖和同学间的友谊，让他们在和谐氛围中树立进取的信心。

在团队中，勤于学习使自己变成一条奔腾不息的河流，善于反思让自己成为一个灵动的思想者，勇于实践并将最优质的教育呈现给学生，乐于奉献并把快乐融入自己的创造中。岁月因成就而生动，成就因岁月而醇厚，人生因醇厚而幸福。

学校中层干部漫谈

中层干部是学校系统的中坚力量：向上对学校的管理决策负责，充分理解和传达学校的办学理念；向下对师生的成长负责，不断激发师生的积极性，鼓舞师生的士气，帮助师生成长；对内负责处室之间的信息传递和流程衔接，促进处室间工作有序开展；对外还要对家长负责，出面协调解决家校矛盾和纠纷。这些复杂情况和多重关系对中层干部的能力素质提出了很高的要求，加之学校集团化办学规模的扩大，中层干部务必结合自身实际，以"定位要准、底子要好、能力要强和追求要高"的标准严格要求自己，锻炼出独当一面的领导力。

一、定位要准——中层干部是什么角色？

老子在《道德经》中写道："知人者智，自知者明。"作为学校的中层干部，我们要想把工作干好，首先就要搞清楚自己的角色定位在哪里、职能要求有哪些。

如果把学校比作一艘远航的巨轮，那么中层干部就应该是协助船长管理的好助手、找准航道的好舵手。中层干部在学校中起着承上启下的作用，是连接"上"与"下"之间的纽带和桥梁，在上传下达过程中诠释"二传手"和"缓冲带"的角色，在实践中应努力做好以下"五者"形象。

第一，信息的汇集者。对内既要吃透上情，领会上级的工作要求并贯彻到位；又要理解下情，体会到下级的现实处境，合理均衡地布置工作。对外则要懂得行情，掌握时代对于教育工作的新要求。

第二，职能的研究者。认真谋划学校和教师们在所任部门的工作领域有何发展，突出操作性措施研究，在实践中能用、实用和管用。

第三，工作的落实者。规划先行，重在落实，学校发展需要有科学的、实际的规划，规划则需要有力的落实和监督，否则从上至下一层比一层轻落实，到头来规划再好，也是竹篮打水一场空。

第四，事项的承办者。中层干部，"干"字在前，要在教师队伍中起到表率和标杆作用。中层干部的选拔要起到树立一个、引领一片的作用。故中层干部们要做到规划自己想、方案自己写、项目自己跑、难事自己办，争做业务熟手、办事能手和解难高手。

第五，矛盾的协调者。中层干部在业务上要提高处世能力，这是得以服众的硬性条件。同时，由于工作要求，中层干部还要促进上上下下和部门内部的良性沟通和团结一致。因此，提高处世能力是中层干部们开展工作的一门"学前必修课"。

位置是一门学问。中层干部找准了自己的角色定位后，开展工作时还要避免出现"三位"现象。

第一，越位。即越俎代庖，向上、向下、向左、向右越位。管得太多，说明三个问题：一是中层干部怀疑下属确实没有能力完成工作；二是个性刚强、自以为是，觉得自己什么都能干；三是滥用职权。长此以往，将影响上下级的关系，导致各部门职责不清晰，下属也没机会展示和提升自己的能力，从而影响学校的长远发展。

第二，错位。即做了中层岗位职责以外的事情。这将导致学校出现这样的怪现象——"上级干着下级的活，下级干着上级的活"。在这样的校园什么声音最大？当然是抱怨的声音最大了：上级抱怨下级没能力、不干活，下级抱怨上级不给涨工资。长此以往，校园里人际关系紧张，学校将成为一盘散沙。

第三，缺位。即自己职责范围内的事情没有做好。中层干部经常的越位、错位，最终导致本职工作的缺位。要想不缺位，则必须正确地定位自己的职能，在自己的职能范围内做到高、精、专，境界要高，业务要精，做事要专。

二、底子要好——中层干部有什么素质？

找准了自己的角色定位后，应怎样扮演好自己的角色，避免角色倦怠，正确发挥好中层管理者应起的作用呢？以下三个本领和八种专项能力必不可少：

（一）三个本领

第一，看家功夫——成为教学业务上的精兵强将。很多中层干部遭遇"职场生态"尴尬的原因是个人教学业务能力不强，在一个学科领域内没有自己的思想，仅仅是作为上下级的传声筒。这样的中层干部是没有发展前景的，是只有威而不足信的。若能在干好本职工作的基础上，在教学业务上也成为学校里的精兵强将，那么他必将是其他老师的楷模，在开展工作的时候才会更具凝聚力和向心力，个人魅力也更大。

第二，当家本事——独当一面的处事能力。中层干部倘若遇事就要事无巨细地请示领导帮助，由领导给予指点，没有一点个人主张和独立的处理事务能力，那么，他会失去应有的信任。反之，中层干部如各项任务都能及时按质完成，则会获得领导的认可和鼓励、群众的满意和信任，就会增添工作的成功内驱力。如此这般，中层干部就成了一个"希望"经销商，不断"爆发"工作的亮点。

第三，发家诀窍——不断寻找新的增长点。纵观许多中层干部，有的通过岗位锻炼，仅几年时间，就脱颖而出；而有的中层干部，却常常处于"职场生态"不适应的尴尬之中。究其原因，就是前者抓住了工作中的机遇，锻炼自己、发展自己，不断寻找新的增长点；后者却抱着陈旧的思想，得过且过混日子。所以，一个中层干部要在职场上勇立潮头，最重要的一点是不断提升自己、丰富自己，最终超越自己。

（二）八种专项能力

第一，岗位认知能力。中层干部处于承上启下的位置，角色定位要准。更重要的是要去看、去想、去听、去问、去做高层和基层没有看到、想到、听到、问到、做到的事，中层不是传声筒，不是简单地把高层的话传达给基层就万事大吉，他需要在不断地思考分析、沟通交流、把握内涵、明确目标后，才能把决策与指示下达给基层，从而协调、指导基层共同推进任务目标的达成。

第二，政策领悟能力。中层干部既要对高层管理者负责，又要主持处室的工作，他们既是执行者，又是领导者，具有双重身份。一方面，中层干部要认真学习国家有关教育教学方面的政策法规，掌握其精神实质。另一方面，中层干部要吃透高层领导的决策，真正领悟高层管理者的决策意图、过程、内容和效果，并以此作为目标来把握做事的方向，做到执行时不片面、不偏向、不走样。草率行事，不仅不会达到目的，有时还会适得其反。

第三，计划条理能力。中层干部对高层管理者决策意图的理解，具体体现在制订工作计划和工作方案中。每学期，各个部门都要根据学校整体工作计划制订详细的部门计划，围绕学校的总体思路，结合部门特点，落实可行的措施。重大活动、重点工作还要有具体的实施方案，分清事情的轻重缓急，拿出时间表。要保证部门与学校工作的整体性、一致性、连贯性。在制订计划、方案的过程中，多邀请基层教师参与，多听取采纳基层教师的意见、建议，把部门的要求变成基层教师的自觉认同。

第四，组织实施能力。这是中层干部最重要的能力，也是把可能变成现实、把蓝图变成行动的过程。其核心是指挥得当、调控有力、激励有方。中层干部要通过优化组合，最大限度地激发每个教师的潜能，实现管理决策层的用心、中层的上进心、基层教师的责任心"三心"最佳组合，让教职员工产生归属感。在检查、激励、反馈的过程中，完成组织目标和任务。

第五，全面协调能力。作为中层干部，应起到桥梁、纽带作用。从这个意义上讲，中层干部就应该增强协调能力，协调就是沟通，就是及时上传下达。倾听民心，反映民意，解读中层干部之声，是共识协调；学校中层干部直面教职员工，碰到的现实问题要多一些，协调就是理顺关系，创设人与人、部门与部门之间的交往环境，是关系协调。最好的协调原则就是实现共赢。

第六，深刻洞察能力。中层干部虽然不是学校的决策者，但是应该义不容辞地为高层管理者决策提供事实依据。要认真分析事情的来龙去脉，提炼出真实的信息，供高层管理者决策参考。对教职员工中出现的苗头性问题或改革中的一丝曙光，能洞察先机，及时予以抑制或张扬。未雨绸缪，是有洞察力的表现。

第七，有效授权能力。中层干部不可能所有事情都亲力亲为，要明确自己的职责就是培养下属并与之共同成长，成就下属就是成就自己。因此，无论任何事情，都应该最大限度地赋予下属责、权、利。只有这样，全体教师才有成就感和责任感。同时，中层干部要勇于为教职员工承担工作中的失误，安排工作时尽量不要提"高层管理者说的"，不把属于自己的责任推给学校领导，否则容易造成领导和教职工的对立情绪。

第八，大胆创新能力。中层干部应该时时、事事都有强烈的创新意识。执行不是简单复制领导的命令，不是机械地照搬，而应该是一种创造性的劳动。在制订计划、实施方案的过程，要有中层干部自己的智慧，不断地在工作中发现问题、研究问题、解决问题。解决问题的过程，也就是向创新迈进的过程。这样，高层管理者的决策在执行的过程中就能不断被完善、逐渐变得科学，创新也在执行过程中成为组织解决问题的文化。

三、能力要强——中层干部干什么工作？

具有高效执行能力的中层干部是学校快速发展的重要保障之一。提高中层干部的执行能力是一门学问，也是一门艺术，我们要在管理中学习管理，在管理中提升能力，就要用好以下这"八子"药方，做一个服众的人，做一个有影响力的人，善于处事，推进工作。

（一）用好"八子"药方

第一，参，不越位。工作到位，做好高层管理者的参谋。要"立足本位，站足高位"，胸有全局、视野开阔的中层干部能预见正确决策执行后的良好效果。"领导可以容忍一个庸人，但绝不会容忍一个小人。"

第二，闻，不盲从。工作中多汇报，少请示，要适时适地地提示领导，切不可不分场合，防止失误。

第三，勤，不争功。要脚踏实地地立足本职，不冒进、不贪功，做到"对上不邀功，对下不争名"。把处室工作置于全局之下，能找准位置，按时推进，能够积极配合相关职能部门协同作战，始终牢记全校一盘棋，既有宏观的思考，又有中观的操作。

第四，捧，不恃才。中层干部要相互合作，不能恃才傲视他人。

第五，和，不结派。"大事讲原则，小事讲策略"，要"求大同，存小异"，工作中要有高度。中层干部除了应是一个思想者，还应是一个学习者，学习管理理念，学习哲学精华。人有了高度，就少了抱怨；有了高度，就少了"自我"；有了高度，就少了"将气"。反之，缺乏高度的中层干部往往成天郁郁寡欢、唉声叹气，开口闭口都是小集体。长此以往，终究难获得成功，成不了帅才。

第六，平，不俗气。"对上不当奴才，对下不专横跋扈。"

第七，快，不拖沓。学校每一项工作的落实，速度是很关键的，特别是常规工作，没有速度就没有效率。速度问题其实就是一个工作作风问题，雷厉风行，说干就干，干就干彻底，这是一个中层干部应有的基本素养。如果是私事慢半拍，它的负面影响不会太大；但如果是一个部门的事慢半拍，它的负面影响就大了，很可能造成重大失误，对个人前途、对学校的发展都是不利的。一个快速执行的部门常常能弥补决策方案的不足，而一个再完美的方案也不会在滞后的执行部门手中取得成功。

第八，全，不删减。大部分管理者都乐于布置任务，做决定，但是优秀的管理者擅长使布置下去的任务得到执行，他忙的是检查，是落实，是研究解决任务完成过程中出现的新问题。有些人的许多工作之所以做得虎头蛇尾、有头无尾，仔细分析，主要原因不外乎是个人习以为常、借口变通、强调客观等。

（二）善于处世，推进工作

戴尔·卡耐基说："一个人的成功，只有百分之十五取决于知识和技术，百分之八十五取决于沟通。"中层干部学会处世要明白以下管理的艺术：

第一，以诚待人。襟怀坦白、心胸坦荡、豁达大度、换位思考，为人处世能兼顾各方面利益，这样才能取信于人。

第二，以德正人。做人有道德，公正、公平、廉洁、清正。古人讲：民不畏严而畏廉，不畏权而畏公。对本部门的人和事一定要公正、清廉，才会有威望。一丁点儿事首先考虑自己的利益，小肚鸡肠，斤斤计较，是不会有威信的。

第三，以情感人。原则上讲党性，生活中讲人性，关心人、体贴人、理解人。考虑问题，决定事情，一定要以人为本，为职工着想，为学生着想。关心体贴主要是雪中送炭、雨中送伞，锦上添花宁可少些。在他人最需要的时候、最需要的地方应该及时提供帮助，伸出援助之手。

第四，以才服人。一个人在领导岗位上，应该有一些本事，要有组织能力、决策能力、驾驭能力、协调能力、表达能力，不仅仅自己做好，还要能调动大家的积极性。我以为要做到"四明"，即对己要明了，对人要明察，对事要明晰，处理问题要明白。

思想是行为的先导。同样，处世心态则决定着处世方式的选择、处世效果的优劣等。因此，中层干部要有良好的处世心态，在交往中要注意以下四点：

第一，对领导敬上而不唯上。敬重上司，服从上司的正确领导，切实履行上司交给的职责、任务，及时而又真实地向上司汇报工作情况，听取意见，这是中层干部必须做到的。上司也是人，也有普通人的情感世界，在法律、原则的范围内，中层干部亦应与之沟通情感，做到互信互敬。"不唯上"：一是指不"眼睛朝上"，只看重和尊敬上司，而打心眼里瞧不起群众；二是指不唯唯诺诺，如果上级有失偏颇甚至是提出错误指示，要敢于进行同志式的商榷和批评；三是要对上级负责，但不必因此畏首畏尾，成天担心"出什么岔子"不好交代。中层干部对上也要保持独立、平等的人格，并以此垂范于众。

第二，对社会圆通而不圆滑。圆通指为人、办事灵活变通，能统筹协调全局。首先必须寻找和抓住机遇，将自我向社会进行"推销"。现代中层干部一定要打破闭关自守的传统。其次要有兼收并蓄的心理，既要争取外界的支持和赞助，也要正确对待社会上一些消极因素的干扰，努力化解矛盾。中层干部不要到处树敌，使学校陷入四面楚歌的困窘境地。要善于依托社区基层领导的威望，请他们出面帮助解决某些纠葛。当然，中层干部也要在力所能及的情况下，为周边百姓献一份爱心。圆通与圆滑的最大区别在于能否从诚信出发，中层干部办学，常常对社会有所承诺，中层干部要以君子的雅量兑现诺言，不然，就会陷入圆滑的险境。

第三，对下级信赖而不依赖。不管是哪一个中层干部，其自身的能耐总是很有限的，唯有站在下属这一群体共同垒筑的山上，才能成为事业上的"巨人"。因此，中层干部对下属要倚重，要信任，要做到用人不疑，要让下属从中层干部的目光中读到这样的话："好样的，你能行！"但中层干部对下属不能有依赖心理。一是各个工作岗位都有相应的职责，"自己的事自己做"是最起码的职责要求。二是因为下属可能存在或强或弱的私欲，中层干部如果凡事都依赖下属，很可能使其私欲膨胀，长此以往，就会出现"宾主难辨"，或者"喧宾夺主"的现象，就会形成学校领导的"双核心"乃至"多核心"，这对学校事业的发展都是极为有害的。三是因为中层干部要有自己的"主脑"，要做"明白人"，别人对他"思维场"的过多干预只会起到蒙蔽和阻碍的作用。

第四，对自己稳固而不顽固。处世态度实际上是世界观的一个层面，是学识、阅历等的积淀，也深深地打上了个人性格、天赋的烙印。中层干部的处世态度一般都比较稳定。忽冷忽热、时严时宽则是不成熟的标志，需要不断"锻打"。中层干部要通过比较、自省和征询别人意见等途径了解自己这方面的缺陷，随时加以调整、修正，还要不断赋予其亮丽的时代色彩。

四、追求要高——中层干部成什么人物？

中层干部在学校处于承上启下的特殊位置。特殊的位置决定了中层干部的特殊作用。中层干部的能力大小，直接关系到单位的运转效率和工作成败。一名优秀的中层干部，应该是个人定位一标杆、工作热情一团火、执行落实一盘棋。

（一）个人定位一标杆：境界高、心态正、本事硬、口碑好

境界高，则有大发展。大家都知道，联想集团现任首席执行官杨元庆初入联想时，只不过是一名普普通通的销售员。为什么杨元庆能够获得如此迅速的发展？联想集团创始人柳传志的回答是："我研究他已经很久了。之所以最终选择他当联想的接班人，是因为他有着不同常人的大境界。"做事先做人，人的品行决定了人的一生。胸怀坦荡、大度从容，以集体利益为重，遇事总是先替别人考虑，克服私心杂念的困扰，这样的干部必然会受到大家的拥戴和欢迎，必然会有大发展。

心态正，则能担重任。在执行任务的过程中，不同的心态会带来不同的结果。唯有健康的心态才能带来执行力的有效提升。有这样一个故事，两个人都销售鞋子，他们来到了非洲赤道附近的一个海岛，发现岛上的居民都不穿鞋，也不知道鞋是什

么东西。A 见此情况，心里凉了半截，心想：向不穿鞋的人推销鞋，不是向盲人推销画册、向聋子推销收音机吗？A 二话不说，立即离开了海岛。与 A 的态度相反，B 看到这种状况，心花怒放，认为海岛没人穿鞋，鞋的销售潜力一定巨大。因此，B 留在岛上，与岛上居民交朋友，宣传穿鞋的好处。经过努力，B 在岛上开拓了鞋的市场。这个故事，经典地阐释了心态的重要性。A 因为心态消极，所以不战而败；而 B 有着积极的心态和坚定的执行力，所以大获全胜。这印证了管理学中的一句名言："态度决定一切。"

本事硬，则有大潜力。所谓有本事，就是指有解决问题、推动工作的本事。善于解决问题的中层干部，首先必定有一双善于发现问题的慧眼，能及时找出单位内部和外部存在的问题。通过层层抽丝剥茧，找出问题的根源。发现问题产生的原因后，就必须迅速地采取行动，对症下药，拿出解决问题的办法。在解决问题的过程中，我们要多角度思考问题，抓住问题的核心，设想越多的可能性，开启问题之门的钥匙就越多，总有一把钥匙可以打开面前紧闭的大门。

口碑好，则有号召力。作为一名中层干部，平时要敢说"向我看齐"，关键时刻敢喊"跟我来"，站得出来、豁得出去，永远站在队伍的最前方，能够起到标杆的作用，给下属以榜样与力量，使得整个团队昂首阔步地向前。中层干部只有具备以身作则的精神，才能建立良好的口碑、赢得尊重。

（二）工作热情一团火：精神状态良好，对工作始终充满激情和干劲

老百姓有句话："煮饭要旺火塘，做事要热心肠。"热情是一种积极向上的追求，是一股奋发进取的劲头，没有足够的热情，什么事都干不成。新中国成立后，毛泽东同志曾指出，我们要保持过去革命战争时期的那么一股劲，那么一股革命热情，那么一种拼命精神。因此，中层干部要始终保持一种干事创业的激情，以强烈的事业心和责任感投入工作中。三流的点子加上一流的执行力，永远要比一流的点子加上三流的执行力好。任何事情盘算得再好，不如现在捋起袖子加油干。

（三）执行落实一盘棋：在工作中牢固树立大局意识，对上级决策要绝对服从，对上下左右要注意沟通，对科室内部要凝心聚力

中层干部要有强烈的服从意识。中层干部重在执行，思想上的服从是行动上执行到底的前提。如果每个人都只强调自己的个性，不服从上级领导，各往各的方向

走，那么整个集体就是一盘散沙，没有凝聚力与战斗力。

中层干部要有良好的沟通能力。管理学上有这样一个观点：70%的管理问题是沟通问题。对中层干部而言，沟通牵涉到与领导、下属、同级、同行及其他有关方面的沟通。只有通过有效的沟通，才能赢得上级的支持、同级的配合、下级的信赖，才能取得执行的成效。

中层干部要有很强的凝聚力。一个科室少则两三个人，多则七八个人，如何将一群不同经历、不同性格、不同水平的人打造成一个高效的团队？真正的团队，是一群心理上相互认知，行为上相互支持、相互影响，利益上相互联系、相互依存，目标上有共同向往的人结合在一起。能强有力地凝聚起一个团队的中层干部首先是一个坚定、勇敢的承担者。这种承担不仅表现在自己遇到问题时敢于担当并能够迎难而上，更表现在当下属遇到问题和烦恼时能够毫不犹豫地站出来，替他们想办法，帮助他们解决问题，让他们更好地成长。这就需要营造和谐团结的工作环境，明确切实可行的共同目标，制定奖罚分明的激励机制并严格执行。

最后，借著名学者王国维在《人间词话》中的一段话作为结语。"古今之成大事业、大学问者，必经过三种之境界。"第一种境界"昨夜西风凋碧树，独上高楼，望尽天涯路"，说的是立志。回想当年，中层干部们也是何等的青春年少、意气风发，对人生充满梦想、充满激情，在登高望远、俯仰天地中确立了人生的目标与方向。第二种境界"衣带渐宽终不悔，为伊消得人憔悴"，说的是追求。作为中层干部大多处在这个阶段，成了家，立了业，工作上有所进步，事业上有所建树，同时也面临很多困惑和苦恼、诱惑与选择，正处在人生求索的关键时期。中层干部们有理想、有追求，更需要有坚忍不拔的毅力、任劳任怨的心志、百折不挠的干劲去面对未来。第三种境界"众里寻他千百度。回首蓦见，那人正在灯火阑珊处"，说的是收获。天道酬勤，中层干部们是学校发展的骨干和脊梁，在此衷心地希望大家在实践中不断提升自己的执行力，经过辛勤的劳作，最终能够成就事业，实现人生的价值，收获丰硕的果实。

课程成就学校

　　课程是学校一切教育教学活动的综合，制订学校课程是学校办学定位、特色建设、培养学生全面和个性化发展的必然要求。如何根据办学定位、特色建设及培养目标要求，从学校课程建设目标、课程设置和实施、课程评价和管理等方面整体制订学校课程计划，是学校理性的思考所在。

一、南宁三中课程体系

　　学生的学养文化是学校办学的落脚点，南宁三中原校长方洁玲对学生的培养目标定位是："我们要培养具有国际视野、文理兼长的高素质创新人才的后备军，让三中的学生将来多出一些同龄人中的杰出人才和领军人物。"在这样的目标引领下，学校充分尊重学生作为学校文化参与者和构建者的地位，构建新型课程体系（2011 年）：

图1　南宁三中课程体系

二、南宁三中学生校园求学文化

用心经营有益于学生终身发展的育人文化沃土，促进学生的多元智能的发展。经过多年发展和实践，南宁三中逐渐形成具有特色的校园文化，滋养着每个学子的精神世界，助推每个学子提高自主发展的能力。

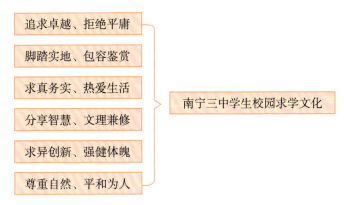

图2　南宁三中学生校园求学文化

课程是学校育人的载体，一个学校能否提供优质教育，不仅要看国家课程的开设水平高低，还要看这个学校为学生提供了多少优质的与学校教育思想和教育理念匹配的校本自选课程，从而满足学生多元发展的需求，实现育人目标。课程设置通常包含必修课程和选修课程，选修课程是以学生兴趣、爱好、特长为基础，按照学生个人意愿和发展需求，采用自主选课，给予学生更多的选择权。

三、南宁三中选修课程

南宁三中选修课程主要包括以下几个模块。

科技课程：由理科教师开发的以数学、物理、化学、生物、信息学为主干的理科奥赛课程、研究性学习课程。科技课程主要培养学生科学素养和创新意识。这类课程主要满足理科见长、学力超群学生的发展需求，为学生自主学习、自主发展提供课程支撑。

人文社会课程：这类课程主要培养学生的人文素养，旨在丰富学生的人文知识，从而使其形成人文精神。同时也培养学生全球眼光，使学生对各种文化、制度、经济以及热点问题有所认识与理解，形成较好的国际视野。人文社会课程主要包含国学初探、团队拓展训练、基地研修、社会调查、人文类研究性学习、国内外访学等。

艺体综合类课程：这类课程是以促进学生特长发展，提升学生审美能力、体健能力和实践能力为目标。体育方面主要开设体育选项课，分田径、球类、健身和拓展等10多个选项，由学生自主选择。艺术方面主要是面向有艺术特长的学生开设合唱、舞蹈、主持、演讲等课程。

社团类课程：学生社团是学生自我管理、自主发展的重要载体，能有效地培养学生的组织策划能力、团队合作精神、领袖意识和领袖才能。

南宁三中社团类课程主要包括三种，具体如下。

一是学习研究类学生社团：英语社、心理协会、机器人社、无线电协会。

二是实践类学生社团：校园电视台、广播站、记者团、图书馆活动中心。

三是综艺类学生社团：文学社、演讲社、羽毛球社、双节棍社、街球社、棋社、戏剧社、音乐社。

南宁三中各类课程均紧紧围绕"大境界、高学养、好习惯、有特长、重创新"的内涵来建构和实施，极大地激发了教师的创造激情，也确保了学生的高品质发展。

四、课程成就教师

任何名校均有外显的品牌，任何名师也要有外显的成就支撑。南宁三中的课程体系实实在在地促进了教师的专业化发展，教师在课程体系内的成就为教师的成长提供了支撑。学校成就了一批以课程为支持的名师，如数学奥赛总教练王强芳、优秀青年教师魏远金、语文特级教师梁惠红等。

教学常规管理常出新

从语义解释的角度看，"常"字的含义为通常、普遍和习惯；"规"字则含有规律、规矩之意。所以，"常规"一词，指沿袭下来经常实行的规矩，通常的做法。基于这样的理解，学校常规指在正常状态下，学校依据教育的规律和教育的法规要求而建立的相对稳定的工作准则和行为规范。这些准则和规范是根据大量且反复出现的学校日常管理实践，并按其各自内在规律制定出来的，是必须遵循的工作准则与行为规范。那么，学校常规管理，就是依据最基本的规矩，维持和推动学校各项工作正常运转的管理活动与管理过程。学校每天大量反复出现的多方面、多层面的日常事务，都要基于有效的常规管理。从这个意义上说，学校常规管理的价值就在于一个"常"字，它维持了学校存在与发展的基本秩序与形态。常规管理也因此成为衡量学校管理水平和质量的重要标志。对于任何一所学校而言，如果常规管理跟不上，或者在常规管理中顾此失彼、漏洞百出，不仅学校的正常运行会受到影响，而且其他的创新性管理也无从谈起。但是，也有另外一种情况，正是因为学校常规管理之"常"，许多时候学校管理也出现问题。由于常规管理具有日常、平常、惯常的内在特性，学校对常规管理因为"常"而变得过于熟悉和习惯，这样就很容易出现庄子所言的"鱼不知水"的现象。因为常规之"常"，现实中会出现习以为常、理所应当的流于形式的例行工作；因为常规之"常"，现实中也会出现盲目服从、被动应付甚至机械顺从而不假思索的现象；因为常规之"常"，现实中还会出现不问其理、不明其果甚至视而不见、久而不变的问题。在许许多多的常规之"常"上，学校并不缺乏准则、规则和法则，也不缺乏完备的过程、步骤与方法，只是因为这些对常规之"常"的心态、思维和行为，使得学校的许多工作偏离其本义，进而在管理上常常出现"错了向、偏了道、走了样"的现象。正因为如此，学校常规管理要时时注意把握"常规"的本质，使学校常规管理不断回到教育常识，遵从教育常理，对常规要"常翻新""常更新""常创新"，这是常规管理的必然选择。破除传统的大一统的教学管理模式，建立能够适应个别差异从而有助于提高教学效益的新的教学管理模式，不仅是时代提出的课题，有充分的理由根据，而且在实践中也被证明是完全可行的。

我曾在南宁三中担任教学、科研、行政副校长，后任学校党委书记，履职范围涵盖了学校除后勤和政教外的所有部门，因此我能在更广阔的视野下以管理理论为基础，对学校的教学管理进行改革与创新。

一、在高三备考中采取情感熏陶、文化引领的策略

学校围绕着"真·爱"二字展开的校园文化，一直支撑着高三团队克服困难和迎接挑战，从胜利走向胜利。

（一）重视情感养成，艺术策划大型活动

通过一系列的团体活动，使"文化力"以思维、观念作黏合剂和催化剂，广泛渗透备考整个过程，影响教育和教学效果的释放，间接参与比拼；在高三两栋教学楼之间树立了"理想之柱"，取学生从南宁三中出发，立足广西，走向全国，迈向世界之意。

我们不做大张旗鼓的高三宣传，甚至没有进行考前的激情激发，而是努力使师生以平和的心态备战高考。我们举办了具有南宁三中特色的学生成人典礼，让许多

家长泪流满面，让学生感悟成长的意义。100%学生认为那是高三大型活动中最让人感动的一次，不少学生评价此活动有为每人高考提高至少十几分的激励作用。我们还对毕业典礼进行了创新，增加了向校园内外默默奉献的各界代表献花的环节，让学生学会感恩和回报。

（二）重视心态调整，匠心营造文化氛围

1. 自信、快乐、轻松的学生备考文化。

备考文化之于学生：体现在尊重生命的规律，让学生在备考中体验"目标、策划、脚踏实地、坚持到底"走向成功的人生方法。

（1）全面安排备考学习活动。

在进入高三之初，我们首先会组织召开年级学生大会，解读年级备考计划，让学生学会合理安排自己的计划；其次会邀请上一届高考成功的同学作励志报告；最后开展阶段性的学习经验交流和表彰活动。

（2）时刻关注学生心理问题。

对学生的心理问题予以极大关注，适当地进行心理疏导，使学生在人生的道路上少走弯路；及时了解和掌握学生心理发展轨迹，对学生的心理发展趋势尽量做到可预见，对出现心理不适和心理障碍的学生及时做好心理疏导工作。要求教师努力走进学生内心，加强个别指导，关注弱势群体，把握学生思想动向，加强家校联系，保证所有学生能以健康的心态投入高三复习。

同时，我们积极引入先进的团队拓展训练。适时调整学生学习、生活的心态和兴奋点，保持适度紧张，帮助学生不断克服思想上和学习上的困难，提高自信心，促使其走向成功。

（3）加强学法指导，提高学习效率。

我们有计划地开展各学科学习策略及应试技巧的讲座，从高一到高三始终重视学生学习过程。指导学生在积极的自主学习活动中形成科学的学习方式和良好的学习策略，尤其是加强学情分析：首先是通过学情分析让学生学会正确地看待各次考试；其次是通过分析考试得失找出成败原因，学会按一定的项目分类，然后进行数理统计，找出主要的失分板块；再次是进行深层次分析，看看隐藏在失分表象下面的真实原因是什么；最后是通过学情分析确定下阶段的努力方向。

在学情分析中教会学生掌握分析方法和策略性知识、价值性知识。这样长期潜移默化，让学生在心中埋下主动学习的种子，脚下迈开探索解决问题的步子，那么一定会结出优质教育的果子。

（4）点滴关爱，快乐减压。

通过开展积极的课外活动为高三学生减压。在心理游戏课和每天的趣味体育活动中，有班级气排球比赛、投篮比赛等，高三学生得以尽情释放压力，放松心情。我们开展集知识准备、体能准备、应试技巧积累、心理素质历练、临场发挥、填报志愿等多种元素于一体的综合备战学习。在有厚度的备考生活中，南宁三中学生是幸福的。

2.谦虚、求进、幸福的教师备考文化。

备考文化之于教师：在教师前途的奋斗追求上，南宁三中给每一位教师提供自我表现的舞台，提升教师的人生价值，减少教师自身的挫折感。我们明确将"为学校的可持续性发展提供动力，为教师的个人成长提供平台"写进高考目标中，这表明了领导对学校可持续发展的规划，更体现学校对年轻教师的期望。在这种教师备考文化的熏陶下班主任们能自觉"沉入"自己的班级，表现出空前的责任感；年轻教师团体不辱使命，优秀者辈出，尽情在高三这个舞台上展现自己的才华。

3.民主、有序、务实的领导备考文化。

备考文化之于领导：重研究、重落实是高考取得优异成绩的根本因素之一，领导作用非常关键。我将随机走进每个教室听课或参加"走课"作为每天的必修课，与学生和教师进行主动而充分的互动，积极了解教师与学生的学习状态，不仅拉近了与学生的距离，而且掌握了大量的第一手材料。我将通过亲身实践掌握到的各种情况进行数据研究，在备考阶段指导制订的措施很接地气、正确有效。我多次在会议上指导教师们正确认识形势，教会教师们正确理解和落实"务实和务虚"，工作指导细致。我还准确地把握备考各阶段的节奏和对策，有应对特殊情况的方式和方法。当大家觉得备考已经走进死胡同时，我总是会有一些奇招和妙招。比如，中午的综合科和数学科训练，既提高了学生做题的熟练程度，又调整了我们的生物钟；在士气低落时向师生们介绍竞技体育的训练模式，激励大家要有足够的耐心迎接高考的胜利。

二、注重资源整合利用

在教育改革的新形势下，我以资源整合利用原则为指导，促进学生管理与教师管理的有机结合，进行一体化教学管理模式的科学构建，提升学校教学管理能力与水平。在此过程中，我建立了良好的师生沟通机制，为学生参与教师评价、课程改革、教学管理方案编制、教学活动组织开展等提供沟通渠道，引导学生对各项活动设计、组织、执行情况进行评价，并提出建议与看法，从而能够根据学生反馈信息，结合教学管理发展的需求，进行教学管理方案的调整与改进，实现教学管理体系的不断完善与优化。我优化了学校教学管理组织架构，明确学生在学校教学管理中的地位与作用，为学生管理行为落实提供平台。与此同时，给予组织架构优化，进一步明确教师职责与任务，进行教师管理行为的指导与规范，充分发挥教师在学生品德培养、能力提升、素质强化、习惯养成、知识学习、技能运用、观念树立等方面的指导作用。我还发挥组织合力，进行资源科学配置，提升资源利用率，即基于教学管理一体化的发展要求，根据教学管理、学生管理存在的关联性，实现学校职能部门科学融合，通过办公环境科学规划、各部门信息共享平台监理、岗位科学调整等方法，让沟通、管理更具时效性、准确性、合理性。在高考的备考道路上，这个思路得到了淋漓尽致的发挥。

三、在管理中融入以人为本理念

我重视以人为本理念，强调在管理体制的运行中，应以学生为管理中心，重视学生的成长，为学生提供一个良好的学习环境。我认为学校应综合调查学生的身心状况，理解学生在学习上的必要性和生活上的必要性，强化学生的学习管理和生活管理。例如，学校要关注学生的心理健康，了解学生心理，开设心理咨询课程，解决学生遇到的问题；在学校管理的过程中要关注学生的行为，注意培养和提高教师的能力与素养。受高考的影响，学生承受着很大压力，而为了让学生取得理想的成绩，教学工作给教师也带来了巨大的压力。为了应对这种情况，我在教学管理当中着力改善学校环境，提高教师教学水平，提高教师参与教育的组织能力，促进教师的发展。

四、做好师资队伍建设

随着"三新"改革的进行，高中学校必须采取措施提高教学质量，切实满足新高考改革的需要，只有这样才能推动高中学校更好地发展。新高考改革制度的推进，改变了高中学校教学的模式，学生在学习的时候自主选择权更大。学校进行教学管理的时候，也必须根据实际情况来改变教学模式，做好师资队伍的建设，切实提高学校的师资力量，为教学的顺利开展奠定基础。首先，我非常重视师资保障共同体的建设，根据学校教学情况做好师资力量的调配工作，这样能够在比较短的时间内解决学校存在的师资力量不足以及师资匹配方面的问题。其次，我考虑到学校的实际情况和长远发展的需要，利用信息技术进行教师教育平台的构建，为教师提供更多参与培训、参与进修的机会，不断地提高教师本身的教学能力和教学水平，切实提高学校的师资力量和教学水平。

五、为学生提供不同类别、不同层次的课程

除为学生提供的普通教育外，南宁三中的教学管理还分为两个类别。

（一）对超常学生的超常教育

通过各科考试、竞赛和心理、智力测验，将一部分智力水平和知识储备超出一般平均发展水平的学生选拔出来，集中在特训班，为他们提供适合的超常教育。我们的教学目标是除完成国家规定的教材学习外，还要通过学习学校自编的高难度教材和参加各种科学训练，达到我国重点大学录取的新生的学业水平，并能够在国际性和全国性的学科竞赛中获奖，为将来成为各个领域的杰出人才打好知识和能力的基础。对这部分超常学生采取的教学策略是"高速度、高难度"，即用较短的时间完成国家规定的正常学习内容，然后进行强化训练，超常培养，使之能够尽早接触有关领域的前沿知识，为早日成才、早出成果提供准备条件。

（二）对学习困难学生的特殊教育

高三的时候，学生的学习成绩两极分化很厉害，出现了一批学习困难的学生。他们一般在知识、能力、品格、学习方法、体质等要素及要素的融合方面存在偏离常规的结构缺陷，智力没能得到正常的开发，达不到课程标准的基本要求。这部分

学生虽然已经努力学习，但因基础太差，难以跟上普通班的教学进度。如果让他们与普通班的学生一起学习，他们不但因听不懂而浪费宝贵的学习时光，还有可能因受到同学的白眼、老师的批评和家长的责备而陷入极度的痛苦之中。为了挽救这部分学生，使他们能够成为合格的毕业生并力争升入高一级学校，我将这部分学生从普通班中分离出来，单独编成"真·爱"班。对这部分学生采取了稳基础、小步骤前进的教学策略，教学内容力求讲得慢一点、细一点、简单一些，目的是使他们能听懂学会，然后再逐步提高。

六、搭建教学质量分析评价体系，注重导向引领和数据监测

很多教师在考试结束以后，仅进行给分、公示、比对、归档等常规操作就结束了成绩的管理，对成绩的分析也往往止于简单的平均分、方差、信度等计算分析，从不对成绩进行深挖和研究，大量成绩数据并没有被真正给予重视，这样就不能为学生提供更有效的反馈。我意识到，随着当代科学和教育的发展，在校生人数已经达到比较大的规模。学生学习的各个课程之间关系复杂，通过频繁的考试积累了各种成绩数据，如果教务人员和教师能够具有信息意识，掌握相应的方法技术，不只是通过基本的统计和排序获取表面信息，还能够通过发掘数据中深层的信息。如果能将这些记录的数据转化为相应的知识，就可以提高教师对学生的掌握程度，进而提高教师的教学水平和质量。在我的指导下，南宁三中在广西率先建立起了高水平的考试数据分析体系，充分提取隐藏在数据之后的有用信息，为学校教学管理的决策提供了重要的帮助，还将这些方法合理地应用于成绩分析方面，这对于考量教学活动中重要因素间的相互作用非常有效。同时，这一体系还可使教学从问题出发，发扬优点，改正不足，在"教"的方面改进教学方法，在"学"的方面引导学生积极学习，从而产生最优化的教学效果。

浅谈教学管理工作思路

一、教学管理现状

当前，随着各个学校教育教学改革的不断深入推进，越来越多的班主任重视教学管理整体工作，也在不断努力下有效地促进教学管理整体工作的稳步提升。但是仍然存在很多突出的问题，如部分学校班主任重视教学程度仍然有待逐步提升、班风师德建设工作滞后、不充分重视学生心理健康疏导教育工作、没有及时开展有效的班班合力疏导教育等。这些突出问题直接影响教学管理整体工作的开展和效能的进一步强化提升，需要全体班主任及时进行认真反思和学习总结。同时，班主任更要审视自身的工作态度，明确观念决定行为，行为决定过程，过程决定结果。

对于班主任工作的开展，我提倡要做到"凡事预则立，不预则废"，让学生明白求学历程，就是探索和积淀人生方法的过程。同时，我根据班级情况制订了三个阶段的目标。一是近期目标：将班集体培养成为最具效率的团队；让班集体变成充实而快乐的班集体；经营最能保护个性的班级文化。二是中期目标：让学生懂得规划、执行、坚持；坚定守护应试能力；高中毕业时，使每一个学生都拥有高效的学习能力和卓越的情商，在各自的大学脱颖而出。三是长期目标：让学生成为世界大舞台上各个领域的佼佼者，（20年后）成为最懂生活的人。要知道，高中就是为孩子们走向独立做好各种准备的阶段，是为人生奠基的过程。设置这些目标的目的，就是在高中时期培养学生健全的人格、一流的学习能力以及独特的个性。

要想实现这些目标，离不开班主任、科任老师以及同学们的努力和汗水，形成开放、效率、做最好自己的良好班魂，凝聚着全班同学的团结力量和优秀意志品质，让全班同学都能够志存高远，收获胜利的果实。同时要以班主任的智慧引领、科任教师的高水准奉献、心理学教师的专业支撑、同学们的激情奋斗以及家长们的鼎力支持作为实现目标的有效支撑。班主任需要与每个学生产生共鸣，在共同进步的关键时刻，引导每个学生，认真教育每个学生，而且还要能够爱护每个学生，在他们学习的过程中能够及时发现存在的问题，并能巧妙地有效率地处理每个学生存在的问题，培养优秀学生的同时还需要将其培养成为一个热爱生活的人。

二、教学管理思路

（一）教育的时代坐标

互联网时代对人才提出了这样的要求：和谐、独立、创新。这就体现了社会需要智慧的创新人才，能够更合理地开发地球资源，同时需要更多的企业家为社会创造财富，提供更多的就业机会。当前，对于学生的培养过于模式化，不能有效地激发学生的创新思维。回想对于部分学生的教育，从幼儿时代开始，包办代替太多，孩子们被要求"不能越雷池半步"；初高中阶段，以分数评价学生的好与差，孩子们的个性和创造力被禁锢在大人的约束之中。"学起于思，思源于疑"，学生的积极思维往往是由问题开始的，并在解决问题的过程中得到发展。

（二）教育离不开文化背景

文化背景是指对人的身心发展和个性形成产生影响的物质文化和精神文化环境。在不同历史时期、不同民族、不同地区，人们所创造和积累、发展起来的文化在彼此之间存在很大差异。文化背景对于教育的影响主要体现在以下四个方面：（1）文化背景影响教育的价值取向；（2）文化背景影响教育目的的确立；（3）文化背景影响教育内容的选择；（4）文化背景影响教育方法的使用。

中华民族在教育上的传统是关注群体、以和为贵、出人头地、光耀门庭。在此基础上，不同地域又具有各自的独特性，主要体现在：（1）区域文化对教育的影响巨大；（2）区域独生子女的特质。

（三）对红色教育的思考

红色教育应该与社会变迁相互适应，红色经典教育作为文学教育重要的一个组成部分，面临着巨大的挑战。在相当长的一段时期，红色经典在思想教育上发挥巨大的作用，激励许多人成长与奋进。由于诸多因素影响，今天的红色经典的教育作用没有得到充分发挥。实际上，红色文化是基于特殊年代，在特殊历史情况下形成的，具有非常鲜明的时代特点和长远意义，因此，其中的经验和教训对于后人而言，具有大量值得思考和借鉴的事例。另外，红色文化要想焕发时代光彩，简单地移植照搬是无法应对现代问题的，必须结合现实进行思考。

（四）对有偿教育的思考

学生的实际学习成绩一直是教育部门对学校、学校对老师、家长对学校与学生进行绩效评价不可或缺的一项硬指标。有偿教育势必会使得教师至高无上的传统地位荡然无存。当今的教师面临重大难题：重新征服家长、征服学生。这就要重新树立教师在学生和家长心目中的地位：通过召开家长座谈会和教师座谈会，想方设法将教师的注意力转移到学习上来，转移到提升教师的素质和品位上来，转移到打造高效课堂上来；通过推行公正、平等、民主的教育，使在校教师严格遵守相关规章制度，对教育培训机构更应该加强管理。

（五）对教育合理性的思考

教育的维度十分广泛，大致可分为生命安全教育、知识教育、思想品德教育、情感教育、审美情趣教育、和谐教育、创新教育、孝道教育、对比教育等，更加需要注重的是心理健康教育、励志教育以及拓展教育。教学活动思考具体表现为教师以教学前、教学中和教学后为三个时间点和维度，以符合规律和有目的性的教学统一过程为教学内核，对具体教学目标、教学内容、教学方法及具体教学实践过程细节进行再现和思考。教学前重复思考也就是在各项教学活动正式实施前，对各项教学活动不断追求教学合理性反复进行的一种教学前瞻性自我认识思考，是教师准确保障各项教学活动措施实效性的一个重要前提条件。教师如果能够将其教学活动方案以"缄默"的教学活动形式开展，并对具有一定背景性、前提性的教学活动理念、知识等因素进行合理化完善，这不仅仅有助于教师们以更有力的信心继续投入教学活动中，有助于教师们在教学活动主体间相互学习帮助共同启发、相互引导帮助共同学习，还有助于教师及时发现更新、修正自己的教学活动设计方案，使自己的教学活动设计方案日趋合理。教学中重复自我思考也就是学校要求教师在教学课程实施过程中及时反复进行的自我教学思考，是一种具有一定过程性、调控性的自我教学思考。这也是当前课堂教学活动设计实施过程结束后，教师主动地对当前课堂教学活动设施实践的重新反复再现、再重新反复思考、再一次重新认识，并从中不断探索总结当前学校教育课堂中的一些教学活动实践经验，寻找当前课堂教学活动中一些可能仍然存在的不足的全过程。考虑现阶段教育学生的侧重点，要有重点地对学生的学习及思想进行教育管理。

（六）对教育管理策划、经营的思考

教育管理策划是指学校为了提高办学效率和质量，最终促进学生发展，结合学校现状和环境信息，遵循教育规律，运用策划理论和方法，谋划学校未来发展，为学校决策提供创意备选方案的过程。学校策划是学校经营的一个重要环节，处于决策层和执行层之间。教育管理经营是指在现代学校制度的保障下，学校为满足社会对教育服务和人才培养的需求，以提高办学效率和提高教育质量为目标，以最终促进学生发展为目的而组织实施的将会获取充足办学资源并优化配置教育教学资源的系列交易活动（包括教学促进和教学管理等活动）。

三、班主任对教育的理解及班级管理思路

我在教学管理工作中，一直努力引导学生养成几种意识，分别是精英意识、责任意识、奋斗意识、团队意识、策划意识、管理意识、快乐意识。一方面，作为班主任，应以豁达、诚信、自律、博爱、多才为班训，用耐心教育学生，对全班同学一视同仁，不吝啬对学生的赞赏。另一方面，班主任的工作以"勤"字为先，对制订的目标付诸行动。高中的不同阶段有着不同的目标：高一要回归理性，形成强大

的团队；高二要树人生理想，塑自主奋斗意识；高三则要引领核心竞争力——应试能力的发展。笔者结合自身多年的班主任教学管理经验，浅谈几点班主任对教育的理解及班级管理思路。

（一）班干部竞选制

班干部是班级的骨干，是班主任的得力助手。不少优秀班主任认为：一个班级教育管理的好坏，往往与班干部力量的强弱、发挥作用的大小有很大关系。为此，班主任在接一个新班后，都很重视班干部的选拔和培养，让班干部在班级里充分发挥作用，团结并带领全班同学不断发展提高。笔者在班主任这一岗位上，对于班干部的任命采用民主选举的方式，为期一个月，最大限度地体现公平性，给每一个孩子以应有的鼓励，为每一个生命提供展现才华的平台。

（二）座位轮转制

通过使用抽签的方式自动安排学生的座位，座位滚动式自由流动。为了真正体现公平性，鼓励广大学生进行同学间的自由沟通，学会与不同年龄和不同性别的同学交往。学生们将来很可能会走出国门，这就要努力学会与不同年龄段、不同地域的年轻人进行沟通交往，与不同民族和肤色、不同宗教信仰的年轻人进行沟通交流。因此，让学生间很快地相互了解，并以最短的时间和最快的速度形成一个团队，这很重要。

（三）班级图书角

为了使学生知识丰富、视野开阔，培养学生良好的读书习惯，提高学生的阅读能力，最大化共享图书资源，可以在班级建立图书角，同时建立合理的图书交流机制，并能有效地保护图书，规范图书管理。引领学生回归传统书籍，拓展学生的知识空间，增强学生的感性认识，举办多种主题活动，由感性认识上升到理性认识。同时，可引入青春期的性教育、营养知识、紧急救护知识等，让学生拥有与生理发展相匹配的知识。

（四）班级档案角

班级档案角主要用于存放班集体的成长笔记，包括参加活动的心得、获得的班级荣誉，抑或是班级的合照以及班训、班主任的寄语等，目的是让大家能够时常看到自己的收获，督促自己为了更美好的明天而奋斗。

（五）竞赛学习小组

为了激发学生们的学习兴趣和积极性，促进良性竞争，营造互帮互助、积极向上的良好学习氛围，针对学生们自身的兴趣爱好以及特长，成立不同的竞赛学习小组，因材施教，同时以"小组竞赛积分制"促进小组合作学习，让学生们在快乐中学习，在学习中进步，在进步中成长。

（六）研究性学习小组

把优秀的世界文化遗产化分为不同的研究性主题，让学生以小组为单位，去展开研究，限时向全班同学汇报研究成果。目的是引领学生定向查找资料、编辑资料、制作课件，培养写作和演讲能力，拓宽视野。

（七）户外主题活动

举办户外主题活动有助于融合班级成员之间的情谊，增强班级凝聚力。参加户外活动有诸多好处，放松身心、强身健体、素质拓展，交友联谊自然不设防，沟通自然就没有障碍，身心放松锻炼身体，会改善性格，扩大交际范围。例如，登山过程中要求队员之间相互协作，可以让学生的性格变得更加开朗、活泼。组织一场户外活动也不复杂，在学校操场就可以进行，利用课余时间让大家分组进行小游戏，对获胜的学生进行奖励。这样看似一场小小的活动，涉及前期的策划、宣传，需要主持人、奖品负责人、安全负责人、后勤负责人、现场协调负责人以及游戏的裁判等，对大家的活动策划能力和相互合作有极大的裨益。

（八）家长委员会

家长委员会是由家长代表成立的组织。它关注学生的教育，是增进学校与学生、家长沟通的桥梁。家长委员会成员由班级全体家长会议推选产生，原则上7人左右，具体名额可视班级情况自行确定。家长委员会设主任1名，副主任2名，其余为委员，秘书长（班主任兼）1名，主任和副主任由家长委员会全体成员会议推选产生。目的是充分发挥家长对班级教育教学工作的参谋、监督作用，积极推动家长参与教育教学改革、督导评价、教学管理和涉及学生利益的重要决策等工作，使家长成为班级教育的合作者和推进者，促进班级教学管理工作不断完善。同时，学校不定期地给家长传授必要的教育知识，向家长全面开放学校教育，引领家庭教育的理性发展，促使家庭教育与学校教育的高度和谐。

四、总结

班级教学管理工作需要从各个方面进行努力，却也能从细节中看出班级教学管理工作中的问题。比如班级文化。班级文化是在学校教育文化、教师文化的影响下，由班集体创造出来的独特的文化。将班级文化以条幅的形式呈现出来，能够对同学们发挥润物细无声的浸润和熏陶的教育功能。同时在主题班会上，指定10分钟，全班唱一首歌，能够陶冶情操，培养乐观向上的精神。我认为评价体系也是十分重要的，通过构建多元评价体系（道德、政治、情感、法治、心理、治学、休闲文化、习惯养成等），引领学生关注生命的方方面面，促进学生综合素质的提升。

本文中笔者以自身多年在教学管理工作中的心得为基础，通过多角度审视教学管理过程，提出了几点班主任对班级管理的思路及措施。有效的班主任教育教学管理工作对于学生有序顺畅地开展学习具有积极的促进作用，高中班主任要不断地强化自身的责任意识，并在具体的教育教学管理过程中提升管理水平。教师职业因专业而发展，因爱而崇高，因责任而伟大，岁月因成就而生动，成就因岁月而醇厚，人生因醇厚而幸福。在任务繁重、时间紧张的高中阶段，教师应该加强班级管理，调整心态，营造良好的学习氛围；尤其是年轻教师，要勤于学习、善于反思、勇于实践、乐于奉献，将最优质的教育奉献给孩子们，把快乐融入自己的创造中，有效完善教学管理工作，为学生踏入更高一级学府尽一份力。

参考文献

[1] 张华. 高三班主任教育教学管理的思考 [J]. 中外交流，2019（35）.

[2] 王丽香. 浅谈高三文科重点班班主任教学管理经验 [J]. 国家通用语言文字教学与研究，2020（5）.

[3] 黄小虹. 高三教学管理思路探讨 [J]. 新课程·下旬，2014（3）.

[4] 杨梅. 高三下期班主任对学生学习管理的问题及对策研究：以 H 中学为例 [D]. 成都：四川师范大学，2017.

新时代　新思维　新出路
——漫谈教学管理

　　我们身处的新时代，是一个信息迅速更迭的时代。没有思路就没有出路。放眼世界，在"互联网+"的时代潮流裹挟下，谁有思路，谁就有出路。上海交通大学海外教育学院副院长、管理学博士谷来丰在2015年初从美国硅谷考察回来后，以一篇《中国还在"互联网+"，美国已是"新硬件时代"》的文章引发社会各界的强烈关注。他指出，中国在"互联网+"，美国已进入"新硬件时代"。在中国举国上下大搞"互联网+"，全国、全社会进一步深度数字软化的时候，美国悄悄地进入了"新硬件时代"。

　　"新硬件时代"，是以美国强大的软件技术、互联网和大数据技术为基础，由极客和创客为主要参与群体，以硬件为表现形式的一种新产业形态。这里说的新硬件，不是主板、显示器、键盘这些计算机硬件，而是指一切物理上存在的，在过去的生产和生活中闻所未闻、见所未见的人造事物。

　　如果说乔布斯在2007年展示的iPhone和2010年展示的iPad

还是人们可以理解的事物（还是手机和电脑），那么今天的多轴无人飞行器、无人驾驶汽车、3D打印机、可穿戴设备、智能机器驮驴、机器人厨师是人们之前无法想象的事物。

据调查，20%的人每天查看近百次手机，34%的人起床第一件事是打开微信，23%的人没有手机会心慌。虽然手机已经悄悄占据人们的生活，但是，有人预言手机将在5年后退出江湖，"智能一切"。

在"智能一切"即将来临的时代，在挑战与机遇面前，教育也面临新一轮的洗牌。尤其是教学管理，如果教学管理没有变革，没有新思路，5年后必然没有出路。

教学管理是一门科学，更是一门艺术，即一门科学调动师生积极性的艺术。

一、课程设置

学校课程设置以课程方案及各科课程标准为依据，同时结合学校实际情况，以提高学生的全面素质为宗旨，以培养学生创新精神和实践能力为重点，促进教学方式和学习方式的变革，努力满足每个学生终身发展的需要，规范课程教学行为，推进教育教学创新，努力形成具有学校个性特色、充满活力的学校课程教学体系，真正搭建校园大课堂和求学大舞台。

（一）多样化的课程设置

课程是学校育人的载体，是打造"文理并重"特色的关键，一个学校能否提供优质教育，不仅要看国家课程的开设水平高低，还要看这个学校为学生提供了多少优质的校本自选课程，从而满足学生多元化的发展需求。

1.必修课程。

这类课程是所有在校学生的必选课程，按国家课程标准排课，分别承担了学校在道德身心发展、学习能力发展和实践能力发展等方面培养学生的功能，保证学校育人目标的基本达成。

2.选修课程。

这类课程是以学生兴趣、爱好、特长为基础，按照学生个人意愿和发展需求，进行自主选课。

在选修课程模块设置方面，我个人建议可以从四个维度来构建课程模块：科技课程、人文社会课程、艺体综合类课程和社团类课程。

第一类：科技课程。由理科教师开发的以数学、物理、化学、生物、信息学为主干的理科奥林匹克竞赛课程和研究性学习课程。

培养目标：一是培养科学素养；二是培养创新意识，满足理科见长、学力超群学生的发展需求，为其自主学习、自主发展提供课程支撑。

第二类：人文社会课程。以文科教师为主体，开发整合形成语文、人文、政经、史学的融合课程。

培养目标：培养学生的人文素养，丰富人文知识，形成人文精神；培养学生全球眼光，使学生对各种文化、制度、经济以及热点问题有所认识与理解，形成较广阔的国际视野。

形式：国学初探、团队拓展训练、基地研修、社会调查、人文类研究性学习、国内外访学等。

第三类：艺体综合类课程。

培养目标：促进学生特长发展，提升学生审美能力、体健能力和实践能力。

第四类：社团类课程。

培养目标：学生社团是学生自我管理、自主发展的重要载体，能有效培养学生的组织策划能力、团队合作精神、领导意识和领导才能。

（二）学校坚持以课程为王的校本课程思想

1.语言与文学：包括国学初探、外国经典诗歌阅读、莎士比亚戏剧、影视评论等。其中语文教研组组长、特级教师梁惠红组织语文组教师编写的《诗韵流芳》，架构了整个中国诗学成长脉络、风格流派、艺术传承、家国情怀等，有利于拓宽学生有关诗歌的知识视野。英语组教师石惠芳编写的《英语广告赏析》，有利于学生拓宽由教材走向社会的英语思维，提高英语知识生活化的能力。学生文学社自行创办的杂志《携手》，走出考场作文，以青年人的视角畅谈文学、解读文学、争鸣文学，发出青年人自己的文学声音，表达青年人心声。金莺社每学期举行的校级金莺辩论赛，由学生自行组织，采用轮回制，让学生在参与过程中提升了辩证思维能力、语言表达能力和问题辩证分析能力。

2.数学：包括数学问题导学、数学建模、密码初探等，曾任南宁三中校长的黄河清2013年出版专著《高中数学"问题导学"教学法》，通过教师的"导"诱导学生的"学"，以创设"问题"营造上课情境，诱导学生自主学习、自主探究，提高学生的学习兴趣。

3.人文与社会：包括西方哲学、当代经济思潮、丝绸之路、基层民主选举、地理环境与军事行动、国际视野等。代表课程有宗焕波老师的"幸福经济学之反传销反欺诈"、李南老师的"中国古代墓葬制度和盗墓史"、林梦玲老师的"中学生领导力自治培养"，主要课程活动有学校师生在美国哈佛大学访问、美国乔治美森高中师生来学校进行友好交流、俞敏洪先生为学校学生做"新东方之韵"中学生英语学习与人生规划励志报告、知名作家刘墉在学校做"活出闪亮的人生"专场演讲、在"美食一条街"活动中教师扮演工商和税务机关的工作人员等。

4.自然科学：包括生活中的物理、现代科技前沿、身边的化学等。代表课程有李荣权老师的"生活中的物理"、梁祖宁老师的"现代科技前沿"，其中"现代科技前沿"重点介绍纳米科技的发展史及纳米技术促进科学技术的飞跃。每年一次的科技节活动，由学生展示自己的科技成果，并邀请本校理科教师和知名科技专家给学生做专场报告，代表课程有庚谦老师的"身边的化学"。

5.技术：包括信息技术、通用技术、网络技术等。代表课程有韦珺老师的"植物标本的制作"、孙国强老师的"数学与C程序设计"等，还建立了武鸣社会实践基地。

6.艺术：包括音乐、舞蹈、摄影、动漫等。代表课程有李浩铭老师的"歌唱技巧与方法"、吴迪老师的"摄影艺术"。学校每年还开展高三专场音乐会。

7.体育与健康：代表课程有刘胜男老师的"健康地生活"、马健老师的"武术散打"、黄中炫老师的"篮球（普及）"。学校还开设游泳课。同时邀请广西医科大学博士生导师李超乾教授讲授急救知识以及广西中医药大学专家来学校举办健康知识讲座。

二、提升核心竞争力，狠抓教学质量

学校要可持续健康发展，就必须培育学校的核心发展力；没有学校的核心发展力，就没有学校的可持续健康发展。

南宁三中坚持课程为王的理念，通过课程来实现学校的核心发展力。除了课程外，学校的核心竞争力还有什么？虽然众说纷纭，但核心指向都是人。人的发展是核心，学校发展需要具有理想的高素质的文化人，既包括个体，也包括团队。个体的文化素养、团队的文化精神，归结起来就是重点推动教师的专业化发展，以及打造名师团队。教师的专业程度和发展水平直接决定学校教育教学质量和办学层次，成为打造学校核心竞争力的核心标杆。

（一）以丰富多彩的讲座提升教师专业化发展能力

名师引领，以丰富多彩的讲座提升教师专业化发展能力，如笔者的"教师的角色意识与工作技巧"，莫怡祥老师的"如何撰写教育科研论文"和"教育科研实施的基本程序"，梁惠红老师的"教师的自主发展"，陈美娜老师的"班主任工作经验介绍"，陈建筠老师的"创新经验分享"，王强芳老师的"奥赛辅导经验分享"，等等。

（二）以微型课题研究提升教师专业化发展能力

微型课题研究源自一线教师对自身教育教学工作的总结与反思，以及对教育实践困惑的追问。微型课题的开展有利于进一步减负增效，提高教育教学质量，也有利于促进教师专业成长，可为提升教师的教育智慧和职业生活品位奠定坚实的基础。近年来，南宁三中涌现了一大批有利于提升教学质量、解决教学实际问题、提升教学能力的微型课题。例如，梁东旺老师的"学生人格塑造"、姚树华老师的"优秀生潜能开发"、杨丽红老师的"情绪调节力培养"、解红梅老师的"阅读观念创新"、邓荣老师的"班级教育故事"、黎承忠老师的"140团队"、张小华老师的"班级日记"、胡颖毅老师的"家校网络平台"、肖榕老师的"打造合作学习型班级"、封志勤老师的"生活中的生物科学"、谭立勇老师的"体育选项课"、杨婷婷老师的"艺术特长培养"、魏远金老师的"学情分析表的运用"、徐源老师的"家校联系的系统拓展研究"、蓝宇老师的"实践'老师式的学生'课堂教学模式探究"、李宜老师的"当代中学生实施生命教育的对策研究"、黄琴老师的"学案教学模式在高中生物实验复习教学中的应用与研究"、邓仙老师的"提高写作实效性的实践探究"等。

（三）文综、理综备考策略研究，提升教师专业备考能力

深入了解高三学生的复习与考试心理，通过对文综、理综答题方式及应考策略

的研究，总结各种文综、理综答题方式的利弊以及应注意的问题，差异化指导学生掌握文综、理综考试的不同答题方式的时间分配及应考技巧等，为高三文综、理综备考奠定坚实的理论基础，为高三文科、理科学生选择适合自己的文综答题方式提供有效的参考，对高考文综备考具有重要的指导意义。

（四）加强学科奥赛，加强奥赛教练团队建设

南宁三中打造了奥赛培训课堂，邀请奥赛学科知名国家级培训教练前来指导；组建了强大的奥赛教练团队，所有奥赛学科都能传授大学专业知识，所有奥赛课程均为本校自主研发，学生可凭兴趣自主选择参加免费的奥赛培训；开创了国家常规课程与奥赛培训课程并行的特色培训模式，实现了奥赛课程常态化、持续发展，为党和国家培养了一批具有学科潜质的拔尖创新人才。经过 10 多年积淀与打磨，南宁三中成为名副其实的广西奥赛品牌学校。2017—2021 年，在"中国学科竞赛 500 强高中"颁奖盛典中，南宁三中获得全国卓越贡献奖、全国杰出教育家奖、全国最佳校长奖、全国最佳学校奖、全国最具影响力奖等多项最高奖项，王强芳、罗洪均、易志锋等 18 位教师获全国最佳教练员金奖。

三、科学人文备考，挖掘学生潜力，成就学生梦想

高考备考是一首人文性与科学性的完美协奏曲。人文性体现了高考备考的"真·爱"与温暖，科学性体现了高考备考尊重学科的规律，尊重学生认知的规律。只有二者结合起来，才能充分调动师生的积极性，挖掘学生的潜力。

以南宁三中 2014 届高考备考为例，谈谈教学管理的新思维新出路。

2014 年高考取得的成就，揭示了高考的内涵：个体劳动的团体呈现，具有团结、严谨、激情、高效等特点。

哈佛大学隆纳·海菲兹博士说，一个好的团队是高考取得辉煌成就的保障，一个好的团队，它的能量源自三个"凝聚"与一个"信任"。我们从中得到感悟，提炼了高考备考三个"凝聚"与一个"信任"的内涵，分别如下。

一是凝聚梦想，让每个人的能量蓄势待发；二是凝聚价值观，能量呈几何倍数扩张；三是凝聚痛苦，获得无限快乐。

一个信任，即老师、领导之间相互信任，老师、学生之间相互信任，家长、学

校之间相互信任。信任的力量，让全世界都成就你的梦想。

（一）以学情为基点进行整体分析，明晰优势与挑战，找准着力点

2014届学生优势比较明显，学校和社会均给予很高的期望。同时，时代环境也发生了较大的变化，对2014届高考备考团队提出了前所未有的挑战，具体如下。

1.近10年来第一次在6A+层次生源上拥有绝对优势，但如何引领这支优秀的学生队伍，在高考备考上我们毫无经验可循。

2.首次带高三毕业班的教师占整个教师团队的四分之一，其中又以文科班的班主任居多。他们的阅历尚浅，增加了备考的不确定性。

3.所有实验班的班主任均没有成功带实验班的经验。

4.工资改革，实行绩效工资制度，教师受收入波动的影响。

5.在两次与柳州市名校开展的联考中成绩欠佳，备考士气一度低迷。

6.在裸考元年，学校在竞赛和自主招生成绩上相比同类学校并不占优势。

7.受高一、高二双休日不补课的影响，学校的第一轮复习进度缓慢。

8.来自智能手机的挑战。

（二）人文备考维度

1.善待所有，平和作为——人文关怀是基石。

高三的一年是教师真实生活的一年，也是学生真实生活的一年，收获不应仅限于成绩，我们希望给予师生的，是身心愉悦的一段美好岁月。

理解尊重每一位教师，教师工作是个体劳动的群体表现，只有每个个体都乐于奉献，才有团队的辉煌；了解教师的精神状态，找到激励的突破口；关心教师的真实生活，使教师收心拢心、凝神聚气；支持教师的专业发展，给年轻的班主任配副班主任和专业导师。

2.做好顶层设计，发挥导向作用。

（1）确立各个维度的指导思想。

打造一支"思想统一，行动整齐，保障有力"的高三备考团队，是高考取胜的关键，也是南宁三中的传统。在黄幼岩校长和黄河清书记的引领下，2014届高考备考确立了凝练而明晰的指导思想如下。

①领导小组的指导思想：人文、民主、科学、有序、务实。

②教师团队的指导思想：以团队为依托，以研究为先导，以学生为主体，以实效为宗旨，以创高考最好成绩为目标。

③学生团队的指导思想：志存高远，脚踏实地，坚持到底。

④家长团队的指导思想：走进心灵，重在沟通，全程陪护。

（2）确立团队行动纲领。

行动纲领是一个团队协作奋斗的指挥棒。如何提炼行动纲领？行动纲领的科学依据是什么？行动纲领的立足点在何处？回顾分析前两届的行动纲领，我们可以找到依据与方向，2008届"非常规高考"成为整个团队的行动纲领，2011届"激情高考"作为团队的行动纲领贯穿整个备考的过程，审时度势提出2014届"技术高考"作为整个团队的行动纲领。"技术高考"的内蕴是以高技术含量为依托，以遵守训练规则为准绳，以平常心态经营过程，以良好习惯保障胜利。

（3）完善机构，保障有序。

由校长挂帅牵头，成立四类小组：领导小组，为高考把脉掌舵；质量监控小组，把关模拟考质量分析；自主招生小组，指导优秀学生冲击自主招生名额；班主任工作小组，指导班主任团队开展高考备考团队建设，如通过家长委员会加强家校合力，共同服务学生高考备考，等等。

（4）坚持"六化"推动常规工作。

常规工作"六化"，即领导小组碰头会、班主任例会、备课组长例会制度化，课堂教学实效化，月考质量分析学术化，练习校本化，备考重大问题课题化，攻坚问题特色化。

（5）精心部署，完善科学备考步骤

①高三全年备考计划的制订，由全体高三教师参与，6次修改，最后定稿，执行起来比较顺畅，我们认为这也是一种效率。

②确立数学学科为关键学科，在课时上给予倾斜（周课时为12节）。

③各学科展开分板块研究，对学科内各考试板块实行承包研究，提高对各考试板块的驾驭能力。

④训练校本化，周测、月考、模拟考必须自主命题，清晰双向细目表。

⑤形成过程监督机制，各职能小组监控执行细节。

⑥成立科研团队，备课问题课题化（申报市级课题）。

⑦备考难度的确定——分析近3年全国各地高考卷，落脚点在周测卷、月考卷、限时训练卷、模拟卷。

⑧考试组织体系。

（6）确立团队奋斗目标。

奋斗目标是团队前进的压力与动力，目标催生斗志，团队围绕目标齐心协力，层层传导，层层压实，共同为实现目标而齐心奋斗。

①尖子生层面：总分尖子（文、理科全区前10名）人数排全区前2名，各2人以上；学科尖子（全区前100名）人数排全区前2名，各10人以上；考上清华大学、北京大学人数排全区前2名，25人以上。

②600分层面：600分以上比值排全区前2名，250人以上。

③本科升学率层面：一本率排全区前3名，75%以上；二本率排全区前4名，97%以上；本科上线人数1000人以上。

④平均分层面：文理平均总分排全区前4名，各学科平均分排全区前4名。

（三）学科备考维度

1.科学规范命题与评卷工作。

（1）命题方面：模仿近3年的全国卷或地方卷命题模式完成组题命题工作，从难度、知识点、题号顺序到学科顺序进行模仿命题，然后召开备考组会议，进入命题"说题"环节，由板块命题负责人对命题思路进行说明，认真填写命题双向细目表，最后将试题提交到年级组。

（2）评卷工作：评卷工作也同样严谨而规范，备课组先进行试评，定出评卷细则，然后才正式开始全面评卷工作；在考后还必须提交教学反思，给年级质量分析会提供素材。科研处帮助年级做考试质量分析，每次考试后所展示的质量分析数据翔实、直击要害，为高考备考方案的调整提供了有力保障。

2.科学推进总结反思机制。

（1）建立反思与修正机制，充分利用大数据分析。

表1　sk 试卷技术分析某同学的语文科成绩（将所有错题逐一分析）

题号	答案	分值	选择	失分	班均分	级均分	难度	知识点说明	掌握情况
单选2	A	3	B	3	0.96	1.80	偏易	S：审题错误	未掌握
单选7	C	3	B	3	2.04	2.09	偏易	K：成语	未掌握
111		5	4	1	3.14	3.08	偏易	K：翻译	较好
15		6	4	2	3.66	3.69	偏易	S：粗心遗漏要点	一般
17		6	4	2	4.70	4.43	偏易	K：理解错误	一般
18		5	2	3	2.54	2.39	中等	K：病句修改	需努力
19		6	4	2	4.45	4.52	偏易	K：理解错误	一般
21		60	41	9	47.36	46.69	偏易	S：审题错误	一般
112		5	3	2	3.18	2.98	偏易	K：翻译	一般
122		4	3	1	2.38	2.49	偏易	S：粗心遗漏要点	一般

表2　优秀学生某次模拟考质量分析

班别	姓名	照顾分	中考成绩	语文	数学	英语	化学	生物	理综	总分	年级排名
14	黄某冬	10	6A+	124	140	143.5	105	70	294.5	702	1
15	李某璇	0	6A+	123.5	141.5	137	98	64	273	675	2
14	戴某悦	0	6A+	125	129	145	98.5	65.5	273.5	672.5	3
14	刘某敏	0	6A+	132.5	132.5	137.5	98.5	64	269.5	672	4
15	蒋某超	0	6A+	120	127.5	141.5	99.5	67.5	275	664	5
16	莫某杰	0	4A+	115.5	138	134.5	100	60.5	272	660	6
15	杨某静	5	6A+	119.5	126.5	143	100.5	66	267.5	656.5	7
15	陈某宇	0	5A+	124.5	132	143.5	99.5	63	256	656	8
15	莫某然	5	4A+	122	124	143.5	102	70.5	266	655.5	9
14	梁某嘉	0	6A+	121	123	143	94	65.5	266	653	10
14	熊某纬	0	外地优秀	114	130.5	137.5	92.5	65.5	267	649	12
16	刘某琪	0	5A+	118.5	115.5	139	106	68	274.5	647.5	13
16	陈某	0	4A+	116	134	134	97.5	66	262.5	646.5	14

排名前 25 名占比

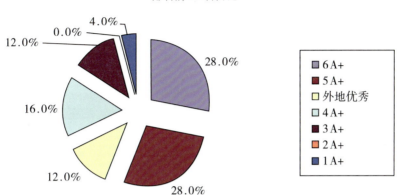

图1 对年级排名前50名学生的入学成绩跟踪（理科）

（2）以物理为例，规范各轮复习总结的方向与方法。

①第一轮复习存在问题。

综合分析问题的能力还比较弱，计算题书写不规范，实验能力有待加强，应试技巧不够。

②第二轮复习学法指导。

重视基本知识、基本方法、基本规律；构建知识网络，注重建构模型；提升审题能力，遵守答题规范，掌握应试技巧；利用套题训练进行答题得分训练，强化答题时间分配。

（四）年级组备考维度

1. 备考过程中学生接纳与需求的调查研究及对策。

精准把脉高三学情，才能更好地为深入精准备考提供思考，我们分别从学生信心、学习状态、学习方法与策略、学科学习调查、时间管理、情绪管理、睡眠管理、饮食管理及营养、成就归因、其他10个方面开展问卷调查，并进行横向对比，从中提炼并形成理论依据。

表3　2014届、2015届学生学习策略调查

（单位：份）

调查项目	有效问卷	复述策略	精加工策略	组织策略	计划策略	监视策略
2015届	943	62.4	59.6	53.3	60.8	63.5
2014届	930	61.5	54.8	51.7	58.8	61.7
调查项目	有效问卷	调节策略	时间管理策略	学习环境管理	努力管理	多向互动
2015届	943	37.5	48.9	63	75.6	45.4
2014届	930	67.9	46.6	61.5	76	55

对高三作业情况进行精准把脉，开展作业问卷调查，具体详细了解学生作业情况，及时调整完善，减轻不必要的作业负担，解放学生，把更多精神投入精准备考中。

2.综合科备考探索。

确立"总分第一"的意识；以科研课题的意识统领综合学科的备考，如文综组已完成市级课题，重在发展与提升；理综组已正式成立课题组，重在总结与完善。树立每一次月考就是一次模拟考的意识，及时总结方法、规律。

（1）答题时间分配（铁的纪律）：物理60分钟、化学54分钟、生物36分钟、政治50分钟、历史50分钟、地理50分钟。

（2）答题次序，给出若干模式，供学生选择。

模式一：从头到尾按顺序答题。时间控制：选择题三科用时约50分钟，非选择题约100分钟，三科时间分配：物理41.4分钟、化学34.5分钟、生物24.1分钟、政治40.0分钟、历史40.0分钟、地理30.0分钟、机动时间5—15分钟。

模式二：先按顺序做选择题，再根据自己的学科特长做非选择题。

模式三：根据自己的学科特长，完全按学科顺序答题。

模式四：懂什么，答什么。

（3）难易取舍，遵循先易后难、不贪多求全、丢分不丢时间的原则。

（4）心理剖析指导：对开考前10分钟、收卷前10分钟的把握，试题难度不可预测的心理历练，遇难题时的取舍。

（5）答题规范（主要针对非选择题），每分必争。

（五）班主任备考维度

1. 提升班主任的团建与德育视野。

高考是一场集知识准备、体能准备、心理素质历练、应试技巧积累、应对各种变化的能力、冲刺阶段团队氛围的经营、填报志愿时的智慧等诸多元素于一身的综合战役。班主任就是指挥这场战役的元帅。运筹帷幄，策划、经营好决定高考成败的各种元素是重中之重。各环节中如有一环处理不当都可能导致功败垂成；相反，处理好了，将无往而不胜。

2. 加强班主任引领班级建设的观念。

树立铁的纪律是胜利的保障，主动归零，牢固树立总分意识，突出强有力的指导，必须树立生命周期律的意识，注重人生方法的培养。

3. 提升班主任的说理能力。

因高考的不确定性与学生成长的复杂性，班主任必须具备一定的说理能力，让学生在备考过程中相信学校，相信教师团队，愿意紧跟高考备考步伐，形成合力局面。如净化心灵方面，引导学生心无杂念，做眼前最重要的事；指导学生简化生活：正常吃饭喝水，拒绝点外卖，减少人际交往（生日会、毕业留言除外），帮助学生修正习惯，做好时间管理、体能管理等；指导并协助学生进行情绪管理，并使其加强应试技巧的积累、心理素质的历练、学习内容的管理，使学生学会拒绝使用手机、拒绝恋爱、拒绝网络。

4. 班主任应储备的其他知识。

（1）大脑科学记忆知识，如著名的艾宾浩斯记忆遗忘曲线。

（2）营养科学知识，提醒学生多吃有益于身体的食物，如卷心菜、大豆、牛奶、鱼、蛋黄、木耳、杏、香蕉、草莓、葡萄、柚子等。

（3）心理学常识，如情绪管理、亲情管理、同学关系管理、师生关系管理、学习任务管理等。

5. 班主任要掌握应对"高原现象"的知识。

要对高考备考过程中的"高原现象"了然于胸。"高原现象"是指学生经过长时间的复习后，出现一段时间学习和复习效率停滞不前，甚至学习过的知识感觉模糊，感觉学习无法向前推进的现象。班主任要明白，在3—4月是"高原现象"出现频率较高的阶段。学会辨析情绪反应表现：情绪厌烦、紧张、莫名的烦躁与恐惧、丧失自信、焦虑、郁郁寡欢、忧伤，甚至绝望；学会辨析行为反应表现：学习动机弱化、认知困难、记忆力下降、注意力分散、思维不敏捷、丢三落四、影响睡眠。学会分析这些反应表现产生的原因，如客观原因，高度疲劳的生理、心理；主观原因，求胜心切的思维方式；实质原因，学习方法缺少"升级换代"，学习内容重复，出现知识点瓶颈。

　　如何指导学生突破"高原现象"？班主任必须明白，心态是关键，要掌握认知、休息调整、积极鼓励、释放压力的方法。方法是根本，从对某一单纯知识点和技能的模仿型训练转变到对知识融会贯通、提升综合能力。效率是保证，避免出现知识点漏洞、实行二轮复习计划；加强对学生的体能管理，运动是生命活力的源泉。此外，还涉及加强学生饮食、生物钟调节、生理调节、时间管理等方面的管理。

第二篇

守望相助，温暖同行

浅谈基于时代背景下的教育思考

新时代的到来，为教育的发展注入了新的活力，教育得到了更多的重视，教育也必将展现新风貌。但我们必须审视当下教育的痛点，迎接当下教育的挑战。在新的历史坐标下，如何实现"人民有信仰、民族有希望、国家有力量"的战略思想？我们的教育是否培养了真正能够担当民族复兴大任的时代新人？这是关乎"教育需要培养什么样的人"的问题。

在人机共存的时代，当机器人和人工智能在很多方面能够取代人的工作之后，这时候人需要干什么，人如何安身立命？这是关乎"教育需要教给人什么样的技能"的问题。

当我们已经进入新课改的提速时代，教育政策不断更迭，学校需要怎样的教育教学理念？学生应该怎么学？教师应该怎么教？这是我们必须思考的"教育如何落地"的问题。

当独生子女教师与同样个性突出的 00 后、10 后学生在教育上相遇，会擦出怎样的教育火花？我们应该如何重构"学校—教师—家长—学生"之间的关系？这是我们面临"教育如何协同发展"的问题。

高中教育事关国家未来和民族复兴。作为学校管理者，要了解时代背景与教育的联系，立足时代的发展特点和需求，进行教育的顶层设计。在这里，且结合南宁三中五象校区（简称五象校区）的教育设计，谈一谈我基于时代背景下的教育思考。

一、教育的时空感，我们处在什么样的时代？

教育的时空感，即教育的时代性和空间性。时代背景会影响我们对教育的理解和要求，不同国家的教育理念、不同区域的教育水平具有差异性。如今的中国乃至世界都面临百年未有之大变局，时代处在大发展、大变革、大调整时期。世界多极化、经济全球化、科技现代化已经成为不可逆转的趋势，国与国之间的竞争越来越取决于教育的竞争，越来越取决于基础教育的竞争。我们先来盘点如今教育所处的时代背景。

（一）世界进入了超常规变化的时代

有人预言，手机在 5 年之后退出江湖。未来的 5 年，世界将会进入一个"智能一切"的新时代，在这个时代里，我们的一切将会是智能的，人工智能、机器人、物联网、无人驾驶、3D 打印技术等都在重构全球创新版图，重塑全球经济和社会结构。世界已然进入了人机共存的时代，万事万物超常规发展更迭的时代。

（二）中国特色社会主义进入新时代

2017 年，党的十九大作出了"中国特色社会主义进入新时代"的重大政治论断，中国的政治迎来了新生态。新时代背景下，我们既面临更大的挑战，也迎来更大的机遇。我们的机遇则是文化和教育将得到近代以来前所未有的重视，教育将发挥更加显著的作用。

（三）教育进入了新一轮课改的时代

教育是为时代服务的，时代的变化必然会推动教育的改革。2014 年上海、浙江启动"新高考试点"；2016 年 25 个省（区、市）宣布使用全国卷；2017 年全国所有高中都步入新高考学习序列……新一轮课改将重构我们的育人方式、课堂教学和评价机制等教育教学内容。

（四）校园进入了独生子女作为老师执教的时代

90后独生子女开始走上讲台，并逐渐成为校园教师的主体。作为独生子女一代的他们，远离物质匮乏的年代，有着高孤独感、高竞争感、高话语权、高情感负担。同时，他们也有着学习能力强、同理心强、独立思考能力强等优点。新时代独生子女教师的自身特点也将影响对下一代的教育。

二、五象校区基于时代背景的教育实践

五象校区是南宁三中的一个分校区，于2016年秋季学期开始招生，学校立足高起点、高定位、高追求，基于新时代教育的要求，以培养"具有中华民族灵魂和世界眼光的现代人"为目标，通过顶层设计，从管理文化、教师文化、学生文化等几个方面入手，为学生植入家国意识、责任意识、文化意识、道德意识等名校学子的基因，多维度滋养生命，丰富教育底色。

（一）管理文化：学校之名，名在文化

校园文化是学校之魂，五象校区作为百年名校——南宁三中的一个分校区，历史责任重大，备受社会关注。我们唯有打造好这座新校园，让它在新时代背景下发挥与时代要求相匹配的应有之作用，才不辱使命。我始终认为，一所名校，名在文化、名在学术、名在名师、名在担当。五象校区就是基于这样的思考去做顶层设计的。

在学校管理的思考上，我们确立了科研处作为学校"第一处室"的地位。以前是用过去的知识教当下的人，而现在，在新时代背景下，需要用未来的场景启动当下的学习，所以研究显得特别重要。没有教育科研，便没有教育的革新；没有教育的革新，便没有教育的未来。只有研究才能让教育一直成为有尊严的事业，学校因研究而精彩，研究也让每个人赢得未来。学校着眼于教育本质和教育改革，着眼于师生发展的真切需求，积极为师生们营造科研氛围，鼓励广大师生投入科研，积极打造一批学术型、研究型的名师。自创办以来，五象校区的教师积极投身科研，每年都有大量的由教师主持或参与的自治区级、市级课题，也收获了很多的科研成果。这些科研模式和成果是对学校管理实践的极大肯定，也必将鼓励更多的师生投入科研工作中。新时代背景下的教育，必须科研先行。

在学校课程体系的设计上，立足社会主义核心价值观构建课程价值体系，在国家课程外，重点研发面向学生的校本课程，开发出了"敦品""力学""志远""方圆"四大课程体系，多维度滋养学生的生命，丰富了他们的人生底色。敦品课程是提高学生道德修养的特色课程，内容包括爱国教育课程、传统文化课程、民族文化课程、"真·爱"教育课程等。力学课程是根据学生的兴趣爱好，在科技、人文、体育与艺术等不同板块开发丰富的课程，包括创新能力培养课程、科技竞赛课程、研究性学习课程等。志远课程是培养学生追求远大理想、追求卓越的特色课程，内容主要包括新生入学教育、职业生涯规划、学生领导能力培养、开阔视野等。方圆课程是重在培养规则意识的课程，包括礼仪课程、时间管理课程等。除此之外，五象校区还开设了以学科研究为基础的系列特色课程（如以认知生命班会、安全培训、生物培植、生物奥赛为子课题的生命系列课程，以研究二十四节气为内容的学科融合课程，覆盖各学科的大学科阅读课程，等等），以课程设计落实新时代背景下的教育需求。

为适应新时代信息技术和人工智能发展的需要，学校在管理上重点进行智能化设计。普及为知笔记的使用，打造线上学习的云课堂，还打造内宿智能管理系统、教学区考勤系统、学业质量评估系统、英语智能作文阅卷系统、电子"大阅读"系统等。

（二）教师文化：教师第一，温暖同行

成天下之才在教化，行教化之业在教师。在我看来，教师才是学校办学成功的最关键因素。一所学校之所以成功，与这所学校教师的作用分不开。教师的凝魂聚气，是锻造教师文化的基石。所以在五象校区，我们确立的是教师第一的教师文化，尊师重教，实实在在落在教育各个环节，让教师挺直脊梁，才能"站着"办教育。

要形成与学校发展实际相适应的教师精神。在五象校区，我们提倡"坚定信念、无私奉献、任务至上"的教师文化，打造"守望相助，温暖同行；各有所成，各美其美"的教师团队精神。一所新学校创业之初尤其艰难，这时候教师们的团队精神就尤为重要。五象校区成立之初，周边设施极不完善，不时断水断电。但在这样艰苦的情况下，干部带头、名师垂范，全员参与、齐抓共管。我们的教师坚守在远离市中心的五象校区，平时在生活中互爱互助，一起拼车往返于两个校区之间，一起在食堂包饺子，一起组织热闹的烧烤晚会，一起在宿舍外煮牛肉面吃，相亲相爱，其乐融融。大家撸起袖子，团结一心，共克时艰，彰显了"守望相助，温暖同行"的精神。

要守护教育的尊严，让家长、学生对教育保持一种敬畏感，同时，也要让我们的教师感受到领导和同事们的关爱，感受到工作带来的成就感和幸福感。我们通过开展"我最喜爱的教师""我最喜爱的班主任"等评选活动，让教师更有成就感和幸福感。

教师的专业发展是每一个教师的立身之本，学校要重视教师专业发展。五象校区绝大多数是刚毕业的青年教师，引领他们发展自身的学科专业水平和德育专业水平至关重要。在学科专业发展上，我们通过多校区的同课异构和集体备课来探讨学科核心素养，提升"教"与"学"教学展示活动。开展青年教师课题培训会，让科研和学术引领成长。在德育专业发展上，通过青蓝工程、名班主任沙龙、名师讲座、五象教师成长记分享会等实现"传帮带"和优秀德育共享。在推动教师专业化发展的进程上，五象校区在科研、优质课比赛、辅导学生学业等方面都取得了令社会瞩目的成绩。

提倡教师引领"大阅读"。当前的学科知识体系远离教材，且越离越远，这是新高考对一线教师提出的挑战。而学科核心素养的提出，要求教师们以教材为依托，构建起与新高考匹配的学科素养和知识体系，并能简约地呈现给学生，引领学生学科素养的提升和学习潜能的开发。这就要求教师具备丰富的学科知识，能够引领学生开展涵盖各个学科的"大阅读"。

（三）学生文化：五育并举，全面发展

教育无大事，一切源于教化。立德树人是教育的根本任务，培养全面发展的人才是新时代教育的根本要求。五象校区注重知行合一，通过以"真·爱"为内涵的课程、讲座和活动，拓宽了学生的知识面，开阔了他们的文化视野，更培养了他们高尚的道德素养，滋养了他们美好的心灵，引领学生树立"为中华民族伟大复兴而读书"的远大志向。

习近平总书记指出："青年一代有理想、有本领、有担当，国家就有前途，民族就有希望。"五象校区以文化育人为出发点，以培养"具有中华民族灵魂和世界眼光的现代人"为目标，为学生植入家国意识、责任意识、奋斗意识、坚强意识、卓越

意识等名校学子的基因，为新时代中国特色社会主义建设培养人才。

多维度培养学生正确的世界观、人生观、价值观。对于一个孩子，如果我们觉得他的未来会有很好的发展，就必须从以下几个方面的维度上加强培养和引导：一是纯真善良、为人厚道。因为一个太自私、太狡猾的人在人群里的发展是不会太好的。二是胸怀坦荡、敢于担责。三是宽容大方、赞美别人。一个人只有走向包容以后，他才能够得到真正的发展。四是张弛有度、专注力强。求学这件事情，它是非常需要专注力的。五是不找借口、积极应对。孩子们在求学过程当中，可能会遇到阶段性的困难，甚至犯一些错误，但只有不找借口、积极应对，才是有价值的思维。六是价值观正确、志存高远。一个人不能太急功近利，一定要认真遵守求学的内在规律，伴随着年龄增长而逐渐成长，而且不要以一时一次的成功作为结论，价值观正确、志存高远的孩子才可能有美好的未来。七是运动健美、意志超群。只有具备健康的体魄和顽强的意志力，才可能经得起人生的风风雨雨。八是气质出众、内心淡定。我们所追求的"争创广西最优学子"，意思就是追求一流的学习力、一流的规则意识、一流的行为习惯、一流的文明素养、一流的幸福能力，而不是单纯地说追求一个高考成绩。

着重培养学生爱国意识、家国情怀。每一年新生入学的第一周，我们都开展系列入学教育讲座，如南宁三中原校长黄河清作题为《胸怀祖国，放眼世界》的讲座是必学内容，教导学生要培养国家意识，热爱祖国，要具有国际视野，报效祖国。我们还创设了国旗班，选拔品学兼优的学生承担护旗升旗任务，通过国旗班的榜样力量，带动全体学生热爱国旗、热爱祖国。在每周一的升旗仪式和学校大型活动中，学校要求每一名学生放声唱响国歌。在每一次大型活动中齐唱《歌唱祖国》，以此强化学生的国家意识。红歌比赛是南宁三中的品牌活动，我们通过歌唱经典红歌，植入红色基因，自觉弘扬革命精神。另外，学校积极发展优秀学子加入中国共产主义青年团。在五四青年节开展爱国主题活动，缅怀民族英雄；在清明节到烈士陵园开展"缅怀革命先烈"活动；开展以国家重要节日为主题的班会课，淡化洋节影响……弘扬优秀传统文化，培养学生民族意识、提升文化自信。为弘扬中华优秀传统文化，让学生亲近经典，培养学生对文学经典的热爱，五象校区将经典诵读打造成学校的特色课程，学生每天站立诵读中国文化典籍，定期开展经典诵读比赛。学校还邀请王宝心、海国虎等著名书法家到校举办书法讲座；要求学生每天进行 10 分钟的书法练习，不定期举办书法比赛、书画展；邀请戏曲老师举办讲座、举办课本剧比赛，让师生零距离感受中华戏曲的独特魅力。学校注重活动育人，在南宁三中的品牌活动——元旦通宵晚会上，以"欢乐中国年"为主题，开展金狮呈祥、中华民族伟大复兴主题盛装巡游、花灯评赏、广西特色小吃对对碰、竹竿舞等活动，以增强学生的民族自豪感。

重视培养学生规则意识、契约精神。叶圣陶先生说："什么是教育？简单一句话，就是要养成良好习惯。"印度也有一句闻名世界的谚语："播种行为便收获习惯，播种习惯便收获性格，播种性格便收获命运。"我们致力于让学生坚持做一些有意义的事，做出实效，做出规范，做出底蕴，一件件小事的坚持，最后积淀下来形成有五象特色的南宁三中校园文化。这些正在养成的习惯主要包括：学生每天穿校服、佩戴校徽；讲礼貌，见到老师要热情打招呼；讲纪律，教室里要做到不迟到、不旷课，课前要提前 3 分钟静坐教室里候课，上课期间不使用手机，不做其他和上课无关的事情，休息时间时要确保宿舍的安静；坚持每天经典诵读；坚持每天练习书法；坚持每天跑操……

教育必须与时俱进才能焕发出生命力。每一个学校的管理者，要常想常新，基于时代背景进行教育思考和实践，坚持教育创新，深化教育改革，为党和国家培养真正有用的新时代人才。

温暖教育的践行

有人说，每一支战斗力强、能打硬仗的部队都拥有自己独特的气质和性格，这种气质与性格深受这支部队刚组建时首任军事首长的气质和性格影响，他给这支部队注入了灵魂，从此不管岁月如何流逝，人员如何更迭，这支部队的灵魂永在。同样，一所百年名校新校区的组建和运行，除传承名校百年的文化传统和基因外，还拥有自己的特色、气质和魅力，而这同样深受其首任主管的教育理念、格局情怀、精神气质的影响。

2016年8月，我成为五象校区首任主管，主管校区至2019年7月。3年间，我深深感受到了新校区开拓的艰辛，为新校区的魅力与精彩全情付出！

一、不忘初心、牢记使命

习近平总书记指出："教育是提高人民综合素质、促进人的全面发展的重要途径，是民族振兴、社会进步的重要基石，是对中华民族伟大复兴具有决定性意义的事业。"办好人民满意的教育，是党和国家对人民美好生活期望的回应和承诺。作为南宁三中教育集团党委书记和五象校区的首任主管，我秉承南宁三中"真·爱"教育的办学思想和"敦品力学"的校训，在五象校区提出"争创广西最美校园，争做广西最优学子"的宏伟目标，提出以文化育人为出发点，培养"具有中华民族灵魂和世界眼光的现代人"，倡导和践行"温暖教育"，培养有温度有深度有情怀的人。

我在五象校区第一次全校大会上向全体师生阐释了我们的初心和使命：创办五象校区的初心就是让更多的孩子能够享受到优质的教育，作为五象校区的开拓者和奠基者，我们的使命就是让五象校区在"优质"的道路上前进，做到高起点、高标准、高要求，为南宁三中这所百年名校的新校区奠定优良的校风、教风和学风；全体教师要牢记"教书育人"的初心和使命，坚持理想信念，做到无私奉献，任务至上；"广西最优学子"的初心和使命就是"为中华民族伟大复兴而读书"，五象校区的学子要树立远大理想，努力学习，报效祖国；五象三中人要"守望相助、温暖同行、各有所成、各美其美"。

不忘初心，方得始终。

二、精神引领，科学规划

团队的领头羊，是一个团队的精神力量的创造者。一个创业团队中如果没有领头羊，重要决策谁来定？团队的发展方向谁来把握？遇到困难谁来指导解决？我成为五象校区团队的领头羊，引领着这个百年名校新校区的发展。

我在各种会议上反复问一个问题："我们为什么要当老师？"用这种方式让大家思考：我们应该追求什么？教师是个特殊的职业，它不是一个简单拿工资吃饭的工作，它承载的是一个筑牢社会基石的责任——培养德才兼备的社会主义事业接班人。对任何一个国家来说，教育都是不能出问题的，特别是基础教育，而担当这一重任的教师尤为关键，所以国家和社会对教师这个职业的要求和期望是很高的，同时约束也很多。"教书育人"是老师主要的职责，对社会来说主要是精神上的贡献，这就决定了我们不可能像企业那样按业绩领工资，不可能获得很高的报酬。作为老师，我们更应该追求的是精神上的富足和成就，如何引导大家做一名"纯粹的老师"，是学校顶层设计者必须去思考的，如果老师们都去追求报酬待遇，计较物质上的得失，这个团队的心就散了，是不可能有战斗力更不可能打胜仗的。"立党为公，无私奉献"，我带领着五象三中人一直在践行着。

五象校区创办之初，条件很艰苦，很多教学和活动的场地和设备都不健全，很多大型活动的开展面临很多困难，干部们想着在现有的条件下去做就可以了，但我的要求和标准很高，常说："我们绝对不能因为条件限制降低标准和要求，要做就做到最好，各项工作和活动都必须配得上南宁三中这所名校。"我坐镇指挥，战斗在第一线，带领干部和老师们群策群力，调动各种可以利用的资源，高标准、严要求地把事情做到最好，用实际行动诠释着南宁三中人"追求卓越"的精神品质，这种品质也深深影响着所有的五象三中人。

我特别重视教师团队文化建设和凝聚力的提高。五象校区开学之初，面对艰苦的环境，我提出"守望相助，温暖同行"的口号，让全体教师凝魂聚气，拧成一股绳，保持昂扬的斗志和热情，相互帮助，共同克服困难，全身心地投入教育教学管理中，教师们虽然没有更多的报酬，却享受着精神上的富足和幸福；后来又增加了"各有所成，各美其美"的内涵，它不仅让我们像一家人那样相互扶持，还让我们在奉献中实现社会价值，也实现了自我价值，干出了成绩，成就了自己。正是这16个字引领着五象三中人用3年的时间探索出了适合五象校区的发展道路和模式，建立了自己的精神家园。

"为中华民族伟大复兴而读书"，当这12个字在五象校区图书馆上方立起时，它就引领着五象校区的学子努力学习，报效祖国。少年强则中国强，实现中华民族的伟大复兴需要几代人的努力奋斗，也是五象校区学子的责任！我一直非常重视对学生社会主义核心价值观的培育，"爱国"是其个人层面中最首要的，而国家最主要的标识就是国旗和国歌。在我的倡议下，五象校区还没有开学时就成立了首届"国旗班"，利用暑假进行训练。要把国家观念嵌入孩子们的意识里，光喊口号是不行的，利用升国旗、唱国歌这一庄严的仪式为载体，潜移默化地建立起这一代人的国家观念和民族意识，利用国旗下讲话这一德育阵地和课程引领着学生沿着正确的思想和道路前行。

对学生，我不仅强调要拥有"家国情怀"，还强调要树立"规则意识"，养成良好的行为规范。穿校服，戴校徽，设立食堂的一米线、紧急疏散通道等，同时要求所有教师以身作则。我秉承的教育是回归中国传统的慎独、自律和规范，反对西式泛自由化的教育。教化要体现在细节和日常，不是喊口号做给别人看的，高中生就应该有高中生的样子，做高中生该做的事！在这样的引领和要求下，学生可能开始时有些应付了事，但时间一长就内化于心、外化于行了。

"大阅读"理念也深深影响着五象校区的学子，从拿到南宁三中的录取通知书开始，五象校区学子就要按照书目完成阅读作业。学校花大力气打造图书馆和阅览室、设立"青年大学堂"、创办"社会主义核心价值观研究社"、坚持开展"经典诵读"活动，还有每年寒暑假列学科阅读书目等，都是为了让学生多读书。学生在课堂上学到的知识是有限的，只有广泛的阅读才能让学生开阔视野、增长知识、创新思维，更好地修身养性，促使其热爱生活。同时，"大阅读"也适应国家的课程改革需要，目前由于学业的压力，学生的阅读量很小，为了鼓励学生们多读书，学校每个学期还专门评选"阅读之星"并给予奖励，相信自主阅读的理念和习惯会让五象校区学子受益终身。

我坚持科研强校，强调科研就是为了解决问题，一个教师只有带着研究的精神在问题中思考和总结，才会不断进步。教学实践中遇到的问题、德育中遇到的问题、办学中遇到的问题，都值得我们去思考其产生的原因、解决的途径和办法，当把这些从实践中得来的东西总结归纳下来就是最有意义和价值的科研课题。比如，我在谈到 2019 年高考的时候说："我们这届文科班不管是从对学生的把控和教育来看，还是从教师的引领和团队的凝聚力来看都是最好的，但从南宁市第一次模拟考试（简称南宁市一模）、南宁市第二次模拟考试（简称南宁市二模）成绩到高考结果，文科班一本率只提高了 1 点多个百分点，而理科班却提高了 8 个百分点，为什么文科班的提升空间那么小？是因为后阶段文科班的训练量减少了，还是因为别的原因？这是值得所有文科老师思考和总结的，这就是一个很好的科研课题。"在我的引领和鼓励下，五象校区的科研取得了巨大的成绩，也为五象校区教育教学水平的提高提供了强有力的支撑和助力。

作为五象校区的首任主管，我对学校发展节奏的规划和把控特别重视。五象校区的定位和办学标准是什么？教学的维度在哪里？德育的维度有哪些？这些都需要去思考和进行顶层设计。早在 2016 年五象校区开学之前，就要求教务处、学生处、科研处等各处室做 3 年的规划，年级每牵头做一件事情，总是会有一个比较全面的方案，然后再慢慢地引领着干部和教师们，把事情做到最好。特别是在高三备考阶段，对于每一个阶段教师该做什么，可能会出现什么问题，有什么应对和调整的策略和方案，该如何调节学生的状态和情绪，等等，我都有自己的思考和规划。这也是让教师们最信服的。

我就这样引领着五象三中人一步一步扎扎实实地闯出了自己的一片天地。

三、身体力行，精益求精

2016 年元旦，五象校区第一次举办的"欢乐中国年"系列文化活动。由于种种条件的限制，活动场地的布置并不尽如人意。当时我一直在外面开会，提前一天回到时发现校园冷冷清清，就马上决定一定要重新营造"年"的喜庆氛围。一是要用大红灯笼将校园西门一侧、四合院门前主校道和篮球场全部围起来。二是设计出"欢乐中国年"的门头立在西门处。当时，后勤部门说："书记，真的来不及了，怎么办啊？"但我说一定要做。我一边让后勤马上去买大红灯笼，一边打电话请良庆区供电部门支持。他们被我的诚意打动，派出多名职工过来帮忙接线。第二天当所有的灯笼都挂起来时，当写有"欢乐中国年"的门头立在西门迎接所有客人的时候，一切的辛苦和努力都是值得的。过后，学校干部们说："书记，在那么短的时间里没想到真的能做到，多亏有您在。"我只是笑笑说："挂灯笼需要拉电，你们都觉得不可能，是因为你们的知识结构里没有这一块。我是物理老师，我知道是可以实现的。"

虽然是南宁三中教育集团的党委书记，但由于我主管五象校区，3 年来只要有时间一直都是吃住在五象校区，与干部们、老师们、学生们在一起，不仅在思想上引领大家，而且还身体力行，每一项大型活动和教育教学的关键节点，从调研到决策，再到后来的实施和反馈，都能看到我的身影。在高三年级的毕业典礼和毕业晚会举办前，我和团委负责人一起敲定节目单，还和网络技术室的教师们一起选取制作视频所需的素材。为了各项工作和活动能够高质量高标准地完成，我身体力行、精益求精。

高考前 2 个月，为了培养五象校区的清北团队，我调动所有的关系和资源邀请校外专家对尖子生开展了多次语文专项辅导。每次我都是亲自接待专家，安排场地，并坐在听课教师后面和学生们一起从头听到尾，边听边做笔记，一听就是一个晚上。有时在专家讲完之后，我还会和学生们交流到晚上 11 点寝室熄灯。正是这种坚持和付出，成就了五象校区首届高考 2 名考生分别考上清华大学和北京大学。

还有一件事让 2019 年所有的高三班主任印象深刻。在高考前的停课复习阶段，很多孩子对高考没有信心，很焦虑。几名班主任就邀请我到班上开班会，缓解学生的焦虑情绪，增加学生的信心。但我却决定在图书馆阶梯教室给所有的班级开班会。由于场地的限制，每次只能有 6 个班参加，我用了一天的时间，分 4 批才开完。一天 4 场报告，对于任何一个人来说都是一种挑战。事后有班主任问我为什么要那么辛苦，如果在艺术中心开班会，可以坐下全年级 24 个班，一场报告就可以搞定了。我说："班级少些才能和学生更充分地交流，收到我们想要的效果。如果在艺术中心召开，班会的效果就会大打折扣。"实践证明是对的，在每场时长近 2 个小时的报告中，掌声、笑声不断；每场班会结束学生都会把我团团围住，排队签名的队伍排到了教室的大门外！教师们开玩笑说："书记是五象校区最帅、最闪亮的明星，我们也想排队要签名！"文科特训班班主任李俊强在朋友圈发布动态："感谢韦书记给孩子们上了一节非常大气、让人无比震撼、让人充满斗志、大视野高格局的《做一个纯粹的考生》的主题报告，从美国打压华为到中国航天发展，到高考到未来！生动幽默、通俗易懂！"

高考前一天的大课间，高三全年级的学生自发地走出教室。安静的高三四合院热闹起来，加油声、呐喊声、欢呼声此起彼伏。我认为，教师们也应该参与其中，不能只做看客，就亲自挥舞高三启动仪式时用的五象战旗为孩子们加油鼓劲。整个四合院顿时沸腾了！在我的热情感染下，在场的班主任和教师们纷纷挥舞战旗，一个一个地传下去，传递的是信心、是温暖、是祝福！相信这一刻会印在每一个孩子和教师的心中。

四、继承传统，文化育人

作为五象校区的首任主管，我坚持文化育人，非常重视中华优秀传统文化的继承和弘扬，3 年来每一项活动都是围绕这条主线进行顶层设计并实施的。有老师说，韦书记的思维特别的敏锐，五象校区的很多活动都是一种创新。但我说："在文化育人方面我没有创新，只是在回归，因为无论对一个人来说还是对一个民族而言，唯有文化自信才有可能撑得起整个民族的自信，才能撑得起中华民族的伟大复兴。在全球化时代的今天，这一点尤为重要。"是啊，中华文化源远流长、博大精深，沉淀着浓厚的人文底蕴，只有回归才能让我们的基础教育真正落实"立德树人"的根本任务，培养出合格的社会主义建设者和接班人。

基于对中华优秀传统文化的传承和弘扬，五象校区开展了一系列文化育人活动，每一项都是浓墨重彩的大手笔。先来说说"欢乐中国年"的跨年狂欢吧。它是为了给孩子们增加对中国传统节日的感性认知而开展的，内容异彩纷呈："上下五千年盛装巡游"用服装做载体，展现了源远流长的中华文明发展的历史脉络；"民族服饰文化展"增强了学生的中华民族共同体意识，同样以服饰为载体让孩子们了解博大精深的中华文化由 56 个民族的文化组成，民族服饰是各民族独特文化传统的结晶，是"穿在身上的民族历史"，具有鲜明的民族性和区域性，特别是我们壮族服饰和文化，更是让学生留下了最美的"乡愁"；民以食为天，"中国传统小吃"是中华传统文化之美食篇，在"欢乐中国年"系列文化活动中是最受欢迎和最火爆的。

除"欢乐中国年"系列文化活动外，红歌赛是对革命先烈精神的传承，唤起的是学生的爱国情怀和民族精神；还有"中华经典诵读"、课本剧大赛、"戏曲文化"进校园等系列课程的设计和呈现，更是将中华优秀传统文化根植于孩子们日常学习和生活中；传承中华文化怎么能少了书法，我邀请到北京书画艺术院院长王宝心，他先是面向所有新生举办了《书法与人生》的讲座，又在 3 个年级的四合院门头留下了对联。虽然孩子们在五象校区只感受了 3 年，但毕业后对学校的记忆会留一辈子，这就是他们的心灵家园。

当然，让五象校区学子终生难忘的还是盛大的"修贤礼信·励志笃行"成人典礼和传统节日泼水节的体验活动。

正式而隆重，盛大而震撼！五象校区首届高三学生的成人典礼于 2019 年 2 月 23 日在学校田径场举行。以"修贤礼信·励志笃行"为主题，1268 名学生及家长全员着汉服参加了整个仪式，这是南宁三中献给五象校区第一届学生最珍贵的成人礼物。冠笄礼、跪拜礼、作揖礼、走反哺路、过梦想长廊、过状元桥、过成人门，这是对中华优秀传统文化最完美的回归与传承！跪拜礼让多少父母泪湿心头；执手聆训，千言凝嘻；反哺之路，执手陪伴，步步情深；等等。这将让成人后的五象校区学子更加懂得担当与感恩，在冠笄之礼中成长，在师长的教诲中立志，在感动的泪水中奋发。

在成人典礼完美举行的背后承载了多少的期许和努力，这一点干部们的体会是最深的。因为全员着汉服参加成人礼，有顶层设计时的质疑，有来自社会的压力和家长们的不理解，有筹措经费的艰难，也有典礼前一天晚上的瓢泼大雨造成田径场严重积水的焦虑。但在我们的坚持和带领下，这些问题都被圆满地解决了。活动当天，作为主持人的我宣布"礼成"之后，一切都释然了，所有的辛苦和努力都是有价值的。

我强调"教育是讲契机的"，否则效果会大打折扣。在高考备考的关键时间节点，应该做什么，如何调节学生和教师的节奏和状态？这些都是备考中要重点考虑的，也是我本人基于对"竞技运动"知识的理解和迁移，也就是要不断地调节竞技状态。在高三后阶段进行强化训练之后，学生非常需要有情绪上的调节。2019年的4月27日，泼水节体验活动应运而生。上午阳光灿烂，师生合影留念，下午天降甘霖，共度泼水狂欢。取来青秀山状元泉的水，折来北大未名湖的柳，五象校区首届毕业生沐浴着来自师长和同伴的祝福，享受着炎炎夏日中的清凉，尽情地放松与狂欢，积聚所有的力量迎接高考的挑战。

泼水节过后，教师和家长们都觉得在南宁市二模和强化训练后，泼水节体验活动的举行非常科学合理，既考虑了不能占用过多的备考时间，还考虑了活动的安全因素，最重要的是泼水狂欢是孩子们喜闻乐见的方式，很新鲜，大家都愿意参加，活动过程中又可以充分地宣泄情绪、放松身心。所以，从现场的效果来看出奇的好。当下午的乌云散去，一切都是那么的完美！

五、实事求是，锐意创新

如果说我在育人文化方面强调的是"回归"，那么在高考备考方面讲求的就是"创新"。在"实事求是"的基础上"锐意创新"，是我作为五象校区首任主管在高考备考中的总思路和主旋律。

高一开学后两个多月就进行文理分科教学，高二提前一个多月启动"高三备考"，都为五象校区第一届高考赢得了先机；而高三后阶段备考中大刀阔斧的改革和创新更是五象校区高考首秀辉煌的助推器！还记得2018年5月20日，高二年级的学子们就开始体验高三复习常用的"微测验"模式，目的是实现点对点的知识点过关，各备课组要求在执行的过程中做到统一试题，限时完成，全批全改，及时反馈。精准和高效的"微测验"夯实了学生的基础知识，提高了学生的解题能力。

根据以往实践我们认识到，以前备考所谓的二轮、三轮和强化训练，其实还是偏离了考试这门技术的内核。我们的老师不管带过多少届的高考生，都不一定能呈现精彩的二轮。精彩的二轮就应该是抽骨髓式的，只把骨髓留下，多余的营养和赘肉全部去掉。但没有几个人能够做到，加上时间紧张，最后很多老师稀里糊涂地就结束了二轮，或者把一轮复习的内容再总结一下就这么结束了。这对学生来说没有实现应试能力的实质性提升。另外，很多老师过分依赖自己的讲，讲了就觉得放心，否则就不放心，甚至会找时间加倍地讲回来，这是以前二轮复习中存在的较大的弊端。

为此，我们后期备考坚持实事求是和与时俱进。正所谓没有调查就没有发言权，如果没有调研，没有科学的数据作支撑，任何决策都缺乏合理性和深度。正是根据我们的调研和团队的判断，后期几乎颠覆了原来备考的经验和做法。尤其是训练体系，是改革最彻底的，包括后期回归教材的50页资料和20套高考经典题和错题集。这个过程中不仅外校调入的教师不能理解，就连很多南宁三中青山校区（简称青山校区）过来的教师也产生怀疑。为什么我还要坚持？就是我想明白了一个道理：应试能力的提升不仅仅在于你练了多少，重要的是练过了学生有没有记忆。也是机缘巧合，后来我去湖北、四川和广东三省调研了黄冈中学、四川省成都市第七中学、绵阳中学和华南师范大学附属中学四所名校，印证了我的想法是正确的。高考备考的后阶段怎样让学生把书读薄，怎样把基本题型和重点主干知识做熟练，是后期提高应试能力的关键。所以我更加坚定地执行改革和创新，进一步明确要解决的问题：一是训练的强度要够；二是要产生记忆，训练完不产生记忆不行，只产生记忆训练强度不够也没用。因此，最后一个月我们要求任何备课组，任何一个老师都不能擅自印新的题目给学生，而是反复练习做过的经典高考题型和错题，结果证明我们是对的。

做干部就是无心插柳，其实我只想做一名普通的教师和班主任，一心一意地教学生。我一直在探索和研究高中教育与高考，很多人把素质教育和应试能力对立起来，我认为应试能力也是学生核心素养的重要组成部分，高中教育不能因为追求应试能力就把它看成应试教育。在 2019 年的高考中，五象校区如果没有应试和高考的成就，我们的文化又有多少吸引力呢？！

在南宁市二模之后，我们还做了一件以前从来没有做过的事情，那就是"清书"——清理书桌、丢掉所有多余的看不完的书籍和资料。当时这一做法引起了很大的争议，很多人都觉得难以接受。高考还没有开始呢，我们就把相关的书和资料丢了，真的可以吗？学生能接受吗？学生能做到吗？教师们也同样有很大的压力。我打了一个形象的比方来说服大家："就像当我们自己的家里很拥挤的时候，很多人只想是房子太小，却不去想家里有多少没有用又不舍得丢的东西。如果你下决心丢掉家里三分之一的东西，甚至一半，一点儿都不影响生活，反而使家里干干净净、清清爽爽，生活得更舒适。"因为南宁市二模之后，备考就进入了一个成果固化阶段，在以前的备考中大家都知道这时要回归教材，回归基础。但回到哪里去，它的抓手在哪里？既然我们为学生准备了基础的 50 页资料和精选的 20 套高考经典题和错题集，为什么还要花越来越少的宝贵的时间去做永远也做不完的资料？这样只会导致学生越来越不自信。只有果断地丢掉多余的资料，才能让学生集中精力去掌握最重要的核心知识和经典题型，才能减轻学生的心理负担，让他们轻装上阵、提高复习效率，也才能让学生在干净、整洁的书桌上提高答题的速度。在我的倡议下，全年级 24 个班清理出整整两辆卡车的书籍资料。过后，老师和学生们都觉得这一创举是正确的。

在高三备考的后阶段，我还有一个大胆的创新，就是成立了"真·爱"班。把每个班级里基础很弱、无法跟上班里正常训练和节奏的学生单独成立一个班级，单独授课。这种创新基于"'真·爱'教育"和"温暖教育"，善待每个孩子，让每个孩子都能认真地发展自己。作为一名教育者，我不希望任何孩子失去进步和生活的热情，如果让一些孩子在一种习得性无助的状态下度过自己高中最关键的一段时间，那是很可惜很遗憾的，因为无助，高考的结果会更不理想。其实，如果一个人愿意用力追逐优秀，只要能坚持到最后，结果都不会差，但是这样自律的人很少，何况是学业上无助的孩子。所以，我们教育最大的公平就是让孩子们保持对生活的热爱，不断地进取，保持这种追求梦想的初心和激情，这是我们设立"真·爱"班的目的和初衷。我们尽力去做了，至于每个人能达到怎样的高度或者有怎样精彩的表现，只是一种外显的东西，最后出来的结果无论怎样我们都应该坦然接受。

"真·爱"班的成立虽然在决策层面没有遇到任何阻力，因为大家都能理解它的意义和价值，但在实施过程中还是有不少困难需要克服。首先是五象校区本来就缺教师，光是配齐六科教师就费了很大的力气，要么是增加个别教师的工作量，要么只能从其他年级借调；其次就是上课的内容，每个孩子的薄弱科目都不同，教师如何去甄别然后再因材施教也是一个难点；最后就是来自家长和孩子的误解，有些孩子面子上受不了，虽然年级专门开了动员会，但还是有些该来的学生没有来。结果证明，只要是参加了"真·爱"班的孩子，其高考成绩都有不同程度的提高，文科平均提高了40多分，理科平均提高了60多分，这真是一个奇迹！

3年高考备考的探索和创新，五象校区做到了培养尖子生有手段，转化600分临界生和一本临界生有办法，照顾后进生有途径。

六、攻坚克难，直面挑战

今天的五象校区校园，处处景致优美，花果飘香，如诗如画。3年前在开学典礼上我宣布的"打造广西最美校园"的目标实现了，但其中的不易和艰辛只有五象三中人能够体会。

作为一所公办学校，全部经费来自财政拨款，每个年级24个班的办学规模，每年只有80多万元的教育经费，这连学校正常运行的经费都不够，更别说打造美丽校园了。育人是需要环境和载体的，我不可能让孩子们在空空的图书馆里热爱读书。如果校园里不种花、不种果树，又哪来的花果飘香？！但在校园建设方面没有钱真是寸步难行啊，怎么办？我就对干部们说："你们去做，我去筹措资金。"四处"化缘"回来后，我开玩笑说："我的那帮朋友真是看到我都怕了，都想躲起来啊！"3年来，我通过努力筹措装修了精致典雅又古朴大方的图书馆阅览室，增设了3个年级四合院（沁梅园、润竹园和滋兰园）的门头、匾额和对联，种植了一大片绝美的樱花林，把田径场打造成灯光球场，还有意义重大的景观石——有标志性的"五象石雕"、"敦品力学"校训石、"真·爱"石、"步步高"石、"清华"石、"顶呱呱"石、"金鹰"石，还设置了初中部五象校区所有教师公寓的无线网络系统。

五象校区所有的大型活动都是高品质的，所需经费也都是自筹的，都是以我个人的名义，凭借个人的魅力和关系筹措来的。朋友开玩笑问我："这个学校到底是国家的，还是你家的？"但即便如此，我始终保持着一颗教育的"公心"，一心只为学校的建设和发展。

如果说建设校园实景文化是五象校区在硬件方面遇到的最大的困难，那么，学校的核心竞争力——师资队伍的建设就是在软件方面遇到的最大挑战。在2016年开校前的招生过程中就有传言，说五象校区的教师团队是由一批"乡下老师和大学毕业生"组成的。这话虽然听着很刺耳，但也道出了五象校区迫切需要解决的问题。由于班额和规模比青山校区还大，所以除了所有的管理团队和少数从青山校区过来的骨干教师，五象校区的教师大部分都是从区内外其他学校新调入的教师和刚毕业的大学生。刚毕业的教师没有任何经验，刚调入的教师虽然在原单位很优秀，但同时也会带来固有的观念和经验，这些不一定适合南宁三中的校情和学情。如何让五象校区的教师团队迅速适应南宁三中的教育教学，如何植入百年名校的基因和文化，让这批教师真正成为南宁三中的优秀教师，是我作为首任主管必须思考和解决的问题。

首先是发挥榜样的表率作用，从青山校区过来的管理团队和骨干教师们以身作则，用实际行动诠释着南宁三中的文化基因，让所有的教师能切身感受到百年名校的文化内涵和底蕴。

其次是通过常态化的教研活动和各备课组的联合教研活动，让青山、五象、银海三校区统一了教学进度、重难点的教学要求、教学资料和测试改卷，共同制订教学计划并分工协作完成，联合教研让新调入和刚毕业的教师能够快速融入南宁三中的教学和教研氛围，掌握名校教育教学的文化和技术。

最后就是通过不断的沟通让所有的人统一认识，达成共识。百年名校文化的习得不可能只下达空泛的教学和德育任务就能实现。3年来，五象校区每次大的教学和德育活动开展前，都会先在会议上充分地阐释和沟通，讲明它的举措是什么，背后的功能是什么，开展的标准是什么，在执行过程中应该坚持哪些原则，应注意哪些细节等。所以五象校区的会议是很多的，干部的行政会、年级领导小组会、班主任会、备课组长会、特训班老师会、全体教师会、全体学生会、尖子生会、一本临界生会、"真·爱"班学生会等。在各种会议上，教师和学生通过充分的沟通，大家由质疑和不理解到慢慢达成共识，然后制定标准，一起去执行，其中从青山校区传承下来的很多研究成果和特色文化得以被大家理解和应用，南宁三中的文化基因和传统也逐渐融入五象校区中。

《孟子·告子下》曰："故天将降大任于是人也，必先苦其心志，劳其筋骨，饿其体肤，空乏其身，行拂乱其所为，所以动心忍性，曾益其所不能。"五象校区何尝不是如此？3年来，五象三中人克服了多少的困难和挑战，除了以上的硬件和软件困难，还有高一时的停电停水，高二时的"饭堂危机"，高三时的空调困惑，等等。还记得 2017 年 8 月 27 日，在 2017 级新生报到的当天，由于种种原因，学生宿舍的床板还没有完全到位。一位陪学生报到的家长情绪激动地拽着教师的衣服说："这是怎么回事？今晚怎么住宿，难道要我的孩子打地铺吗？"是的，家长和班主任们都很着急，但作为学校主管的我更是心急如焚。

为了平息"床板危机"，当时我临时组织召开了 2017 级新生家长会。在会上，我首先代表学校真诚地向家长们道歉，然后如实向家长们说明情况：其实，开学前床架的安装进度就受到了影响，学校想尽一切办法从其他工厂借调工人才在学生报到前安装好床架，但更严峻的问题是床板无法及时完全到位，主要是受不可抗力影响——开学前刚好遇到强台风天气，而中标的厂商在外地，在往南宁运输床板的过程中由于受强台风影响甚至运输车都被掀翻了。因此，直到新生报到了还缺 600 多张床板。我希望家长们能够谅解，同时也保证绝不会让孩子们睡在地上，学校已经动用所有的力量，向南宁的厂家临时借来了 600 多张压合床板应急，下午就可以全部到位，而且承诺等台风过后原来中标的杉木床板运到，会全部换掉压合床板。了解事情的来龙去脉后，家长们就放心了。真诚的沟通和说理让家长们理解了学校的难处，对于学校为孩子们所做的努力，他们表示了真心的感谢。

3年来，有不少困难和艰辛需要五象三中人去面对和解决，我总是默默付出，把最难的问题留给自己，在背后支持着大家。一个人只要用心去做事，总会有机会成功。如果遇到困难和挑战，我会问自己，还来得及吗？我还能来得及做些什么就马上去做，来不及了就认命，下次再来。这是一种生活的态度和境界，也是一种人生的睿智和高度。

七、海纳百川，有容乃大

我强调以理动人，总能说到人的心坎里，让人信服，让人愿意听我的建议，愿意跟着我做事情。这种能力跟我个人的胸怀、视野、境界、阅历和文化底蕴有关，主要得益于酷爱读书的习惯——我生活、办公场所，伸手能碰到的地方放的都是书，随时随地可以阅读，做了领导干部之后虽然很忙，但只要有空闲就会利用点滴的时间阅读，长期的坚持和广泛的涉猎成就了广博的知识、敏锐的思维和宽广的胸怀。

这种能力还得益于"温暖教育"的理念和情怀。做教育到最后的境界就是你能理解人，不同性别、不同年龄、不同性格、不同家庭背景的人，你怎么去理解他们，这是很重要的。或许正是这种处处从他人角度为他人着想的品质，才让我赢得了大家的信任和喜爱。

教师们和学生一样也需要理解和鼓励。教师们犯了什么错误我从来都不训斥，而是耐心地去沟通，我没有理由去训斥教师们，特别是在高考备考方面。如果是刚毕业的教师犯了错误，那是因为他还没有经历过，还不知道高考备考为何物；如果是刚调来的教师出现了问题，那是因为他们在原单位都是骨干，带着固有的经验和模式过来，还不知道南宁三中的高考是怎么备考的。因此，我只是尽量去沟通，尽量去说服，尽量让大家统一认识，高效地执行学校的备考方案。

平时我在工作上对干部们和教师们的要求很严格，做不好也会批评，但同时一定会尽力去帮助他们，特别是年轻人，批评过后依然会很热心很亲切地去关怀他们，对事不对人，从不计较。教师们之所以敢直言不讳地向我提意见和建议，这是基于我的宽容与气度。大家也很爱和我开玩笑。记得在高考结束后填报志愿时，为了让班主任能更专业地指导学生，年级又召开了一次班主任会，我在会上说："这应该是我们这一届最后一次班主任会了。"由于平时班主任开会很多，小梅老师就开玩笑说："书记，我才不信呢，您再说一遍我要录下来做证据！"我和大伙都乐得哈哈大笑。

民主集中制是我们党的组织和活动原则，作为党委书记，我一直贯彻和落实这一原则。在五象校区，不管是管理层、中年教师还是青年教师，不管学生或者是后勤工作人员，都可以向我提出意见和建议，只要是合理可行的我都会采纳，即使是已经定下来的决策和方案，也会进行修改和完善，甚至推翻。

他山之石，可以攻玉。在高三备考过程中，我动用了所有的资源，找来了各大名校的试题，为高三的备考提供了强劲的助力；邀请校外专家对尖子生开展了多次的语文专项辅导；想尽办法让干部们和教师们外出培训学习；新生入学教育请来了各个领域的专家给孩子们作报告；"欢乐中国年"系列文化活动期间请职校的专业团队来学校进行"中国传统小吃"的现场展示，依托广西有名的摄影家的作品开展"民族服饰文化展"；邀请北京书画艺术院院长挥毫给3个年级的四合院题字并书写对联；等等。

为了让名校的优质教育辐射到更多的地区和学校，我带领科研处和2016级全体备课组组长到百色市的革命老区田林县进行帮扶和支教，本人也被田林县教育局聘为田林县高级中学的"名誉校长"。由于不通高铁，到田林县单程坐车需要将近5个小时，所以每次去田林县都很辛苦。为了让备课组组长多休息，我不顾路途劳累，每次都是一早先给田林县高级中学的师生作报告，然后再安排老师上课或研讨。田林县的经济和教育都比较落后，好的生源也流失严重，我们毫无保留地尽最大努力去帮助他们。在大家的共同努力下，2019年田林县高级中学学生的高考成绩进步很大，取得了历史上最好的成绩。

海纳百川，有容乃大；壁立千仞，无欲则刚。

八、守望相助，温暖同行

走在五象校区的校园里，一草一木都是那样的熟悉，岁月烙下了2016级全体师生的印记。这里最让人难忘的就是"温暖"的情怀，在"温暖"的旗帜下，理想信念、无私奉献、任务至上、坚持到底，都是五象三中人可贵的精神和气质。在五象校区的3年是我职业生涯付出最多最辛苦的3年，同时也是感觉最幸福和最温暖的，相信每一个五象三中人都能感同身受。"守望相助，温暖同行"是五象校区开学之初面对艰苦的环境在全校大会上提出的理念，3年来五象校区也一直践行着。

忘不了"温哥华"面条，多少个夜晚，深夜11点多了，有的老师才从办公室回宿舍，有的刚刚陪伴完学生，有的查完寝回来，因为路途遥远、交通不便又回不了家，那一碗碗"温暖人心"的"温哥华"面条和秘制的辣椒酱是多么的温暖和诱人！大家吃饱了还久久不愿离去，坐在教师公寓前的树下聊到深夜。2016级的教师们都知道，在那个时空里，只有"温哥华"面条能够让工作到深夜而饥肠辘辘的人填饱肚子。因为当时五象校区条件相当艰苦，校区旁的小区还没有多少人入住，周边连路灯都没有，唯一一家米粉店也早就打烊了。可能后来的教师不知道这个面条名字的来历。当时我刚从美国温哥华学习回来，所以大家都开玩笑说这是我从温哥华带回来的面条，"温哥华"面条的名字由此诞生。这也成了五象三中人，特别是2016级全体老师最温暖的记忆。

忘不了第一次"欢乐中国年"神圣的火炬传递，从我开始依次传给每一个班，由班主任担任火炬手，每班2名学生担任护跑手，火炬每传到一个班级时都有大批的学生自发地跟跑，到后来汇成了一支庞大的队伍，护送着火炬一直传到了篮球场的篝火台上。当篝火熊熊燃起，激动人心的篝火晚会正式开始，大家尽情地唱着、跳着，一起送走辛苦付出、收获满满的2016年，共同迎接充满信心和希望的2017年！

忘不了五象校区第一次团拜会，当时是2018年春节前夕，离学校放寒假不到一周的时间。得知我打算举办五象校区第一届团拜会时，所有的干部都觉得不可能办成，总务处不知道团拜会的经费如何解决，教务处说最后一周教师们要期考监考、改卷、统计成绩还要写期末总结，学生处说要布置散学典礼，班主任们还要写学生的期末鉴定、准备放假前的班会，等等。但是我坚持要办，教师们辛苦了一年，春节放假前不能只在学校饭堂冷冷清清吃个饭，所有的困难我来解决。大家立刻行动起来，看怎么把任务布置下去并高效地完成。实践证明，我的坚持是正确的。各个教研组和处室虽然都要完成繁杂的期末工作，但丝毫没有影响排练节目的热情。当《光辉岁月》的歌声响起，当五象校区最帅"四小天鹅"和数学组的"千手观音"惊艳登场，当各个教研组精彩纷呈的节目一一亮相，一周以来牺牲休息时间排练节目的辛苦和疲惫都一扫而光，幸福和温暖洋溢在每个人的笑脸上，所有的付出都是值得的！感谢所有五象三中人的用心和真情！

高三备考的最后阶段正值酷暑，办公室冰箱中总是塞满了雪糕——年级没有任何经费，都是我买的。教师们吃完了只要说一句"书记，冰箱空了"，很快冰箱又会被填满。教师们嘴里是满满的冰爽与惬意，心里是满满的温暖和感动！

生活中我平易近人，带领大家一起放松，一起玩，和年轻人也能打成一片。五象校区第一个教师节，我带着教师们一起唱歌，一起尽情地跳兔子舞；第一个运动会结束，我带领大家一起在教工饭堂做游戏、烧烤；第一个五四青年节，我带着年轻人在学校旁边的荒地上窑红薯吃；等等。太多的温暖和欢笑留在大家的记忆中，历久弥新。

我是个细心的人，总能从细节上去关心帮助人，因为我非常在乎每一个人，在乎五象校区的人心，在乎怎么把大家凝聚在一起。在五象校区，到处都有我倡导并践行的最核心的印记——"温暖"。在这面旗帜下，理想信念、无私奉献、任务至上等都是五象三中人的精神和气质。在毕业典礼和晚会上，当大屏幕播放用照片记录的当年温暖的点滴和瞬间时，无数人热泪盈眶。

这种温暖和感动的场面还有很多很多，都印在了每个五象三中人的心底！

九、精彩绝伦，不可复制

文光灿五象之霞，佳誉载名校之谱。百廿三中，绽放五象。3年的艰苦奋斗和众志成城，2019年五象校区的高考首秀一鸣惊人，创造了五象传奇，用我的话说是"精彩绝伦，不可复制"。

第一个不可复制的是五象校区开办时的艰苦环境成就的作为开拓者初创期的精气神——拼搏进取，勇于担当。特别是高三后阶段，我带领所有的干部、正副班主任和科任老师全天候陪伴学生，为他们答疑解惑、加油鼓劲。如果没有这股精气神，我们坚持不到最后。作为开拓者，我们勇挑重担。任务至上，一大批年轻教师在各个年级抢着要当班主任，有的教师当了中层干部仍然申请班主任岗位，有的教师主动再挑高三重担，大家都不逃避这些最辛苦最繁重的工作，这就是五象三中最可贵的精神品质，它成就了五象校区第一届高考的精彩和辉煌！

第二个不可复制的是由于学校没有多余经费的支持，全校当时只有一个年级，队伍相对较小。很多增强队伍凝聚力和温暖感的活动都比较容易举办，只是在饭堂的一次简单的聚餐都能让大家其乐融融。

第三个不可复制的是"干部队伍"这个重要元素。由于是第一届，五象校区从校级到中层只有 10 位干部，但全都扎在 2016 级，大家基本上都是扎在教育教学一线，以校为家，任劳任怨，整整 3 年。行政会常常从早上一直开到中午，大家经常在会议室边吃午饭边讨论。一般来说，其他学校各部门都是各司其职，很少兼顾其他处室，但当时在五象校区，一个部门的工作问题提出来，各部门都会一起发言讨论解决，不管是谁，只要提出的建议合理有用就会被采纳，即使是已经定下来的决策和方案，如果大家觉得有什么隐患并提出另外的方案，只要理由充分也可以及时调整。正是充分实现了民主，集中做的决策才会科学适用。

第四个不可复制的是五象校区的学生团队。由于是第一届学生，之前没有任何比较，也没有任何以往学长、学姐留下经验和做法，因此他们做什么都是创造，做什么都是历史。

正是这些不可复制的因素，共同成就了五象校区 2016 级的精彩与传奇！

十、不辱使命，众望所归

为这所新校区定一个标杆我们做到了，她没有成为普通的示范性高中，她配得上南宁三中这所百年名校的称号！

高考后，一位老师给我发信息："一个温暖教育的倡导者和践行者。用他博大的胸襟、高远的视野、真诚的付出，引领着五象校区，温暖和凝聚着人心。"

五象之魂：守望相助，温暖同行

我们先来看一则《南风和北风》的故事：

一天，南风和北风要比比谁最厉害，北风说："就比比看谁能最快把行人身上的大衣吹掉。"南风回答："好啊！"于是北风施展它的威力，箭一般呼啸着奔向大地，带着冰雪，带着寒气。在犀利的北风中，行人的大衣并没有被吹掉，反而裹得更紧了。

南风只是轻轻地吐了口气，大地冰雪消融，花红柳绿，太阳暖融融地照在行人的身上，他们不由自主地脱下了大衣。

这则故事告诉我们，温暖，是与人为善，是考虑到他人的需求并愿意以己之力帮助他人，是实现成功的重要条件。《字源》关于"温"的解释是一个人在沐浴洗身，让人感觉到温暖；关于"暖"的释义是太阳是整个地球的温暖之源，爱是人类的温暖之源。结合这二者的释义，我认为温暖是沐浴身心，荡涤心灵，用爱托起太阳和希望！

成立一个新校区，面临许多困难，而攻坚克难的关键是凝聚人心，让大家达成共识，撸起袖子加油干。基于"温暖"的释义，结合新校区办学的特点，我把"守望相助，温暖同行"定为五象校区的信念。正是凭借着这一份凝心聚力的"守望"，这一股直抵人心的"温暖"，五象校区在短短的办学时间内书写了传奇，在办学方面取得了令人瞩目的成绩，让学校成为一张亮丽的名片，成为越来越多学子心目中的理想高中！

一、换位思考是"守望相助，温暖同行"的基石

换位思考，设身处地考虑他人的需求，并施予援助之手，从而手牵手、心连心。换位思考是"守望相助，温暖同行"的基石。教师方面，五象校区落成办学时，周边漫天黄土，荒无人烟，配套设施尚未建成，学校宿舍简陋，加上新校区开学，多数教师是年轻教师，无房无车，一时间，教师们交通、休息等都成为难以解决的困难。学生方面，由于离家远，校区新开办，很多学生尚未适应新环境，在情绪方面有波动。因此，换位思考就尤其重要。为了解决教师的交通问题，我号召有车的教职工带上没车的教职工，如果需要外出一起开会或者教研等，则建议教职工们一起拼车往返。教职工休息的地方虽然简陋，但是很多教职工能够换位思考，相互帮助。数学组教师特地从老家带来特产与大家一起分享，周末一边分享特产，一边开教研

教师节的包饺子活动

会，这成为五象校区一道亮丽的风景线。此外，考虑到教师从早上6:30开始看早读，到晚上11:30查寝，工作特别辛苦，学校还特地给教师们煮饺子或面条。在深夜查寝之后能吃上一碗热腾腾的饺子或面条，是许多教师温馨的回忆。2017年我到美国温哥华出差，虽人在国外，但是时时关心着教职工，还记挂着教职工们查寝之后是否有夜宵吃。教师们说：虽然横隔太平洋，但是阿山（教师们对我的昵称）的爱我们深深感受到了。于是教师们将查寝之后吃的面条称为"温哥华"面条。"温哥华"面条让查寝变得更温暖，也

欣赏教师的才艺表演

让大家有了更多的交流。渐渐地，"温哥华"面条成为每一个五象三中人职业生涯中的专属记忆。业余时间，大家一起包饺子、烧烤、开展文娱活动等，各美其美，美美与共，创造了"壮美广西，幸福五象"的佳话。"守望相助，温暖同行"，不仅体现在教职工方面，还体现在教师和学生的关系上。许多教师爱生如爱子，主动关心学生的方方面面，用温暖筑起爱的桥梁。艰苦的环境，让师生们更是空前团结、同舟共济、砥砺奋进。"五象三中人穷是穷，我们脸上有笑容"是我们"守望相助，温暖同行"的写照。换位思考是"守望相助，温暖同行"的基石，是一所学校欣欣向荣的必备条件，更是教育熠熠生辉的展现。

二、乐于奉献是"守望相助，温暖同行"的血液

选择了教师这一行业，便选择了"捧着一颗心来，不带半根草去"的理想信念，便选择了不求回报、乐于奉献。要有温暖，必先奉献，在奉献中与同事共同进步，相互促进，乐于奉献是"守望相助，温暖同行"的血液。五象的传奇是怎样创造的？是一个个五象三中人奉献出来的。"霞光伴我行，月亮护我归"，每一次早午晚读的提前到位、每一次全方位的安全提醒、每一次的健康状态调查，都彰显了教师们的无私奉献。教师们课间悉心地答疑解惑，晚自习用心指导，助力学生奔赴理想的殿

堂；晚休耐心查寝，内外巡视，确保了学生的高质量睡眠，形成了良好的寝室氛围；纪律上严抓共管，引导学生养成了良好的习惯，创造了零迟到的奇迹；主动带头跑操，带动了学生的跑操热情，跑出了五象校区学子的绝佳风范。风雨无阻，勇往直前，不喊苦、不喊累，苦中作乐，用一颗奉献的心守护着学子的成长。许多教师更是以校为家，一心扑在工作上，全心全意为学生的发展保驾护航。爱岗敬业，乐于奉献，学生从中感受到来自教师的温暖，播下温暖与奉献的种子，教师也在奉献中实现专业化的成长，实现人生价值。乐于奉献是盘活一所学校的优秀品质，更是回归教育初心，践行教育使命的体现！

三、崇尚一流是"守望相助，温暖同行"的价值

"守望相助，温暖同行"的本质是携手并进，促进学生"五育并举"，培育祖国的栋梁之材，办好人民满意的教育。换位思考是基石，乐于奉献是血液，有了基石和血液，还需要深入挖掘其中的价值。崇尚一流便是其重要的价值。崇尚一流，追求卓越，促进教师的专业化成长，促使学校向更高更远处发展。五象校区成立以来，我做好了"三年一盘棋"的规划，用高起点、高定位、高追求来进行办学。在课程和教学方面进行了整合与创新，取得了实效。针对 2016 年学校刚落成办学时生源比较薄弱的情况，我大刀阔斧地进行了一系列的改革与创新：每天早上 7：20—7：30 站立晨读美文，第九节课进行 10 分钟练字；设置生态化课程，即周一至周六的常态化排课，保证学生有充足的自习课消化和巩固知识；开设校本课程，丰富校园生活，建设精品课程，如学校开设的"二十四节气校本融合课"；设置学科基础知识提高选修课程；每班设立图书角，营造"大阅读"氛围；实行 2 分钟候课制度；等等。对教育教学进行了创新性的实践，以高标准高要求来践行，为学校取得辉煌成绩奠定了基础。在德育方面，注重行为习惯养成教育（见师长问好，穿校服、戴校牌，取餐等候在一米线外，讲究用膳礼仪等）；每天坚持安全疏散演练和跑操，锻炼身体的同时加强安全防范意识；严格执行宿舍纪律，分级对违纪学生进行教育；严格手机管理制度，设立教化场所，发挥训导室的教育功能；建立学生谈心谈话制度等，实行班主任、副班主任、教师值班巡查制度，明确相关的职责和要求。德育工作无小事，在处处细节中落实立德树人。崇尚一流，追求卓越是每一个五象三中人的信念，

也正是这样的信念，支撑着每一个五象三中人"守望相助，温暖同行"，推动着学校向前发展。

各美其美，美人之美，美美与共，守望相助，温暖同行，是一代代五象三中人的信念共识，是五象三中人的思想指引，全体教师在这一思想的指引下，树立中国特色社会主义理想信念，践行社会主义核心价值观，践行立德树人、教书育人的使命，踊跃投身教育创新实践，为现代教育的发展作出贡献！

家和万事兴

　　南宁三中教育集团是一个充满温暖、人心齐聚的大家庭。在这个大家庭里，拥有过千名教职工、逾万名学生，我坚持"守望相助，温暖同行"的理念，将全校师生的人心凝聚在一起。全校

校训石

2016年8月，我与南宁三中校长黄河清（一排右4）、洪中信校长（一排右5）、方洁玲校长（一排左4）等领导与五象校区首届教师在开学典礼上合影

师生亲如一家人，精诚团结，"守望相助，温暖同行"，助力学校教育事业快速发展。

一、聚焦精气神，凝聚你我他

正所谓"人心齐，泰山移"，我经常跟老师们说："学校的发展离不开每一位师生员工，更离不开每一位师生员工的精气神。"南宁三中教育集团秉承"真·爱"教育，让每一位师生员工都能在这个大家庭中感受到爱与温暖，能够充分展示自己的才华，能够得到成长与进步。学校及学校领导竭尽所能，助力师生员工的成长：为每一位教职工提供一个教学相长、能充分展现能力和才华的平台和教学环境，让广大教职工拥有从教的获得感和幸福感；为学生营造刻苦学习、善于思考、崇尚一流、报效祖国的学习氛围，让他们既有名师和精品课程相伴，又受到丰富的校园文化熏陶，使每一名学生都能成人成才，成为能独立思考、有思维张力、热爱祖国的社会主义接班人。正是在这样的正确做法下，我们每一位南宁三中人都充满了精气神，昂首挺胸、手牵着手地行走在新时代教育事业发展的康庄大道上。

二、守望相助，温暖同行

近年来，南宁三中进入了发展的快车道，从1个校区发展成为拥有4个校区、千名教职工、万名学生的教育集团。这既是南宁三中快速发展的良机，同时也是一个巨大的挑战。如何管理好4个校区？如何在快速扩容的同时保持教学质量？在学校发展的关键时刻，我在2016年底提出了"守望相助，温暖同行"的理念，并以实际行动把每一位南宁三中人的心像石榴籽一样紧紧抱在一起。

（一）校长化身"化缘"大师

作为南宁三中的校长，学校的发展和师生的成长是最为重要的。所以，我在做好学校管理工作的同时，竭尽全力为学校发展筹措各种资金和资源，希望能为学校的发展争取更多有利的条件，希望能为师生争取到更多的资源，让他们感到做南宁三中人的幸福。近5年来，我共"化缘"资金近800万元，全部用于学校的建设。在外出考察中看到区外的学校有创客实验室后，我心想，咱们南宁三中的学生也应该有这样的实验室。回来后我马上想方设法"化缘"60多万元建设了南宁三中的学生创客实验室；当我看到五象校区图书馆内部条件极差，平时也鲜有学生问津，为了让学生们有一个优越的自习环境，我历尽千辛万苦"化缘"120多万元把图书馆负一层自习室改造成为借、阅一体的高标准阅览室；当我从学生处了解到他们希望有一个生物实验基地后，毫不犹豫去"化缘"50多万元建设了鱼菜共生基地；当有教师向我反映，教师宿舍的网络问题影响备课，我第一时间去向有关部门争取到100多万元经费以解决宿舍上网问题；等等。只要一有时间和机会，我就会尽最大努力为学校"化缘"——争取资金，请校友、爱心企业来帮助学校。我用这些资金建设了五象校区的清华园、"真·爱"校友林和"真·爱"喷泉，补齐了教室和学校田径场的硬件设施，增设了校园朗读亭、"真·爱"石和校训石，种植了600多株树木，极大地改善了学校的校园环境和硬件设施，丰富了学校的校园文化。

五象校区图书馆

五象校区图书馆内景

学生在鱼菜共生基地研究生态系统

五象校区"步步高"石

五象校区"顶呱呱"石

五象校区"清华"石

五象校区"金鹰"石

五象校区的石榴树

五象校区的枇杷树

五象校区的扁桃树

五象校区的荔枝树

五象校区的杨梅树

五象校区的芭蕉树

五象校区的梨树

五象校区的樱花树

五象校区的小叶榄

五象校区的龙眼树

五象校区的桃树

五象校区的柚子树

五象校区荷花盛开

五象校区紫薇花开

五象校区羊蹄甲盛开

五象校区三角梅绽放

　　除此之外，我了解到学校很多教师个人或者家庭在生活上还存在一定的困难。我想，我们的教师一心投入教学，已经很辛苦了，不能让他们为这些事情所困扰，能帮多少就帮多少。于是，我尽最大努力为学校教职工争取各种福利。虽然这背后需要做大量的工作和付出许多额外精力，但当看到教师们因家人生病了能得到及时的治疗而感到宽心……我觉得这一切都是值得的。

　　有部分教师跟我说，家离学校太远了，为了方便上下班，想买离学校近的某个楼盘的房子，但房子很紧俏，自己去买基本是买不到的。我极力沟通协调，拿到了部分购房指标，解决了部分老师的需求。我还坚持力推旧房改造工程——为了减轻学校教职工的购房压力，让老师们无后顾之忧，能够全身心地投入教育教学中，我全力去与相关部门沟通协调，加快危旧房改造的进度。我还设置了南宁三中教师终身成就奖，不忘老三中人的辛勤付出和所作贡献，鼓励当代三中人砥砺奋进、共创新绩。

为获得 2021 年终身成就奖的教师颁发荣誉证书

　　经常有人笑我说：你这个校长都快成"化缘大师"了。正所谓"老吾老，以及人之老；幼吾幼，以及人之幼"。我甘做学校和师生们的"化缘大师"，我就想着在我还能干得动，有能力去为学校发展争取资源的情况下多做点，能做多少就做多少。我能为学校及师生谋求福利，是我作为校长的一种幸福，我也要让学校师生为自己是南宁三中人而感到自豪和幸福。

（二）领导干部化身师生的"服务员"

学校的领导和中层干部是学校改革发展的先锋，更是学校师生的"服务员"。我经常对领导干部们说，要坚持做到以身作则、甘于奉献、身先士卒、带头为师生解决困难，在学校里要发挥标杆的作用。在南宁三中的校园里，可以看到围着老师和学生转的是领导干部们，下班最晚的是领导干部们，巡查校园最多的是领导干部们，微信运动步数最多的是领导干部们……

学校如果突发紧急事件，领导干部们总是冲在最前面，任劳任怨，积极和公安等有关部门进行协调。校园里大树被大风吹倒，后勤干部忙个通宵；老师电脑系统崩盘，技术室的同志随叫随到；五象校区2017年新生入学，学生拿行李到校了，床架没安装完，部分家长言行过激，领导干部们忍辱负重妥善处理；学校饭堂面对计划外的用餐需求，排除万难，保障供应；青山校区的领导干部全力开展招生工作，全年几乎无休假；五象校区每天至少有2名领导干部24小时值班，特殊情况下全体领导干部留守五象校区；初中部青秀校区几名领导干部把一所学校办得声名远扬；面对初中部五象校区完全不同的生源构成、师资构成，领导干部们创造出热火朝天的场面。领导干部们的"服务员"角色干得有声有色，守护的是南宁三中人共同的精神追求——"守望相助，温暖同行"。

曾经有校园电视台的学生对教师们进行采访："您对学校领导干部的评价是怎么样的？"一位教师的回答令我印象深刻："南宁三中的领导干部很亲切，时刻为教师和同学们着想，而且很拼命。在原来学校的时候，很少见到有学校的校长及领导干部们每天在教学区巡查。到了南宁三中以后，我常常能看到校长和领导干部们巡检教室。"

（三）一碗"温哥华"面条的感动

五象校区建校初期，交通极度不便，周边配套设施几乎没有，治安环境不乐观，随之而来的是经常性的停水、停电、断网。为了让师生们能够安心地工作和学习，在如此艰辛的情况下，我主动向校党委申请主管五象校区，每天和教师们待在一起，

举办家校联动座谈会

英语教师辅导学生

数学学习小组开展活动

数学教师辅导学生

应对各种突发状况，停电了就坐在篮球场上开着手机灯光召开班主任会议，停水了就马上协调绿城水务解决学生用水问题，面对激动的家长耐心地解答和安抚，面对恶劣的治安环境极力地协调公安部门加强保卫，与教师们一起巡校园、查宿舍……就是在这样的不断努力和拼搏下，我和五象校区的师生们在艰苦的环境中不断克服困难、勇往直前。

让我和教师们印象最深刻的还是那一碗"温哥华"面条。因为当时五象校区周边尚未开发，商铺很少，值日教师和班主任在晚上11点多查完宿舍回来又累又饿，附近又没有东西吃。看到这种情况我心里非常难过和愧疚，心想，要是我能为在寒冷的深夜查完学生宿舍的值日教师和班主任们提供一碗热腾腾、香喷喷、有家的味道的牛肉

2016年8月的一天，我在停电后召集班主任开会

面就好了。说干就干，我用我自己的工资以及朋友的捐助，购买了一些牛肉和面条，每天给在深夜查完学生宿舍的值日教师和班主任们煮一锅牛肉面，并与他们分享。当有教师问我，附近都没有东西卖，这牛肉面是哪里来的。当时我只是笑呵呵开玩笑地说是从温哥华带回来的，于是教师们就亲切地把这碗牛肉面称为"温哥华"面条。一碗简单的牛肉面，给寒冷的冬夜带来一分暖意。教师们非常喜欢晚上查完宿舍后聚在一起吃碗面条、聊聊天，我想这应该是一种家的感觉。于是我坚持了一年多，直到附近的配套设施完善。在这一年多时间里，我依稀记得，仅仅牛肉就买了差不多两头牛的量，面条更是不计其数。曾经有位捐赠的朋友不解地问我："这又不是你家，为什么要这样做？"而我只是笑了笑说："学校就是我家，这些师生都是我的家人。你把我当好兄弟，那么也请你支持和帮助我的家人。"朋友听完，若有所思地点了点头，也尽力为我提供帮助。看似普普通通的一碗"温哥华"面条，熔铸的是五象校区教师们的爱与温暖，让我们能在寒冷的深夜感受到无尽的温暖，这也正是"守望相助，温暖同行"的生动体现。

2016 年 8 月五象校区开学时教师合影

2018 年 2 月新春团拜会

（四）一份属于五象校区首届师生的回忆

前面说到五象校区建校初期所面临的困难，确实是令人无法想象的。我和五象校区的师生们经历了一段令我终生难忘的时光，那段时光是艰辛的、快乐的，也是温暖的。在五象校区领导干部的带领下，在五象校区首届全体师生的努力下，2019年五象校区首届高考取得了1名学生考了语文广西最高分、2名学生考上北京大学、240名学生考了600分以上、一本率80%的优异成绩，取得了开门红。曾记得，在五象校区首届毕业典礼上，当电子显示大屏上播放这3年所经历的岁月时，一幕幕令人难忘的情景浮现在每一个师生的脑海中：停电的夜晚我和教师同学们一起唱歌，教师们互助结伴搭车，我和教师们一起值日、一起查夜、一起吃面条、一起包饺子，和教师们一起举办新春团拜会。

我每天第一个到年级大院门口迎接学生到教室、到班级给学生们作励志讲座和上班会课……帧帧画面重现在大家眼前的时候，五象校区首届师生们都流下了感动而幸福的眼泪。直到现在，很多学生和教师跟我聊天时还经常回忆起当时的场景。

曾经有位班主任跟我说，一名毕业两年多的同学回校看望他的时候还说想再来看一看我，再去听一听我的讲座和班会课。当班主任问这名同学毕业这么久了为什么还想去听我的讲座。这名同学说我是他见过的最有爱、最睿智、最好的校长。听到这里，我心里充满了感动，我觉得我在五象校区这3年对同学们的教育和培养是成功的，因为同学们学会了感恩，是有温度的人；同时我觉得我还是亏欠他们，我觉得我做得还不够好，让孩子们跟我经历了一段如此艰辛的历程，希望这段经历不要成为他们的负担，而是一种财富和成长……

举行考前讲座——《做一个纯粹的考生》

2019 年 5 月五象校区首届毕业典礼教师合影

南宁三中送考季

漫漫家访路，殷殷师者心

三、勠力同心，守护幸福

我曾对老师说："南宁三中人是幸福的，要让教师成为最令人羡慕的职业，要让南宁三中的教师拥有职业的幸福感。"而要守护这一份幸福，必须靠许许多多的人来共同参与。青年教师虽初临教学，但要自信、谦虚、精进；中年教师作为中坚力量，要包容、担当，成为教育教学的支柱；老年教师经验丰富，要宽厚、平和、关爱，发挥好"传帮带"作用。教师们要在公共事务上多一些大我，少一些小我，用心经营好学校。为增进教职工们的感情，守护南宁三中人共同的幸福，各校区开展了丰富多彩的活动：青山校区开展了气排球赛、户外烧烤等团建活动，健身和增进感情两不误；五象校区每年举行"欢乐五三——守望相助，温暖同行"教职工团拜会，每位教职工才华尽显，其乐融融；初中部青秀校区开展集体联欢活动，师生关系亲如一家人；初中部五象校区开展教职工书法绘画、啦啦操和声乐教学体验活动，提升自身素质的同时温暖着每一位教职工。既是一家人，都是至亲，需要每一位南宁三中人勠力同心，共同守护好属于南宁三中人的幸福。

班主任的角色定位与工作艺术

生命是教育的原点，教育因生命而存在，促进生命发展是教育的根本。21世纪的教育被定位为生命教育。生命教育是中学德育的重要目标，是学校发展的良好举措，也是学生成长的必要条件。教师的职责是引领学生，从道德、政治、情感、法治、心理、治学、休闲文化、职业指导等多个层面整体性地形成育人体系。

因此，教师的角色定位和工作艺术至关重要，教师的精神空间决定了教育的空间。教师要有感悟人生、策划人生、奋斗人生、幸福人生的职业理念，关注所有生命的价值，肯定所有生命的意义，成全所有生命的发展。

什么是好的教育？好的教育应该是培养出"终身运动者、责任担当者、问题解决者、优雅生活者"。这样的育人目标离不开班主任的班级管理。作为学校德育活动的重要角色，班主任在班级中是灵魂之所在，能否带给学生终身受益的思维模式和良好习惯，能否促进学生生命良性发展是评判当今班主任职业水准高低的重要标志。

一、班主任的角色定位

教师应当被看成一种事业而不仅仅是一份职业，任何一位名师既是具有强烈自主发展意识的个体，也是特别善于学习的个体。任何被制度、被领导推着往前走的个体都不会成为名师，任何不会独立思考的班主任也不是好的班主任。好的班主任可以锻造出一个好的班集体。班级就似一台大戏，班主任需要灵活应变、因材施教、有的放矢，针对不同学生的个性情况给自己做好不同的角色定位，如此方可建设一个优秀的班集体。"对于班主任而言，不断强化角色意识可以帮助他们对班主任工作的地位、作用和价值有一个清晰的认识，让他们更具体地了解自己承担了哪些任务，该以何种方式行事，应如何去影响全体学生。"那么一位优秀的班主任应该有怎样的角色定位呢？

一位优秀的班主任应该是一个灵动的思想者。哲人说：你想得到短期的收获就去种花，你想得到中期的收获就去种树，你想得到长期的收获就去播种思想。班主任建设班风的首要任务便是树立正确的治班思想、管班理念。班主任要多思考、勤思考、善思考，不仅仅是发现的问题要解决，更是要防患于未然。因此，班主任培养主导思想、培育学生的主要理念一定要通过不断的创新和实践来实现。

一位优秀的班主任应该成为班级发展的引领者，而不是班级的维护者，跟着学生问题走的班主任是不会带出优秀的班集体的。作为引领者，只有智慧的班主任才能实现优质的班级管理，平庸的班主任因为方法错误，做得越多，对学生的伤害就越大。班级建设持续创新、不断开拓需要班主任的引领。优秀的班级需要班主任领导创造未来美好的愿景，需要激励学生实现愿景，也需要制订具体计划，形成有效组织架构，监督班级日常。

一位优秀的班主任应该成为学生学法的指导者。班主任更需要在任教学科上甚至所有学科上都给予学生学法指导。班主任可以尝试与科任老师交流，掌握各学科的学习方法，从而给予学生更全面的学法指导。另外，由于班主任陪伴学生的时间更长，可以借助每次考试的考查，从考试激励等角度激发学生的学习兴趣，让学生少走弯路，增强自信。

一位优秀的班主任应该成为学生的陪伴者。"陪伴是最长情的告白。"在中学尤其是寄宿制学校，很多学生需要来自班主任的亲切关怀，一声关心、一句问候、一次谈话都能成为温暖彼此的机会。师生的心靠近了，沟通便少了障碍，学生也将获得更好的学习生活环境。

一位优秀的班主任应该成为学生生命发展的促进者。教师的精神空间决定了教育的空间。成功是由内心创造的。"你的心有多大，你的世界就有多开阔。"作为班主任，应当努力培养学生的"八心"，即自尊之心、敬畏之心、恻隐之心、忧患之心、包容之心、沟通之心、世界之心、博爱之心。这"八心"，能帮助学生形成健全的人格，帮助他们在成长道路上越走越宽。

一位优秀的班主任应该成为学生在学习方面崇拜的榜样者。孔子曰："其身正，不令而行；其身不正，虽令不从。"班主任在学生心目中有着崇高的形象，"学为人师，行为世范"，班主任必须以身作则，发挥榜样的力量。因此，班主任要不断提高自身素质修养，加强理论知识、业务能力的学习。班主任学习的领域不应局限于任教学科知识的继续深造，还应包括教育学、心理学、教育法、教育管理、教育研究方法、教育评价等其他相关学科的学习，并善于总结教学经验，深研教学方法。

二、班主任应具备的能力

智慧，是构成教师精神世界的重要组成部分，有智慧的教师才能实现优质的教育，做一位有智慧的教师，紧跟时代的发展，点亮生命，导航人生。智慧所涵盖的范围很广，在此我结合教师这一职业的特点，重点探讨"三力"，即学习力、思想力、行动力对成为一位有智慧的班主任的影响。

（一）学习力

任何一位名师都是具有强烈自主发展意识的个体，也是特别善于学习的个体。任何被制度、被领导推着往前走的个体都不会成为名师。一位有智慧的班主任应具备强大的学习力，这也是一位教师谋求自主发展的关键。学习力包括言语能力、想象创造能力、学习方法、学习习惯等。在此，学习力采用的是广义的含义，即从阅读、听讲、研究、实践中获得知识或技能的一种能力，本文重点阐述阅读对学习力的影响。阅读状况的调查研究显示，中小学教师阅读普遍缺乏专业性。作为学生的人生导师，怎能只读教学参考书呢？学习永无止境，作为班主任就要博览群书、博闻强识，时刻都要学习。

学习力分为功利学习、人文学习、快乐学习这3个方面。功利学习是指因工作需要或者其他客观需求而进行的学习，人文学习是指基于对文化的理解的学习，快乐学习是以兴趣爱好为基础的个人主动进行的学习。关于学习这一能力的提升，本文不在此进行详细论述。基于班主任这一职业的特点及学习力的发展，我主要推荐阅读以下书目，如《课堂观察：走向专业的听评课》（沈毅、崔允漷主编）、《开放你的人生》（王辉耀著）、《一生的教诲：一位外交家爸爸谈品行、礼仪、处世与学识》（查斯特菲尔德著）、《跟毛泽东学思维》（曹俊杰编著）、《比尔·盖茨给青少年的11条准则》（宿春礼编译）、《货币战争》（宋鸿兵编著）、《中国怎么办：当次贷危机改变世界》（时寒冰著）、《思想撒野》（邵兴国著）、《自助拓展训练组织与实施手册》（常桦主编）、《礼仪金说》（金正昆著）、《校园真是逗活人》（笑笑声编著）、《费孝通论文化与文化自觉》（费孝通著），等等。这些书目涉及各个方面，阅读这些书可以有效增强学习力。当然，这只是其中一部分，教师要结合自身的特点，进行更广泛的阅读。教书育人是一项需要综合知识支撑的事业，读书可以为我们的教育教学滋养底气，要给学生一滴水，班主任就要像长江水那样源源不断。因此，时刻保持学习，增强学习力，有助于班主任在教育领域处于领先的位置。

（二）思想力

学习为思想提供支撑，而思想力是教育境界与说理能力的源泉，是智慧的一个重要方面，一位教师思想力的高低体现了对教育、对世界认识的高度。那么，作为班主任，首先需要思考些什么？我认为至少要思考4个方面：

一是思考教育的时代坐标。如今我们已经迈入互联网时代，这个时代需要有智慧的创新型人才。过去教师单方面、直接地输送知识的教学方式已不适用现代社会的发展。我们应该以双向互动的方式教育学生，倾听学生的内心，同时也鼓励学生了解和打开自己的内心，让他们在学习过程中大胆地运用知识、创新学习方式。

二是思考教育背景的重要影响。教育离不开文化土壤。不同地域有其独特的文化背景，因此来自不同地域的学生身上也具有不同的成长痕迹。班主任要充分了解学生的教育背景，并以包容的心态对待学生，因材施教，才能让教育更温暖、更有效，这同时也能促进师生共同成长。

三是思考教育的合理性。教育的维度有多个方面，如生命安全教育、知识教育、思想品德教育、情感教育、审美情趣教育、和谐教育、创新教育、孝道教育、对比教育等，要着眼于多维度的教育衡量，而不仅仅局限于分数或者应试。作为班主任，要挖掘学生多方面的智能，多开展心理健康教育、励志教育、拓展教育等，培养学生成为一个全面的人。

四是思考教育管理的艺术。教育管理是一门艺术，需要每一位教育管理者不断学习和改进。在中外历史上，出现了不少伟人、著名教育家，他们身上有许多闪光点，也为后人留下了许多宝贵经验，我们要善于学习、借鉴，从而进一步完善我们的教育管理。

（三）行动力

学习、思想，是为了更好地行动。言必行，行必果。行动力是办成一件事的关键，想到就去做，做了再说！再大的智慧如果不落地，也难以检测实效。因此，就高中教学而言，一定要构建好3年的蓝图：

高一回归理性，形成强大的团队。高一处于初高中衔接阶段，高中的学习要求更多的是理性的思考，因此要提升学生的理性思维，增强班级凝聚力，形成强大的学习团队，为整个高中的学习打下根基。

高二树人生理想，塑自主奋斗意识。理想的指引是重要的驱动力，教师借助实现理想的契机，塑造学生的自主奋斗意识，培养学生的关键性人格。

高三引领核心竞争力——应试能力的发展，有了高一、高二的铺垫，学生在各方面有了一定的积累，高三就是厚积薄发的时期，学生要学会考试，提高应试能力这一核心竞争力，迎战高考。

3年一盘棋，每个阶段都有具体的目标和相应的措施，为学生高中3年乃至整个人生保驾护航！

学习力、思想力、行动力这3个方面相辅相成，环环相扣，层层递进。一个人只有不断学习，吸纳各方面的知识，博闻强识，才能在面对纷繁的教育问题时学会思考，提升思想的辨识度，构建广阔的思想空间，从而用思想指引行动，使得行动更为高效，这是一位有智慧的教师应有之义。智慧源于学习、思想、行动等，作为一位有智慧的教师，需要将这3个方面充分结合，引领学生做一个有智慧的人，让智慧点缀学生的生命，让智慧导航学生人生！

三、班主任的工作艺术

教书育人是一项需要综合知识支撑的事业。"亲其师，信其道。"教育的观念决定行为，行为决定过程，过程决定结果。班主任工作充满了艺术和挑战，需要爱心的浇灌，需要细心的观察，需要真心的对待，需要耐心的陪伴，更需要诚心的沟通。班主任的具体工作要求包括目标、内容、途径、方法、管理、评价，各分系统协调统一，构成一个时间上具有全程性，空间上具有全面性，能在整体上产生效应的育人体系。我们这个时代呼唤全能型的教师，更呼唤全能的班主任！以下是关于班主任工作艺术的一些建议。

（一）增强班主任的说理能力

答疑解惑是班主任的重要基本功之一。中学阶段的学生对学习、生活以及未来有无限的想象和疑问，这就要求班主任有良好的沟通、说理能力，对学生循循善诱、耐心启发，引导他们往正确的方向发展。

例如，在学生问"我为什么要读书"的时候，班主任该怎么通过回答完成教育说理的工作？我通常会这样回答他们：第一，认知世界才能融入世界、享受世界，读书是自己的事情，是为了遇见最好的自己。第二，人生没有简单的成功与失败，只有阶段性的主动与被动。有智慧的人只追求阶段性的主动。人生没有答案，不能评判别人的成功与失败。第三，为你的家族的传承和兴旺而读书。第四，为中华民族的伟大复兴而读书。你们心中要有民族，心中要有国家，民族才能复兴，国家才能富强。

这样的解释是奏效的，大部分的学生在听完我的回答之后，都能很好地理解读书的意义。这种解答方式就像剥洋葱一样，由表及里、循序渐进地给学生答疑解惑，并引导他们用积极的心态看待问题。

（二）制订班级目标

班级目标的设置涉及"我们要培养什么样的人才"这个问题。我们要培养的是"家的支柱，国之栋梁"。这就需要学生把个人成长的目标与国家的需要、民族的责任结合起来。

班主任应该引导学生思考如何度过自己的高中生活。凡事预则立，不预则废。观念决定行为，行为决定过程，过程决定结果。求学历程，就是探索和积淀人生方法的过程；独立人生的精彩是最重要的；感悟人生，策划人生；奋斗人生，幸福人生。

世界著名中学伊顿公学的办学硬件简陋，堪称寒碜陋室，而这寒碜陋室以其森严的校规及等级制度锻造出"破旧的伊顿、倔强的伊顿、永远的贵族"的品格，培养出 20 位英国首相、第一代威灵顿公爵、诗人雪莱、经济学家凯恩斯等数不胜数的显赫人物。可见，品格是造就人生的终极力量，优良品格是走向成功的重要阶梯。制订班级目标的指导思想可以参考伊顿公学的目标——塑造优良品格。高中就是为学生们走向独立做好各种准备的阶段，是为学生奠定人生基础的过程。学生应具备"健全的人格＋一流的学习能力＋独特的个性"。

基于上述思考，班主任不妨试着为班级定下如下目标。

近期目标：把班级打造成最具效率的团队，建成充实而快乐的班集体，经营最能保护个性的班级文化。

中期目标：力争每一名同学都考上全国前 20 名的大学；高中毕业时，每一名学生都拥有高效的学习能力和卓越的情商，能在各自的大学脱颖而出。

长期目标：成为世界大舞台上各个领域的佼佼者，在 20 年后成为"地球上最懂生活"的族群。

（三）班级文化建设

要改变一所学校，就要改变学校的精神；要改变一位老师，就要改变他的价值取向；要改变一个学生，就要改变他的人生追求。构建高中 3 年的发展蓝图，首先要考虑班级文化的建设。作为班主任，应该根据班级的实际情况，制定合理的各项管理制度，如实行班长竞选制、座位轮转制，建立班级图书角、档案角以及各种竞赛学习小组、研究性学习小组等。充分发动学生的主观能动性，着重培养学生树立责任意识、奋斗意识、团队意识、策划意识、管理意识，营造人人共同参与班级活动、共建班级文化的氛围，并通过共同设立班训等形式，凝聚班魂。

四、给年轻班主任的建议

不少刚入职的年轻班主任缺乏经验。如何承担起班主任的职责？我的建议如下：

第一，要将心态归零，将自己过去获得的荣誉和成果放下，以全新的姿态重新出发，迎接新的未来。第二，要勤于学习，使自己变成一条奔腾不息的河流。第三，要善于反思，让自己成为一个灵动的思想者。第四，要勇于实践，将最优质的教育奉献给孩子们。第五，要乐于奉献，教师职业因专业而发展，因爱而崇高，因责任而伟大。

岁月因成就而生动，成就因岁月而醇厚，人生因醇厚而幸福。在"三新"背景下，希望年轻班主任转变教育观念，更新专业知识，提升专业能力，加强合作交流，在转型中迅速成长为优秀班主任。

浅谈高考备考策略*

哈佛大学隆纳·海菲兹博士说过：一个好的团队，它的能量源自三个"凝聚"，一个"信任"。其中，三个"凝聚"分别为凝聚梦想，让每个人的能量蓄势待发；凝聚价值观，能量呈几何倍数扩张；凝聚痛苦，获得无限快乐。

在高考备考策略中，我始终坚持以"民主、科学、有序、务实"8个字为引领，长期坚守备考第一线。高考冲刺策略包含树立信心和目标、备考方案的制订、铁的纪律、总分意识、注重实证研究、班主任育人、提分建议等。本文先重点思考树立信心和目标、注重实证研究、班主任育人、提分建议四大策略。

一、树立信心和目标

从数据中发现亮点，将数据进行横向和纵向对比，2007—2012

---

　　* 南宁市第三中学 2012 届学生创造了辉煌的高考成绩，圆梦理想大学，也为学校的跨越式发展奠定了基础。虽文章创作至今已有 11 年，但 2012 届备考策略体现了笔者的主要策略和做法，故收录本文，供读者批评指正。

年南宁三中市一模、二模，高考上线率及每年高考一本率、二本率均在不断上升，高考成绩比市一模、二模成绩都要好。南宁三中2012届高考目标一：一本率最低达到50%，二本率最低达到80%。通过历年数据趋势分析，目标一经过努力可以完成。

南宁三中2012届高考目标二：15名以上学生考上北京大学、清华大学、香港大学。现有数据统计，已保送清华大学、北京大学6人，进入清华大学"领军计划"1人，获北京大学实名推荐2人（高考上一本线录取），自主招生4人。目标的设定基于发展趋势和已有数据，目标二可以超额完成。

二、注重实证研究

备考过程重视实证，关注和接纳学生需求，并根据需求提出解决策略。以2011届高三学生调查问卷反馈情况为例，从调查数据中知悉并掌握学生对于学习的信心、方法策略、时间管理，对症下药，提高复习效率。

为了解高三学生进入高三学习一个多月以来的学习及心理等各种状态，我们对高三全体学生进行了一次问卷调查，希望通过调查及时发现问题，不断改善学习状况，以便为高三的冲刺做好准备。本问卷结构包括学生信心、学习状态、学习方法与策略、学科学习调查、时间管理、情绪管理、睡眠管理、饮食管理及养成、成就归因、其他等多个方面，由27道封闭式问题、2道半开放式问题和3道开放式问题组成，共收回有效问卷801份。调查结果如下。

（一）学生学习的信心调查

1. 进入高三学习后，目前你的信心：

大为增长、充满信心	比以前有信心、比较自信	内容越多越难，不太自信	内容越来越难，我完全没有信心
11.5%	57.5%	29.1%	1.9%

2. 对于进入高三的学习生活，你感到：

已经做好准备	有点心慌慌的感觉	心里完全没底	无所谓
34.8%	51.5%	6.5%	7.2%

3. 对于目前的学习状态，你感到：

很满意	比较满意	不太满意	不满意
2.5%	56.4%	35.6%	5.5%

（二）学习方法与策略

1. 对于各科的学习方法，你觉得：

各科都有一些自己的方法，学习效率还比较高	有些科目的方法掌握得比较好，有些科目就不行	大部分科目找不到自己的方法	完全没有自己的方法，都是老师布置什么作业就做什么作业
9.4%	74.9%	11.1%	4.6%

2. 现在你对白天的课堂学习总体感到：

能较好地跟上老师的课堂频率，不辛苦	基本跟得上老师的课堂频率，不太辛苦	勉强听得懂老师的课，觉得比较辛苦	很多课都听不懂，感觉很难受、很辛苦
30.5%	57.2%	10.7%	1.6%

（三）时间管理

对于所学习的内容，你都有自己的计划：

完全符合自己的情况	大体上符合自己的情况	不太符合自己的情况	完全不符合自己的情况
4.7%	74.9%	18.5%	1.9%

三、充分发挥班主任育人功能

（一）班主任是班级团体辉煌的保障

1. 班主任的视野。

高考是一场集知识准备、体能准备、心理素质的历练、应试技巧积累、应对各种变化的能力、冲刺阶段团队氛围的营造、填报志愿时的智慧等诸多元素于一体的综合战役。班主任就是指挥这场战役的元帅，策划、经营好影响高考的各种元素是班主任工作的重中之重。各环节中如有一环处理不当都可能导致功败垂成；相反，处理好了，将无往而不胜。

2. 班主任的观念。

铁的纪律是胜利的保障、主动归零、总分意识、强有力的指导、尊重生命周期律的意识、注重积极人生观的培养等多个维度。

3. 班主任的说理能力。

（1）高考具有不确定性。

（2）净化心灵，心无杂念，做眼前最清楚的事。

减少不确定性和净化心灵，我主张简化生活和修正习惯。简化生活：正常吃饭喝水，拒绝点外卖；减少人际交往（除了生日会、毕业留言）、不传播小道消息、拒绝使用手机、拒绝恋爱、拒绝网络；修正习惯：进行时间管理、情绪管理、体能管理、情绪管理、应试技巧的积累、心理素质的历练、学习内容管理。

（二）班主任的指导维度

1. 大脑科学。

德国心理学家艾宾浩斯研究发现，遗忘在学习之后立即开始，而且遗忘进程并不是均匀的。最初遗忘速度很快，之后逐渐缓慢。他认为"保持和遗忘是时间的函数"，并根据他的实验结果绘成描述遗忘进程的曲线，即著名的艾宾浩斯记忆遗忘曲线。

2. 营养科学。

科学备考，营养合理，在班会中科普有助于提高记忆力的食物。例如，卷心菜富含维生素 B，预防大脑疲劳；大豆含有卵磷脂和丰富的蛋白质，每天食用适量大豆或豆制品，可增强记忆力；牛奶富含蛋白质和钙质，可提供大脑所需的各种氨基酸，每天饮用可增强大脑活力；鱼富含蛋白质和钙质，特别是含有不饱和脂肪酸，可分解胆固醇；蛋黄中含有卵磷脂等脑细胞所必需的营养物质，可增强大脑活力。

应该多吃的水果，如吃香蕉能帮助内心软弱、多愁善感的人驱散悲观、烦躁的情绪，保持平和、快乐的心情。这主要是因为它能增加大脑中使人愉悦的 5-羟色胺物质的含量。研究发现，抑郁症患者脑中 5-羟色胺的含量就比常人要少。又如，吃草莓能培养耐心，因为它属于低矮草茎植物，生长过程中易受污染，因此，吃之前要经过耐心清洗，先摘掉叶子，在流水下冲洗，随后用盐水浸泡 5—10 分钟，最后再用凉开水浸泡 1—2 分钟。

3. 心理学知识。

指导学生学会情绪管理、亲情管理、同学关系管理、师生关系管理、学习任务管理。学生在高考冲刺中会出现"高原现象"。心理学把"高原现象"定义为：复杂技能形成过程中出现的练习技能暂时停顿的现象。"高原现象"在学习上的表现：学生经过长时间的复习后，在一段时间内学习和复习效率停滞不前，甚至学习过的知识感觉模糊，感觉学习无法向前推进。备考时，3—4 月是学生"高原现象"出现较明显的阶段。

（1）"高原现象"表现。

情绪反应：情绪厌烦、紧张、莫名的烦躁与恐惧、丧失自信、焦虑、郁郁寡欢、忧伤，甚至绝望。

行为反应：学习动机弱化、认知困难、记忆力下降、注意力分散、思维迟钝、丢三落四、影响睡眠。

（2）产生原因。

客观原因：生理、心理的高度疲劳。主观原因：思维方式——求胜心切。实际原因：学习方法缺少"升级换代"，学习内容的重复，出现知识点瓶颈。

（3）突破"高原现象"。

首先，心态是关键：认知调整、休息调整、积极鼓励、释放压力。高考没有简单的成功与失败，只有阶段性的主动与被动，有智慧的人永远主动。

其次，方法是根本：从对某一单纯知识和技能的模仿型训练，转变到对知识融会贯通、提升综合能力。

最后，效率是保证：补知识点漏洞、二轮复习计划。

具体可以细化到体能管理和时间管理两个层面。体能管理包含：①运动是生命活力的源泉。②饮食考虑富含纤维和高蛋白的食品。③生物钟调节。④生理调节。时间管理细分为自由时间安排和常态作息时间安排。

表 1　南宁三中备考时间安排

自由时间安排	常态作息时间安排
7：00—7：30　自习 A	早上：6：30 起床（3 分钟起床法）
12：00—12：30　自习 B	中午：12：50 休息
19：00—19：30　自习 C	14：00 起床
19：40—20：50　自习 D	下午：14：00—14：40 自习
21：00—22：00　自习 E	晚上：22：30 入睡

4.高考备考分析技术。

明白问题之所在，是提高学习成绩的起点，高三知识准备管理常用 SK 试卷分析技术［S：技能（Skill）缺失型错误，K：知识（Knowledge）欠缺型错误］。技能缺失型错误通常表现为：明明会做，反而做错了；很有把握的题，却没做对；明明会做而且非常简单的题，却是落笔就错。知识欠缺型错误通常表现为：第一遍做对了，后来改错了；第一遍做错了，后来改对了，回答不严密、不完整等；不会做题（回忆不起来，缺乏思路）。

SK 试卷分析的具体做法：

①确定错误类型。S 型错误：审题错误、抄写错误、计算错误、笔误等。K 型错误：落实到具体章节（如函数、不等式、直线和圆、圆锥曲线、排列组合、概率统计、极限导数）。②统计错误失分率。S 型错误：按类别统计；K 型错误：按章节统计。③确定改进目标。S 型错误：确定一个主要错误类型；K 型错误：确定 1—3 个失分最多的章节。

表 2　某学生某次 SK 数学试卷分析

类型		失分
S 型错误（16 分）	审题错误	4
	计算错误	12
K 型错误（29 分）	函数	14
	不等式	3
	直线和圆	8
	圆锥曲线	4

该生数学怎样做到多考 50 分？首先需要消灭 S 型错误：每科可以多考 3—5 分，可多得 20 分。各科突出重点，而不是全面突击：每科可以多考 5—15 分，可以多得 30 分。

1983 年高考作文题漫画《挖井》。人生中最浪费时间的一件事就是太早放弃。人们经常在做了 90% 的工作后，放弃了最后可以让他们成功的 10%。这不但输掉了最初的付出，更丧失了经过努力而最后成功的喜悦。

四、提分建议

高考成功原则：突出重点、全力以赴、集中优势兵力。

（一）了解自己的问题所在

应用 SK 试卷分析技术找到自己的问题所在，判断每道题目的考点是什么，依据考试大纲或课本判断它属于哪个章节、哪个知识点，以大纲或课本为基础，统计自己各部分得分情况并制成表格。某学生语文测验试卷分析结果显示，该生现代文阅读得分率为57%，现代文阅读是决定语文成绩的最大得分点。

表3　某学生语文测验试卷分析结果

题型	试卷占分	得分	得分率	考试目标
一、语文基础和应用	34分	22分	64.7%	—
二、古代诗文阅读	26分	18分	69%	—
三、现代文阅读	30分	17分	57%	—
四、写作	60分	45分	75%	—
合计	150	102分	68%	—

（二）确定各科复习目标

确定重点科目区域达标标准"加5%原则"。比如希望总分达到75%水平，区域达标目标就应该是75%+5%，即80%的水平。这意味着只有该领域的得分超80%的时候，才能更换重点复习领域。

表4　某学生语文测验试卷分析结果

题型	试卷占分	得分	得分率	考试目标
一、语文基础和应用	34分	22分	64.7%	25分（75%）
二、古代诗文阅读	26分	18分	69%	18分（69%）
三、现代文阅读	30分	17分	57%	24分（80%）
四、写作	60分	45分	75%	45分（75%）
合计	150	102分	68%	112分（75%）

（三）精准定位复习范围

在确定复习重点区域的前提下，对该部分知识掌握内容进行细分，哪些方面知识已经掌握，哪些方面知识还有缺陷，将重点放在没有掌握的知识要点上，知识要点分析越仔细，复习就越有成效，提分就越快。以某学生数学立体几何部分掌握细分为例。

表 5　某学生数学立体几何部分掌握细分情况

序号	知识点	掌握评级
1	平面的基本性质	5
2	空间的两条直线	5
3	直线与平面平行判定	5
4	直线与平面垂直判定	5
5	点到直线、平面求法	5
6	三垂线定理、逆定理	3
7	平面与平面平行的判定和性质定理	4
8	直线和平面的距离，两平面间的距离	2
9	求二面角大小的一般方法	3
10	平面与平面垂直的判定和性质定理	4
11	棱柱	5
12	棱锥	5
13	球	5

（四）深度复习提高分数

做到有深度的复习可以快速提高成绩，具体做法：回到课本，阅读相关章节；回顾课后习题，重做习题；拓宽阅读面，读几本参考书（对应章节）；选做部分参考书的试题，选看部分参考书试题；对于不懂的地方，及时请教老师和同学；回到单元练习，直到达成预定掌握目标为止。

（五）"有形呈现"的几种方式

"有形呈现"包含呈现错误答案以"警示"，呈现正确答案以"示范"，呈现正误答案以"比照"，呈现优劣答案以"评析"，呈现完整答案以"估量"。物理实验题常采用"比照"，对比强化记忆如图 1 所示。

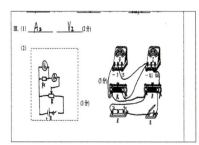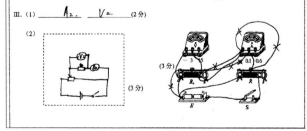

图 1　物理实验线路连接问题

（六）综合科备考探索

综合科目坚持团队备考原则，总分第一的意识；以科研课题的意识统领综合学科的备考，研究新课改的教材和考纲、考题；每个学科站好自己的岗位，要求科科有亮点。

表 6　文综、理综各科目亮点

文综	理综
历史：新史学观的研究 地理：区域模块突破研究 政治：宏观知识框架化 　　　微观知识术语化 　　　关键词记忆研究	物理：物理模型学习法研究 化学：化学原理和实验相结合的突破研究 生物：概念辨析与解题应用研究

1.时间分配。

理综：物理 60 分钟、化学 54 分钟、生物 36 分钟。

文综：政治 50 分钟、历史 50 分钟、地理 50 分钟。

2.给出若干模式，供学生选择答题次序。

模式一：从头到尾按顺序答题，控制时间。

文理综：选择题三科用时约 50 分钟，非选择题约 100 分钟。

文理综三科时间分配：物理 41.4 分钟、化学 34.5 分钟、生物 24.1 分钟；政治 40.0 分钟、历史 40.0 分钟、地理 30.0 分钟。

机动时间：5—15 分钟。

模式二：先按顺序做选择题，再根据自己的学科特长做非选择题。

模式三：根据自己的学科特长，完全按学科顺序答题。

模式四：懂什么，答什么。

3.难易取舍均衡原则。

难易取舍，遵循先易后难、不贪多求全、丢分不丢时间的原则。

4.心理剖析。

①开考前 10 分钟，临结束 10 分钟的把握。②试题难度不可预测的心理历练。③遇难题时的取舍。⑤科目与科目的交接。⑥考砸一科怎么办?

总结：借鉴运动竞技的经验，有志者事竟成，破釜沉舟，百日金榜终有我! 苦心人，天不负，卧薪尝胆，南宁三中学子可称雄!

迅捷源自能力，优秀是一种习惯

教师是一所学校教育教学质量的保障，一支高水平的教师队伍是南宁三中捍卫自身品牌价值的核心竞争力。如果名师队伍青黄不接，学校就没有生命力，因此，只有人人争当名师，人人成为名师，学校在广西乃至西南，甚至全国的地位才有扎实的支撑。

当下学校的教师队伍是怎样的状况，他们能担当起学校发展的光荣使命吗？我认为培养一支高水平的教师队伍，必须在他们内心深植"迅捷源自能力，优秀是一种习惯"的理念。

对教师成长的思考缘起于学校教育管理中的一个老大难问题：如何解决学生利用手机作弊及深夜上网的问题。不同知识背景和管理经历的教师会给出截然不同的解决方案，从中便可一窥教师的知识结构及教育理念更新的情况。实际上，这是一个系统性问题，触及学生内因，与受教育关系密切，解决问题必须依靠教师的团队智慧。

另一项针对高二年级的调查研究使我对提升教师队伍水平

的愿望更迫切了。这项调查内容涵盖了多个教育教学场景：早操、早读、晚读、晚休查宿舍、35岁以下年轻教师做高考题情况。调查情况喜忧参半：为教师的亲力亲为和无私奉献而喜，受调查对象均自觉履行教师职责，学生在，教师在；但教师对于学生管理和班级建设缺乏深层次思考、教育方法及理念滞后却使我感到深深忧虑。身为教师，高质量、高水平的发展必须对下列问题有清晰、有力的回答：你所带班级的灵魂是什么？你对学生了解多少？你给予学生多少有益的人生指导？你帮助你的学生树立起了怎样的人生追求？什么是你从事教师职业的基石？是什么让你赢得专业尊严？

理想的教师知识结构应该包含丰富的本体性知识（学科知识）、条件性知识（教育学、教学法、心理学、教育教学研究、教育教学评价）、经验性知识、跨领域知识。只有这样的知识结构才能打造党和人民满意的高素质、专业化、创新型教师队伍，落实立德树人根本任务，培养德智体美劳全面发展的社会主义建设者和接班人，全面提升国民素质和人力资源质量，办好人民满意的教育。南宁三中教师队伍整体素质位于广西基础教育前列。从多年治校经验来看，学校教师队伍的知识结构以本体性知识和经验性知识为主。一方面，这与教师的受教育经历相关——普遍就读于国内知名的师范类院校，基本功相对扎实。另一方面，教师长期与优秀学子相处，教学相长，积累了丰富的经验性知识。但条件性知识，特别是教育学、心理学原理及方法，大部分教师鲜有涉及；同时，囿于本学科知识边界，对学科外、不同学科之间的联系等方面的知识较为缺乏。从总体看，教师拥有这样的知识结构可以应对教师职业生涯多数的挑战，成为一名骨干教师，但以卓越型教师要求来说，这样的知识结构仍显不足。

以下摘自一位名校教师的教学任务：

教案：每学期18周（下同），每周6个，全年两个学期，共计216个教案。每个教案以600字计，则全年完成129600字。

教学论文：每年2篇，每篇以1000字计，全年2000字。

教学计划：每年2篇，每篇以600字计，全年1200字。

教学总结：每年2篇，每篇以600字计，全年1200字。

听课记录：学校规定每学期至少听36节课并撰写听课记录，若每篇以300字计，全年两个学期共计 21600 字。

业务学习笔记：以每学期 4000 字的业务学习笔记来计，全年两个学期共计 8000 字。

试卷分析：每学期至少 2 篇，每篇以 600 字计，全年两个学期共计 2400 字。

"培优补困"工作记录：学校规定每学期每班至少帮扶 2 名学生。如"语文双导师"，每学期帮扶 4 人，若以每份帮扶记录 300 字计，全年两个学期共计 2400 字。

以上教学任务规定实际上是依靠学校行政手段，按定量的方式助推教师的成长。行政驱动是基础教育教师队伍建设重要的、有效的手段和抓手，通过规定发力方向和规定数量，能在短时间内批量培训出一大批熟练掌握各项教学技能、完成各项教学任务的经验型教师。我以为，这样的模式在学校追求高品质办学的发展方向上是无法满足需要的。只有充分激发、调动教师内心成长为名师的底层动力和激励机制，才能造就高水平的名师，带动学校办学品质的提升。我的教师成长理念主张如下。

变老是人生的必修课，

变成熟是人生的选修课。

同样的岁月，

不同的追求，

别样的人生。

行政管理如何推动教师成长？如何找准管理的抓手？结合本学期教学管理工作，我们要重点关注以下内容。

一、本学期的教学管理主题

关键在于有效课堂、高效课堂。在现行基础教育框架下，课堂是学生学习的主阵地，也是一切教育理念、资源发挥融汇作用的主要载体。一所学校的教育教学质量高低取决于教师，教师的水平又可以通过有效的课堂教学得以彰显。高水平的教师造就高水平的课堂，带来高品质的教育。打造有效课堂、高效课堂是近年来基础教育界的努力与共识。尽管学界对高效课堂的概念、形态、途径、模式仍有争议，但我更认同一位专家的思考：高效课堂的"高效"是师生生命发展的高效，是在 45

分钟之内我们能够实现"教是为了不教"，能够实现教学相长。

二、本学期教学管理主要工作

专注于课堂提质、教师成长，我们的精力应聚焦于教研组的建设与管理、教师的专业化发展、高考、学考、竞赛、招生。

（一）教研组的建设与管理

为什么我在各种场合反复提出要强化教研组的建设与管理呢？教研组是教师成长和发挥作用的重要平台，也是青年教师成长的沃土。教研组建设的质量好坏，教研组活动是否规范、专业，在一定程度上会决定该学科的教学质量好坏。我们要求以形成良好的教师行为习惯为突破口，以评促建，促进教研组活动的规范、有序，专业化、制度化发展。只有专业化的教研组和高质量的教研活动才会有高品质的学科教学，也才会有高效课堂。对教研组的管理也应该是以学术引领为主，充分发挥学术委员会的作用，通过专业化的引领和评价机制，引导教研组建设朝着学术型、专业型发展。

（二）加强引领，推动、监督教师的专业化发展

教师的专业化发展事关学校教育教学质量，是摆在第一位的大事。教师的专业化发展有很多路径，我们提倡"请进来"与"走出去"相结合，通过校内培训，发挥名师示范作用。

一是"请进来"与"走出去"。近年来，基础教育涌现出了一大批名师和代表性的教育教学成果，将基础教育引向专业化、学术化。我们的教师应该紧跟时代潮流，提升自己的学术视野，开阔眼界，学习、借鉴教育教学有益的成果，站在时代潮头，向着学术型教师的方向努力。比如，在课堂提质增效方面，课堂的评价正从感性走向理性，从基于经验到走向基于科学，通过实验的方法建立课堂观察和评价的框架和模型，走向专业的听评课，这样听评课才能与课堂提质增效有效结合，取得更大的成效。我们应当鼓励教师将高校教育教学理论与一线教学实践相结合，丰富理论的教育实践，完善相关教育教学理论，将丰富的教学实践经验与相关教育教学原理结合，提出见解与主张，到更广阔的范围进行学术交流，扩大影响。

二是校内培训——发挥校内名师的示范作用。南宁三中有一支高水平的教师队

伍，有一批在广西乃至全国有影响力的教育教学专家，专家治校、学术引领早已成为南宁三中人的自觉追求。学校坚持的师徒结对、"青蓝工程"在促进青年教师成长方面作用显著。为了扩大学校名师的影响力，加快教师队伍的专业成长，有必要加强名师在校内的宣讲和培训。例如，数学组以黄河清校长"问题导学法"为代表的成果，首先应该在学校大力推广，提升数学组的理论和学术水准。各教研组应该积极发挥榜样示范带动、专家学术引领的效应，全面提升教研组学术、科研氛围，提升教育教学品质。

三是命题研究与有效训练。命题研究事关学校质量生命线，也是教师成长为学术型教师的重要评价标准。从国内知名中学看，其教学质量都建立在扎实的命题研究及针对性训练的基础之上。云南师范大学附属中学的考题、华中师范大学第一附属中学的考题、武汉知名高中的考题都是高质量命题的典范。提升学校教师的命题研究能力和水平，提倡教师命制模拟试题，提升原创试题命制的能力，对教师教学水平的提升有相当的益处，希望各教研组将原创命题的思路和要求作为一项关键工作来抓，持之以恒，必见成效。

四是各种课型的研究课。教学研究，关键要研究和开发不同学段、不同学情的不同类型的课型和课程。课程是教育的载体，在国家课程和地方课程之外，校本课程的研究与开发也是评价一位教师水平的重要指标。而课型面向教学实践，有很强的教学实效性。有针对性地进行不同课型的研究，对于把握教学重难点、提升学生学业表现具有关键的作用。

五是提炼成果。教师的教学研究不能止于因研究而研究，应研究与实践相结合，在实践中检验教学设想，总结丰富的教学实践经验，总结教学成果，提炼教育教学思想，形成理论，形成旗帜鲜明的教学主张，也是名师成长的必经之路。在基础教育领域，有一项越来越受重视的评比——4年一次的基础教育教学成果评比。黄河清校长领衔的团队已经先后2次获得国家级教学成果二等奖。这不但是基础教育界至高无上的荣誉，更是衡量一位教师教学水平的重要指标。希望科研处、教务处、教研组认真准备，总结提炼，拿出南宁三中更多的有代表性、影响力的教学成果。

（三）高考——学校的生命线

一是加强视导。高考是社会评价学校管理工作和办学成效最重要的指标，在为党育人、为国育才的时代背景下，我们必须夯实学校作为广西基础教育示范校的基础和地位，务必重视高考及备考工作。学校的关键是加强高三视导工作，特别要重视、统筹协调办好全市视导，同时坚持校内视导不放松，以面向实战、追求实效的要求推进相关工作。

二是坚守常规。本学期毕业班教学管理，提质增效的关键在落实常规，夯实基础，为冲刺奠基。要求各年级、各班级做好学情分析，精准施策，有效训练，在增加学习时间、增强学习强度之外，在教学效果上多下功夫、多想办法。

（四）学考——保证过关率，保证 A 率

学校历来重视广西学业水平考试，要求 100% 的通过率和在广西名列前茅的学科 A 率，其深层次原因还是与高考备考和学生综合素质培养有重要关联性。通过连续几届学生的数据分析，我们认为，在学生智力水平相当的情况下，学业水平的学科 A 率与这一届学生的高考一本上线呈正相关关系。正是基于这样的实践研究，更加坚定我们认真备考的决心。希望相关年级、学科组领会这里面的深意，认真做好备考相关工作。

（五）竞赛——年级组、班主任、学科教师、竞赛教练协调配合

近年来，南宁三中学科竞赛成绩一直在广西名列前茅，学校早已定下大力发展奥赛培训，突破尖子生培养瓶颈，打造广西奥赛第一校的策略。这事关南宁三中百年大计和发展大局，只有大力发展学科奥赛才能打开更大的办学空间，提升学校办学品质和全国影响力。各年级组、班主任、学科教师、竞赛教练要充分理解学校的整体战略，支持学校的奥赛相关工作，通力协作，才能解决发展路径上的重重困难和各种挑战。

（六）招生

关于学校的招生，除了常规的办学成绩和办学特点的宣传，我希望招生工作组能深度思考招生工作，将南宁三中的理念和思考传递给家长和学生，不仅是从高考成绩的角度提前"掐尖"，而且要多加思考南宁三中的育人使命。只有将学校的发展与国家、社会的发展相结合，将国家、社会对人才的需要与学校的办学结合起来，才能更加具有发展的空间和更好的办学品质。与各位分享《下一代的竞争力》一书，该书对全球化时代的教育时代命题给出了自己的思考和回答，全球化时代的学生应

该具备怎样的素质？

你把目标锁定在哪里？

从结果开始思考。

自律中的创造力。

学会合作。

激情胜过才智。

领导力。

做有品格的人。

勇于挑战常规。

付诸行动。

我认为，目标明确、善于思考、自律、学会合作、充满激情、富有领导力、有品格、勇于挑战常规且付诸行动，这些是面对未来挑战的新生代必须具备的核心素养和能力，我们应该在招生工作及办学中，多看、多思，在抓好学校教育教学质量的前提下。思考一下南宁三中引领广西基础教育的责任和担当，这是我们在进行招生宣讲时应该认真思考的问题。与新时代的学生同频共振，与新时代的教育要求同向而行，相信南宁三中将会办出让人民满意的教育。

教学管理工作涉及方方面面，工作容易陷于琐碎的细节，"捡了芝麻丢了西瓜"，在按年度计划抓好常规管理的同时，应该牢牢牵住"教师专业成长"这个牛鼻子，把握方向，重点突破，推动学校教学管理提质增效。

2015年起，南宁三中以学术引领为抓手，促进教师专业发展，截至2021年先后建成学术委员会、教师专业发展平台、教师发展中心等核心机构，以"三级名师"工程为核心，指导教师专业发展，一大批中青年教师成长为学术型名师，正高级教师数量广西领先，教学成果、科研成果在广西独树一帜，办学质量大幅提升。

为未来人生奠基

作为一名教育者，在班级管理工作中，我始终如一地坚持"全面育人，终身发展"的教育理念，鼓励学生通过"将来时"引导"现在时"，树立远大理想，制订可行目标，从现在开始改变，为未来人生奠基。

著名教育家叶圣陶先生说过："教育就是习惯的培养。"我认为，做规划则是学生最重要的习惯。正如《礼记·中庸》中说的，凡事预则立，不预则废。我们应该意识到，目标引领对高中3年学习效率的重要性，以及高中3年对整个人生的重要性。它可以为我们的人生奠基，帮助我们收获精彩！

本文以2010级尖子生夏令营主题班会为例，谈谈我对教育的理解、对班级管理的思考、对班级目标设定的建议。

一、奠基人生第一步：班级目标设定

我先是给学生抛出一个问题：你打算怎样度过3年高中生活？很多学生都有远大的目标，要考清华大学、北京大学或其他985、211高校；有的学生陷入沉思，应该是没有思考过这个问题。学生很期待我的答案。我说我也没有标准答案。如何感悟人生、策划人生、奋斗人生、幸福人生，你自己说了才算。但我可以提出我的建议。

我们要制订班级目标，包括近期目标、中期目标、长期目标。

对于这个特殊的班级，我认为近期目标应该是班级凝聚力或者团队的建设，我把它定义如下。

第一，最具效率的团队。最具效率的团队，既包括老师，也包括学生，尤其是指学生，必须有敢为人先的拼劲。如何能成为最具效率的团队？当然要有最高的目标、具体可行的计划、坚决执行的行动力！第二，充实而快乐的班集体。众人拾柴火焰高，想要走得更远更稳，我们应该抱团前行。追梦的道路任重道远，我们这个团队应该是充实而快乐的，才能保持活力和动力。

中期目标则是对高考目标的设定，具体如下。

第一，尽可能多的同学拿到高考20分的加分。第二，20名以上同学进入清华大学、北京大学，全部同学考上重点大学。第三，高中毕业时，每一名学生拥有高效的学习能力和卓越的情商，在各自的大学脱颖而出。

作为年级领头羊的班级，我给他们定的长期目标是在世界大舞台上各个领域成为佼佼者。当然，这个目标完成的期限可以是20年后。

目标制订好了，接下来就是思考如何实现它。我从班主任的智慧引领、科任教师的高水准奉献、同学们的激情奋斗、家长们的鼎力支持几个方面，给学生梳理了实现目标的保障，为他们树立信心、激励斗志。

二、班级目标设置来源：责任与梦想

知其然，还要知其所以然。我接着和学生谈为什么我要设置这样的班级目标，为什么我们要做好人生规划。

我认为设定目标，首先源于责任与梦想。它促进每一个生命的良性发展，促使我们拥有主动的人生。它更是国家的需要、民族的责任。

第一，众所周知，中华民族伟大复兴大业需要我们，报效祖国是时代对我们的召唤。第二，时代对人才模式提出了新的要求。只有肯变、敢变、求变，才能适应时代的潮流。第三，人的潜能是巨大的。目标能激励我们不断向上，不断激发我们的潜能。第四，注重完善人格的教育是最具生命力的教育。没有目标的教育是不完善的，是缺乏生命力的。

教育应该是多维度的，它包括生命安全教育、知识教育、思想品德教育、情感教育、审美情趣教育、和谐教育、对比教育等。只有开展多维度的教育，才能帮助学生取得全面发展，也才能建立一个有家国情怀、有责任感、有梦想的班集体。

三、教育的真谛：构建学生富于生命力的思维模式

（一）赢在高一，赢在起跑线上

高中 3 年，只是人生中的一段短跑。而高一，则是非常重要的起跑线。要想赢在高一，赢在起跑线上，我们要"三省吾身"：我是谁？我想要什么？我怎样实现目标？

第一，要了解你是谁，就是要将心态归零，就是要忘记过去，忘记你所取得的成绩。因为，竞争力之于现在，中考已经是"过去式"，高一是全新的起点。你只有定位准确，才能清醒认识你是谁。

第二，要清楚你想要什么，目标不可缺失。有了明确的目标，才有坚定努力的方向。而通常，方向比努力更重要。

第三，要知道怎样实现目标，就是基于目标制订切实可行的行动计划并坚决执行。我们永远要做一个有思想的行动者，而不是"思想的巨人，行动的矮子"，或者"蛮干的无头苍蝇"。

（二）成才应有的意识

21 世纪什么最贵？相信不少人都会毫不犹豫地回答：人才！毫无疑问，要成为对社会、对国家有用的人才，就要从现在开始树立成才意识。要成才，我建议大家要培养以下几种意识。

一是精英意识。精英已经成为当今社会的一种稀缺资源。作为新世纪的在校学生，要培养精英意识，这就要求我们善于正视自我、敢于超越自我、勇于担当更多的社会责任、致力于成为出类拔萃的人。

二是责任意识。无论做事做人，都要有责任担当。能"吾日三省吾身"，常思

己过，有换位思考的良好心态，能随时随地修养自己的身心，敢于担当自己的责任。长大后，一旦国家有需要就站出来担当一份责任，就舍小家，为大家，毫无畏惧地担当责任。

三是奋斗意识。通往成功的路不会是一帆风顺的，甚至可能会困难重重，我们要有心理准备，同时也要有克服困难的决心和信心，积极向上，锐意进取。有志者，事竟成。

四是团队意识。古人云："人心齐，泰山移。"我们也常说："团结就是力量。"确实，一个人可以走得快，一群人才能走得远。一个班级就是一个团队，我们的心要拧成一股绳，互相鼓励，互帮互助，一起为目标奋斗。

五是策划意识。策划意识是每个人在成长过程中必须掌握的。小到每天的学习生活，大到未来的目标和人生的规划都需要策划，都需要根据不同的阶段、不同的目标、不同的重难点调整策划，否则就会过得浑浑噩噩，最终碌碌无为。

六是管理意识。俗话说"无规矩不成方圆"。不管是整个班集体，还是我们个人，都应该有管理意识。而只有每个人都能自我管理，才能形成一个欣欣向荣、积极向上的班集体，班级氛围又能带动每一名学生更自强自立。

七是快乐意识。要成为高品质的人，首先要有强大的心理素质。即使面对困难，身处困境，也要保持乐观精神。只有拥有快乐的心态，才会拥有成功的人生，一生才会幸福，所有的奋斗才有意义。

最后，我以给学生的一个建议结束班会课：净化心灵、简化生活、修正习惯、处处主动。我相信经过班会课的沟通，我们能达成共识。我也衷心祝愿所有学生奠基人生，收获精彩！

万船欲离旧港　无人已靠新岸

面对变化，遭遇危机。2014 年上海、浙江启动"新高考试点"；2016 年 25 个省、区、市宣布使用全国卷；2017 年全国所有高中都将步入新高考学习序列……

教育部考试中心和经济合作与发展组织（OECD）已经签署合作协议，在天津、河北、吉林、浙江、山东、湖北、海南、四川、云南、宁夏等 10 个省区市进行 PISA（注：国际学生评估项目）中国试测研究工作。

2015 年中国将有更多的省区市参加 PISA 测评，教育部重点课题——PISA 的教育评价技术在高考中的应用。

广西考试院文献显示，2015 年高考结束，全区理科总平均分 361.65 分，文科总平均分 325.14 分，分别比上一年减少 23.20 分和 21.95 分，关键是英语、物理、化学、政治、历史等学科不适应新考试模式。

高考是一场集信念与激情、知识与技能、心理与体能、智慧与文化、奋斗与毅力等诸多元素于一体的综合战役，而且是一场持久战，需要高三全体将士（教师、学生、家长）倾全力效命，才能取得好的成绩。

一、新背景下的高考备考——德育是基石

德育的深层含义应该是教育文化精神的内核，是实现教育理想的支撑。

对待孩子，应该让他们从小学会自立，给他们机会，让他们有展示自己的信心，让他们在骄傲中长大，在自尊自爱中长大。接下来，我要分享一个故事。

一个流浪汉来到我家门前，他想向母亲要点吃的。这个流浪汉很可怜，他的右手连同整个手臂断掉了，空空的衣袖晃荡着，让人看了很难受。

我以为母亲一定会慷慨施舍的，可是母亲指着门前的一堆砖对流浪汉说："请你帮我先把这堆砖搬到屋后去，可以吗？"

流浪汉生气地说："我只有一只手，你还忍心要我搬砖？如果你不能帮助我，我不会怪罪，何必刁难我呢？"

母亲不生气，她对流浪汉笑一笑，然后俯身用一只手抓起了两块砖。当搬过一趟回来时，她温和地对流浪汉说："你看，一只手也能干活。我能干，你为什么不能干呢？"

流浪汉怔住了，他用异样的目光看着母亲，尖尖的喉结像一枚橄榄上下滚动两下。最终，他伏下身子，用仅有的一只手搬起砖来。一次只能搬两块，他整整搬了两个小时，才把砖搬完。

他累得气喘如牛，脸上有很多灰尘，几缕乱发被汗水濡湿了，斜贴在额头上。

母亲递给他一条雪白的毛巾，流浪汉接过去，很仔细地把脸和脖子擦了一遍，白毛巾变成了黑毛巾。母亲又递给他一杯水、一块面包。临走的时候，母亲递给他20美元。流浪汉接过钱，感动地说："谢谢你，夫人。"

母亲说："你不用谢我，这是你凭力气挣的工钱。"

流浪汉感激地说："我不会忘记你的。"他向母亲深深地鞠了一躬，就昂首上路了。

过了一些天，又有一个流浪汉来到我家门前，向母亲祈求施舍。母亲让他把屋后的砖搬到屋前，照样给他水和面包，还有20美元。

我不解地问母亲："上次你叫人把砖从屋前搬到屋后，这次又让人把砖从屋后搬到屋前。你到底是想把砖放在屋后还是屋前呢？"

母亲说："这堆砖放在屋前屋后其实都一样。"

我噘着嘴说："那就不搬了。"

母亲摸摸我的头说："可是，对流浪汉来说，搬砖和不搬砖可就大不一样了……"

此后，经常有一些流浪汉来到我们家，每一次母亲就会把过去的戏重演一遍，我家的砖就屋前屋后地被搬来搬去。

几年后，有个很体面的人来到我家。他西装革履、气度不凡，跟电视上那些成功人士一模一样。美中不足的是，他仅有一只左手，右边是一条空空的衣袖，一荡一荡的。

他握住母亲的手，俯下身说："如果没有你，我现在还是一个流浪汉。因为当年你让我搬砖，今天我才能成为一个公司的董事长。"

母亲说："这是你自己干出来的，与我无关。"

那人挺直身子，看着母亲说："是你帮我找回了尊严，找回了自信。就在那一天，我才知道，我还有能力做一些事情。"

独臂的董事长为了感谢母亲，决定赠送我们一套房子，比我们现在的好很多。

母亲说："我不能接受你的馈赠。"

"为什么？"

"因为我们一家人个个都有两只手！"

董事长坚持说："我已经替你们买好了。"

母亲笑一笑说："那你就把房子送给连一只手都没有的人吧！"

我们家有四个孩子，虽然我们的家境并不富裕，可是，我们长大之后都自立成才了。我的两个哥哥都得到了博士学位，我的姐姐现在是一家超市的经理，我是一名律师，马上准备竞选我们州的议员。

我的母亲年纪很大了，我们家的那一堆砖，有时候还会在母亲的指挥下被搬来搬去。

——摘自网络文章

读完上面的文字，大家不要以为我在向大家展示一个行善的故事。绝对不是，我想让大家读到的是，一个关于教育的奥秘。

你一定没有想过，我们的孩子来到我们生活中的时候，是不是很像那个流浪汉？他们没有能力，他们弱小，他们需要我们施舍，需要我们帮助……

可是，我们应该怎样帮助他们呢？

有的父母就真的把孩子当成了流浪汉，当成了乞丐。他们把衣服给孩子穿好，把碗筷端到孩子面前，把钱塞在他们手里，然后对他们说：看，是我在辛苦地养你！

如果这样的话，孩子真的就变成了流浪汉和乞丐，在父母日复一日的施舍中，他们慢慢就失去自信，失去尊严，失去生存的能力。

然后我们又会大声说：你怎么这么没有出息？你为什么啥都不会做？难道你将来还要我们养你？

请仔细回味一下故事内容，想一想这个母亲的用心，想一想她的做法：对待孩子，其实我们不也应该如此吗？

让他们从小学会自立，给他们机会，让他们有展示自己的信心，让他们在骄傲中长大，在自尊自爱中长大。

孩子来到我们身边的时候，他们确实弱小，但他们不是弱者；他们确实需要帮助，但绝不是施舍；他们不光要得到关爱，他们更需要得到希望和梦想。

思考：从现在起，检视一下自己的养育方式，看看我们在把孩子往哪个方向培养？

1. 立德树人求真。

2. 信念和激情——唯一的法器。

3. 时间与效率——专家说：在智力水平和教学环境相当的情况下，对学习结果起决定作用的是时间投入。

4. 温水煮青蛙——孩子们的倦怠与知识僵化。法国生物学家贝尔纳说：构成我们学习上最大障碍的是已知的东西，而不是未知的东西。

5. 去功利思想。

——人总得有那么一点精神。

——倡导正能量。

——为中华民族的伟大复兴而教书。

——为中华之崛起而读书。

达尔文说，任何改进，都是进步。南宁三中的干部、教职工也要抓德育：青年教师要有必要的精进；中年教师起中流砥柱作用；老年教师要垂范、宁静、从容。

二、新背景下的高考备考——理念是核心

方向对了，努力才会有好的结果，以下是高考命题的指导思想：

1.考试依据。根据普通高等学校对新生文化素质的要求，依据教育部考试中心制定的《普通高等学校招生全国统一考试大纲》来确定学科考试内容。高考命题将不受教学大纲、教材制约。

2.考查宗旨。考查对基本知识的掌握程度，考查学科素养和学习潜能；注重考查考生运用已有知识，独立分析问题、解决问题的能力，发挥高考命题对高中教学改革的积极导向功能。

了解学科素养是指学科、技能、学习经验以及学科思想和方法，学习潜能是指学习高校课程应具有的学习潜力，即独立学习的能力，搜集和整理信息的能力，观察问题、提出问题、探讨和解决问题的能力，等等。

3.命题原则。命题不拘泥于教科书，注重试题的创新性、多样性、选择性、探究性和开放性，强调学科的系统性知识和知识的内容联系，对支撑学科的主干（重点）知识保持较高的考查比例。

思考：熟悉命题专家的思想，高考理念和人才观，学科阅读。

学科素养，学习潜能，学科知识体系，远离教材，且越离越远。这是新高考对一线教师提出的挑战，要求教师要以教材为依托，构建起与新高考匹配的学科素养和知识体系，并能简明地呈现给学生，引领学生学科素养的提升和学习潜能的开发。

要求教师和学生要有丰富的学科知识，以下是推荐给各科教师阅读的书：

语文科为《语感论》《陶行知文集》，数学科为《古今数学思想》《数学万花镜》，英语科为《超越专业技术训练》《英语教学基础理论》，物理科为《世界科学史》《群星闪耀：量子物理史话》，化学科为《化学哲学新体系》《科学的旅程》，生物科为《物种起源》《美丽的树发现之旅》，政治科为《生活中的经济学》《大众哲学》，历史科为《中国史纲》《新全球史》，地理科为《徐霞客游记》《山海经》。

4. 聚焦课堂。问题导学法和材料导学法是值得尝试的改革方法。问题导学法是以问题为抓手、课文为载体、"思维导图"为核心解读与思维训练为主旨的一种教学模式。材料导学法是建立在打破教材原有体系，对教材内容进行重新事例基础之上的一种教学模式。

5. 主体课堂、微课、翻转课堂、慕课并举。利用互联网碎片化思维，学生每天可以上15—20节课，有的课10分钟左右——O2O模式（采用线上到线下的模式）。

6. 建立跨省际同级学校联盟。

三、新背景下的高考备考——研究是关键

教而不研则浅，研而不教则空。

（一）研究高考命题，确定备考方向和难度

高考命题存在必然性和随机性，命题组专家说他们潜意识里存在一个大约3年的考查期，由此若对3—5年的高考题进行系统分析和研究，会得出一些规律性的认识，其必然性与随机性并存。

另外，命题组专家会追求创新意识和求变思维，反猜题与出其不意。为此，我们的做法是，要求各备课组在每年的高三准备期，研究近3年的各地高考卷，共同确定本学科的备考方向和强度，确保针对性。

（二）研究高考质量分析报告，确定教学改进方向

1. 以考生典型失误分析为例。

（1）阅读能力欠佳。即考生从试题中获取和解读信息的能力不足，是近年高考失分的最主要原因，占失分总量1/3左右。

（2）对所有事物认识不全面。对概念、原理理解不到位，占失分总量1/4左右。

（3）思维能力欠缺。分析与综合、比较与归纳、推理与判断、抽象与概括等思维和论证能力不足，仍然是学生失分的主要原因，占失分总量1/5左右。

（4）知识迁移能力不够。占失分总量12%左右，并呈上升趋势。

（5）表达能力不够。

（6）教材知识体系的缺陷。

（7）答题方法和技巧有待提高。

2. 聚焦学法指导思考。

（1）努力改掉坏习惯——训练必限时。

（2）主动听课远比记笔记重要——相信课堂。

（3）预习比课后作业重要——先弄懂知识。

（4）消灭乱涂乱画——培养严谨素养。

（5）努力把错题做对——真正做到纠错。

3. 高考试卷阅读量及答卷书写量分析。

（1）审题时间按照正常阅读时间的 3 倍来计算；语文、政史卷正常阅读速度是 500 个字符 / 分钟，数学卷正常阅读速度为 250 个字符 / 分钟，地理卷正常阅读速度为 350 个字符 / 分钟，英语卷正常阅读速度为 200 个字符 / 分钟。

（2）答卷书写时间按正常书写速度的 2 倍计算，数学卷按 4 倍计算，物理卷按 2.5 倍计算，汉字及数字符号的正常书写速度为 50 个字符 / 分钟，英语卷正常书写速度为 35 个字符 / 分钟。

（3）试卷中的图片按每图 50 个字符计算。

表 1　审题、答卷时间分析·新高考文综卷

项目	2007 年	2008 年	2009 年	2010 年	2011 年	平均
试卷字符数（单位：个）	7439	8177	8427	9124	9365	8506
答案字符数（单位：个）	1492	1752	1613	1817	1839	1702
考试时间（单位：分钟）	150	150	150	150	150	150
试卷阅读量（每分钟阅读字符，单位：个）	50	55	56	61	62	57
答卷书写量（每分钟书写字符，单位：个）	9.95	11.68	10.75	12.11	12.26	11.13
审题所需时间（单位：分钟）	45	49	51	55	56	51
答卷所需时间（单位：分钟）	60	70	65	73	74	68
可能剩余时间（单位：分钟）	45	31	34	22	20	31

（三）研究学生

1. 研究班主任管理艺术。

（1）班主任的视野。

（2）班主任的知识结构。包括大脑科学、营养科学、心理学知识、高考备考技术、运动竞技的相关理念、填报志愿知识。

（3）班主任的说理能力。

（4）班主任的守护能力。

（5）班主任的"传帮带"。

2. 研究学生进入高三的认知水平。

为了解学生进入高三学习一个多月以来的学习及心理等各种状态，我们对高三全体学生进行了一次问卷调查，希望通过调查及时发现问题，不断改善学习状况，以便为高三的冲刺做好准备。本问卷结构包括学生信心、学习状态、学习方法与策略、学科学习调查、时间管理、情绪管理、睡眠管理、饮食管理及营养、成就归因、其他等多个方面，由27道封闭式问题、2道半开放式问题和3道开放式问题组成，共收回有效问卷801份。

（1）进入高三学习后，目前你的信心：

大为增长、充满自信	比以前有信心、比较自信	内容越多越难，不太自信	内容越多越难，我完全没有信心
11.5%	57.5%	29.1%	1.9%

（2）对于进入高三的学习生活，你感到：

已经做好准备	有点心慌慌的感觉	心里完全没底	无所谓
34.8%	51.5%	6.5%	7.2%

（3）对于目前的学习状态，你感到：

很满意	比较满意	不太满意	不满意
2.5%	56.4%	35.6%	5.5%

（4）对于各科的学习方法，你觉得：

各科都有一些自己的方法，学习效率还比较高	有些科目的方法掌握得比较好，有些科目就不行	大部分科目找不到自己的方法	完全没有自己的方法，都是老师布置什么作业就做什么作业
9.4%	74.9%	11.1%	4.6%

（5）现在你对白天的课堂学习总体感到：

能较好地跟上老师的课堂频率，不辛苦	基本跟得上老师的课堂频率，不太辛苦	勉强听得懂老师的课，觉得比较辛苦	很多课听不懂，感觉难受、很辛苦
30.5%	57.2%	10.7%	1.6%

（6）对于所学习的内容，你都有自己的计划：

完全符合自己的内容	大体上符合自己的情况	不太符合自己的情况	完全不符合自己的情况
4.7%	74.9%	18.5%	1.9%

（7）与2014届学生学习策略对比：

调查项目	有效问卷（份）	复述策略	精加工策略	组织策略	计划策略	监视策略
2015届	943	62.4	59.6	53.3	60.8	63.5
2014届	930	61.5	54.8	51.7	58.8	61.7
调查项目	有效问卷（份）	调节策略	时间管理策略	学习环境管理	努力管理	多向互动
2015届	943	37.5	48.9	63	75.6	45.4
2014届	930	67.9	46.6	61.5	76	55

3.研究备考过程中学生的接纳度与需求。

4.研究年级阶段性学生工作重点。

5.研究学情。

6.研究冲刺阶段的策略。

裸考年代增一分计划——实现最后阶段的有效增分，明确增分方向，使用增分方法。增一分计划，即明确增分方向，找到增分点。定性你的错误类型，如题型不熟、考点不清、解法不明、审题错误、计算错误、抄写错误、书写错误。

（四）研究训练

1.用好考试功能，优化训练效果。

考试具有多重功能，即反馈功能、验证功能、导向功能、强化功能、训练功能、激励功能、排序功能、奖惩功能、试误功能、改进功能。应充分利用试误功能和改进功能。失败不是成功之母，认真反思和及时修正才是成功之道。推行SK试卷分析技术，将所有错题逐一分析。

2.全面模拟高考，提高实践效益。

我们既重视模拟考试，也重视模拟高考命题和模拟高考改卷。

（1）命题。

①模仿近3年的全国卷或地方卷命题模式完成组题命题工作：难度、知识点、题号顺序、学科顺序。

②召开备考组会议，进入"说题"环节，由板块命题负责人就自己对题目的思考进行说明。

③认真填写命题双向细目表，将试题提交到年级组。

（2）评卷。

评卷工作同样严谨而规范。备考组先进行试评，定出评卷细则，然后才正式开始全面评卷工作；在考后还必须提交教学反思，为年级质量分析会提供素材。科研处帮助年级做考试质量分析，每次考试后所展示的质量分析数据翔实，击中要害，为高考备考方案的调整提供有力保障。

3.分析。

第一轮复习存在问题：综合分析问题的能力还比较弱；计算题书写不规范；实验能力有待加强；应试技巧不够。

第二轮复习学法指导：重视基本知识、基本方法、基本规律；构建知识网络，注重建构模型；提升审题能力，遵守答题规范，掌握应试技巧；利用套题训练进行答题得分训练，强化答题时间分配。

4.重视综合科目，保障总分提升。

开展综合科目的专项训练，有针对性训练，如选择题专项训练，应对综合科目选择题分值高的现实。

5.研究学科知识体系。

回归课本是一个过时的概念，最后阶段应该是回归能支撑新高考应考的学科知识体系。

四、新背景下的高考备考——管理是保障

（一）健全机构，协同作战

1.领导小组。

2.质量监控小组。

3. 自主招生小组。

4. 班主任工作小组。

5. 家长委员会。

（二）统一思想，保障有力

1. 领导小组的指导思想：人文、民主、科学、有序、务实。

2. 教师团队的指导思想：以团队为依托，以研究为先导，以学生为主体，以实效为宗旨，以创高考最好成绩为目标。

3. 学生团队的指导思想：志存高远，脚踏实地，坚持到底。

4. 家长团队的指导思想：走进心灵，重在沟通，全程陪护。

（三）用心守护，锁定胜利

1. 借鉴运动竞技的经验。

2. 临门一脚的守护，如 6 月 6 日晚、6 月 7 日晚。

3. 填报志愿。

信念与激情

守道与超常

狭路相逢勇者胜

勇者相逢智者胜

智者相逢仁者胜

一切皆有可能

（本文为 2016 年 5 月 20 日对即将迈入高三的 2014 级教师的讲话，收入本书时有删改）

奠基人生*

我们沉痛的记忆定格在 2008 年 5 月 12 日，一场突如其来的特大地震使汶川部分地区顷刻间变成废墟。就在那短暂的瞬间，在生命中一个看似平凡的时刻，来不及落泪，来不及张皇，甚至来不及明白什么，在地动山摇中仍坚守在工作岗位上的普通教师，却在这一瞬间作出了生死抉择。

他们只是普通平凡的人民教师，在这一瞬间，都毫不犹豫地把生的希望留给学生，把死的危险留给自己。是什么让他们在一瞬间有了舍生忘死的勇气？是什么让他们在痛失亲人的情况下选择了坚强？他们在生命最后的时刻交出了自己的答卷：是对学生无声的爱，是深藏在内心的德，是作为教师的神圣责任。他们用爱点亮了生命的蜡烛。生死关头，这些平凡而伟大的教师用生命谱写了爱的赞歌，他们的爱让无数生命的灯亮了起来，也让我们的心灵亮了起来。他们用爱和责任挽救了生命，没有任何惊天动

＊ 本文发表于《广西教育》2008 年第 33 期，第 33 页。

地的言语，却用最后一丝气息托起了生命的光环，点亮了民族的希望。他们心中只有一个坚定而自豪的信念———我是一名教师。

高尚的师德精神集中体现在地震的瞬间，爆发在危急关头，感动中华大地，立起硕大丰碑。而在没有生死抉择的平常生活中，身为一名教师，如何去演绎这份大爱、大德、大责呢？我认为可从以下几个方面来认识：

第一，善待每一名学生，用爱引领每一名学生的生命良性发展。相信每一位教师都会遇到令人头痛的问题学生，但不抛弃、不放弃应该是教师从教的原则。我所带过的 1997 级学生小陈曾经是一个沉溺于网络游戏、不合群、不思进取、经常逃学的少年，家长和教师都很无奈。而我主动与他交朋友，在深夜把他从网吧拉回家，让他感受师爱，渐渐远离网吧，回归班集体，同时我还动员各科教师帮他补上落下的功课。迷途知返的小陈焕发出生命的热情，顺利考上了广西大学，大学期间还入了党，毕业时参加组织选调，自愿到百色革命老区服务，现在已是一名颇有作为的乡镇干部了。

第二，垂范作用———让更多的孩子受益。在汶川特大地震涌现出的英雄教师中，有很多是 80 后青年教师，他们的生命定格在了最美的青春年华。他们的壮举告诉我们，不要质疑 80 后的年轻教师，他们同样对学生具有厚重的爱和责任感，所欠缺的仅仅是执教的经验。作为长者的我们，作为先优秀起来的我们，应毫无保留地把宝贵的教学经验和他们分享，让他们迅速成长起来，使更多的孩子享受更优质的教育。现在，我一人兼三职：高三毕业班物理教师、教务处主任和高一两个实验班班主任。有同事问我："你不要命了吗？"而我的回答是："我要让生命更精彩。"在工作中我能感受到学生生命和灵魂的脉搏在跳动，我能体验到教师职业的崇高。如何把这种大爱、大德、大责传承下去，如何让更多的生命散发出光彩，这是我们承担的责任和义务。

第三，尝试改变自己———提供高规格的教育。改革开放 30 年，我国的经济实力得到了长足发展，但在整个世界格局中所占的比重仍然偏小，是个发展中的国家。同时，我国经济也正面临着严峻的挑战，有能源危机、人民币升值、通货膨胀、由制造中心向创造中心转型等许多关系到未来发展大计的问题亟待解决，这需要大量具有创新精神的精英支撑起中华民族的发展大业，而教育工作者应承担起为国家培养更多具有创新思维品质的精英的责任，改变学生的评价体系，坚定课改，构建和谐教育氛围，发展学生个性，拓展思维，培养学生的创新能力，因为学生是民族未来希望之所在。今后我会以更饱满的热情和最博大的爱投入教育教学工作中，让一棵棵幼苗在我的精心培育下茁壮成长。铸我师魂，扬我师德！我认为这也是向为保护学生而献身的教师们告慰的最好的方法。

5月的地震让我们沉痛，也让我们感动，当我们重新审视生命时，突然发现生命比我们想象中的更可爱、更有价值。罗曼·罗兰说："我称为英雄的，并非以思想或强力称雄的人，而只是靠心灵而伟大的人。"这些平凡但心灵伟大的教师深深感动着我们每一个人，同时，也燃起了我的生命激情。

大爱、大德、大责，不仅奠基了教师的生命，同时也奠基了更多即将走向精彩的人生。请记住，也许你的力量很微弱，但只要你能幸福一个人，一能传十，十能传百，百就能生出万千！

第四篇

美其众材，琢玉成华

风物长宜放眼量

　　从求学的角度来说，高中是学生行为习惯养成最为重要的时期，高考更是一次"人生大考"；而从人生的角度而言，高中意味着从未成年到成年的生命进阶，经过 3 年的准备，你是否已经做好迈入独立人生的准备？乔布斯说过："学历是铜牌，能力是银牌，人脉是金牌，思维是王牌。"思维是什么？从学术的观点来看，思维是人类所具有的高级认识活动；按照信息论的观点，思维是对新输入信息与脑内储存知识经验进行一系列复杂的心智操作过程。思维就是洞察力，是价值观，是最具战略的策划能力，是运筹帷幄的智慧；也是一种思考、说话及做事的实操能力，是一种生存与发展的必然能力。它是成功者和失败者之间、先行者和落后者之间的真正差别。高一学生应郑重地思考高中阶段的真正意义和价值，以及如何通过高中 3 年为独立人生奠基，为绚丽青春布局。

一、树立远大理想，实现生命价值

政治素养在个人素养中居于首要和根本地位，对人生具有决定性的影响。在古代有"横渠先生"（北宋理学大师张载）"为天地立心，为生民立命，为往圣继绝学，为万世开太平"的宏伟志向；在近代有周恩来总理"为中华民族之崛起而读书"的时代强音。那么，我们现在读书为了什么？是为了家庭、为了家乡，也是为了国家和民族！因为个人利益和国家利益从来都不是彼此独立的，没有国哪有家？没有国家强盛，又何谈民生安定？

教育的根本任务是"立德树人"，我们要培养的人是社会主义事业的建设者和接班人，南宁三中向来崇尚"德育为先"，我们希望从南宁三中毕业的学生不仅学业成绩优异，而且信念坚定、有家国情怀。为此，学校做了很多努力，如邀请部队指战员为高三学生讲授主题为"坚定信仰，高擎精神火炬"的国防教育课，黄河清校长为全校师生作了《胸怀祖国，放眼世界》的专题报告。近年来，南宁三中学生报名空军 30 多人，考入军校 5 人。2019 年，南宁三中学生报考医学类上百人。当今世界不是绝对的和平，2019 年的 G 20 峰会前夕，美国再度威胁对中国加征关税，外交部回应：中国人从来不吃这一套！我们明显地看出来，大国博弈里中国人的志气和底气，但更需清晰地认识到，面对强权政治和激烈竞争，只有自身发展才能有足够的底气。国家如此，个人也应如此。

二、坚持全面发展，打造幸福人生

南宁三中是广西优秀学子向往的求学圣殿，但这里的"求学"绝对不会是"死学"，我们对学生的要求是成为德智体美劳全面发展的优秀高中生。为了助力学生实现这个目标，学校一直在探索，从最初比较零散而机动的尝试到现在相对成熟而科学的育人体系，我们走过了近 20 年的时间。学校的教学成果《高中"实践型"德育课程十九年改革与探索》获得 2017 年广西基础教育教学成果奖一等奖、2018 年基础教育国家级教学成果奖二等奖。这些荣誉属于为了实现"学生全面发展"而付出努力的南宁三中全体师生。现在我们就来领略一下南宁三中"四礼五节五会九赛"的魅力。

表 1　南宁三中"四礼五节五会九赛"

四礼	入学生涯规划教育、昆仑关爱国主义教育、成人仪式、毕业典礼
五节	读书文化节、科技创新节、映瞳影像节、新蕾艺术节、社团活动节
五会	校运会、元旦通宵晚会、高一合唱音乐会、高二交响音乐会、高三壮行音乐会
九赛	金莺辩论赛、MVJ 主持人大赛、墙画大赛、Spelling bee 英语拼写大赛、汉字听写大赛、篮球联赛、羽毛球联赛、乒乓球联赛、足球联赛

三、关注成长的思想力

我们需要关注成长的"三驾马车"：思维模式、行为习惯、运动健康。这三者缺一不可，是我们实现远大理想、获得幸福人生的关键。我们都生活在一定的时空里，因此，我们的成长也是有坐标的，包括时代坐标、内心坐标、比较坐标。我们要了解我们所处的时代，中国与世界的关系。中国正在走进世界舞台中央，构建人类命运共同体需要中国推动。思想力的形成需要政治素养的支持。中国积极推进改革的进程不仅仅改变了中国人的生活，提升了中国的国际地位，更成为世界经济增长的第一引擎。相信中国会在未来 5 年中脚踏实地步入一个更加可持续发展的阶段。中国人民从站起来走向富起来，更要从富起来走向强起来。中国在快速成长起来的过程中也面临着很多问题，同时也面临着西方国家对中国发展的警惕与危机预警。在这个特殊的时代背景下，我们要想起周恩来总理的那一句话：为中华之崛起而读书。我们应该成长为国之栋梁、国之重器。

思想力要有时代素养。这是一个互联网的时代。人工智能的到来，不仅代表着产业的重大变革，同时也预示着未来更多的人或将无工可打。如果说，以前几次技术革命，顶多是人的手、脚等身体器官的延伸和替代，那么这次人工智能将成为人类自身的替代，它对整个社会的冲击将是前所未有的。各行各业都面临着人工智能的挑战。可以预见，未来可能没有一个行业能够离开"智能"这两个字。而智能之后，接踵而至的就是"无人"：无人超市、无人物流、无人加油站、无人驾驶、无人酒店……有学者分析，面对步步逼近的人工智能，你有 3 个选择：一是积累财富，成为资本大鳄；二是积累名气，成为独特个体；三是积累知识，成为更高深技术的掌握者。这也就是为什么国家于近日突然宣布：2030 年一定要抢占人工智能全球制高点，还要在中小学设置人工智能课程。新的时代即将来临，我们要有意识地提升自己，方能赶上时代的潮流。是的，面对人工智能，我们改变不了科技的进程，但是，我们可以改变自己，以及我们下一代的知识结构。

"未来已来，将至已至！"高中新课改不断逼近，它明确了高中教育新定位："三适应"和"一奠基"，即适应社会生活（社会人）、适应高等教育（学术人）、适应未来职业（职业人），奠定终身发展（发展人）。新课改之后，高中课程结构也会进行改变：必修课程是为了促进学生全面发展，选择性必修课程是为了促进学生个性发展，选修课程则是为了促进学生特长发展。国家新规定的高中学生素养描述为：具有理想信念和社会责任感，具有扎实的科学文化基础和终身学习能力，具有自主发展能力和沟通合作能力。作为新时代的青年人，如何应对时代的巨变？同学们，这是你们需要思考的问题。我认为，我们首先要做到的就是让自己的内心世界去功利化，静下心来学习，静下心来读书。因为读书，是为了遇见更好的自己和更好的世界。

四、关注自己的学习力

学习力是指一个人或一个组织学习的动力、毅力和能力的综合体现。个人的学习力，包含知识总量（学习内容的宽广程度和开放程度）、知识质量（学习者的综合素质、学习效率和学习品质）、学习流量（学习的速度及吸纳和扩充知识的能力）和知识增量（学习成果的创新程度以及学习者把知识转化为价值的程度）。

我希望，同学们学会培养自己的学习力。从哪里入手呢？我建议从学科阅读开始，如阅读《从杨辉三角谈起》《化学词典》《总统是靠不住的》《徐霞客游记》《世界遗产大观》等书籍。这是学好各学科内容的基础。另外，我希望同学们聚焦深度学习。深度学习是指在老师的引领下，学生围绕具有挑战性的学习主题，全身心积极参与、体验成功、获得发展的有意义的学习。

深度学习具有以下特点：第一，贯彻自身认知的基本理念，促进学生体验性学习。第二，明晰高阶思维的教学目标，促进学生理解性学习。第三，追寻新旧知识的内在关联，促进学生整合性学习。第四，营造和谐平等的对话氛围，促进学生交互性学习。第五，创设任务导向的真实情景，促进学生迁移性学习。第六，注重及时反馈的持续评价，促进学生反思性学习。

如何实现深度学习？一是实现经验与知识的相互转化。二是让学生在教学活动中成为真正的教学主体。三是帮助学生通过深加工把握知识的本质。四是在教学活动中模拟社会实践。五是引导学生对知识及知识的发现、发展过程进行价值评价。

学习的目的是让我们成为更好的人，而不只是获得毕业证。为了增强学习力，并完成"大学习"的任务，养成好的习惯和品格，我希望每一名同学在未来的 3 年中尽力去完成以下这 18 件事：①至少读 100 本好书，这些书要涉猎 10 个领域以上；②选择一个人，长时间去帮助他或她；③养成每天做一件自己认为有意义的事的习惯；④至少认真完成一项研究，可涉及领域有科学、历史、艺术、经济；⑤想办法交一个外国朋友，并通过他或她尽可能多地了解他或她的国家；⑥至少发表一篇文章，可以发表在报纸、杂志上，或发表在学校编印的论文集、作文集上，也可以建一个博客网站；⑦至少经过自己的努力获得一次奖励（比较重要的）；⑧至少参加一个社团，并努力使自己成为这个社团的积极分子或骨干；⑨至少培养一项体育爱好，这项体育爱好是你准备终身从事身体锻炼的；⑩培养一种艺术爱好；⑪至少开拓一个新的兴趣领域（零起步的领域或爱好）；⑫去打一个月的工，可以去做志愿者或义工，但是要像正式的工作人员一样遵守时间，尽职尽责；⑬至少有一项发明的设想或设计；⑭做一次挑战自我的事情，创一项自己的纪录；⑮选择一个人，深入了解他或她的生活经历或生平（或研究一个历史人物，可以结合其他项目来做），如可能的话，为他或她写一篇传记；⑯养成长期观察和记录的习惯（不一定要深入研究，可以仅是积累）；⑰至少学做 4 个地道（最好具有自己的创造特色）的中国菜肴；⑱培养一种手工制作的兴趣或爱好。

以上这些是教师们给的建议，也许同学们想的要比我们想的更多、更丰富。我相信，如果一个孩子能完成这 18 件事，他或她会成为一个与众不同的、会生活、会工作、有修养、有品位的人。

五、关注自己的行动力

我们要关注外面的世界，更要关注自己的内心世界。读书，是为了遇见更好的自己和更好的世界。请相信一句话：有梦想，谁都了不起。请同学们思考：自己的青春应该以何种方式绽放？可以从下面4个问题展开：

一是我来南宁三中干吗？二是我要做什么样的人？三是我今天做得怎么样？四是我现在的行动能否匹配心中的梦想？

这4个问题不只是今天要思考，我希望同学们在南宁三中的每一天都要反复思考，3年后你的青春将以何种方式绽放就取决于你每一天是怎样度过的，有没有清晰的目标和行动力。

何为行动力？行动力是指策划战略意图，具备超强的自制力，同时能够去突破自己，实现自己想做而不敢去做的，或者是自己认为能力不足的事，制订计划就下定决心一定要去实现。最后还有3点建议：一是培养有益于一生发展的思维模式和良好习惯是高中生活的重大使命。二是在传统与现代完美结合的环境中成长。三是关注也是生产力。

我希望，同学们可以实现自信、自律、自强。自信，即人格自信、人品自信、能力自信、品味自信。自律，即生活自律、学习自律、情感自律、公德自律。自强，即目标自强、过程自强、修正自强、结果自强。南宁三中的教育维度是多元的，包括生命安全教育、知识教育、思想品德教育、情感教育、审美情趣教育、和谐教育、创新教育、孝道教育、对比教育。但是我希望你们具有两个最重要的维度：一流的学习力、一流的情商。这些目标的实现关键在于行动力。

我希望，同学们能够管好时间、管好内容、管好情绪、管好习惯。人的潜力是巨大的，请务必相信自己！积极行动起来吧，同学们，全力投身于你们火热的校园生活，崇尚一流，追求卓越，启迪智慧，活泼身心，强健体魄，收获幸福，遇见独属于你们的诗和远方！

俯身擎帆渡瀚海　仰首逐梦抵苍穹

第一，认识要提升。正确认识现状，正确认识高二。

第二，角色要转变。做好高一角色转变，上有高三，下有高一，做好高二的角色。

第三，总结反思要提升。认真总结反思高一的得失，对高二每个阶段的考试要学会深入总结反思。

第四，明确目标，追求卓越。高考目标是什么，过程如何把控，细化到每次月考、每个科目，制订切实可行的目标。

第五，强化纪律意识，拒绝诱惑。要从高二顺利迈入高三，离不开铁的纪律。

第六，增强刻苦拼搏的毅力与自控力。毛泽东主席曾说过："要振作精神，下苦功学习。下苦功，三个字，一个叫下，一个叫苦，一个叫功。"我以为：所谓下，就是立志、行动，有决心，有信念；所谓苦，就是要承受得艰苦、挫折、打击和失败，耐得住寂寞，就是意志与毅力；所谓功，就是不折不挠地做下去，不退缩、不回头，永不屈服、永不言弃，坚持不懈。

第七，强化责任与合作的意识。对自己负责任，对集体负责任，心里装着集体和他人，只有善于合作，才能走得更远。

2018 年，经济合作与发展组织（OECD）和亚洲协会的全球教育中心发布了《在瞬息万变的社会中，培养学生全球素养》，首次对学生培养提出"全球素养"这个概念。全球素养要求：提升沟通能力、计划和组织能力、团队精神、自我管理能力、问题处理能力、学习能力 6 个维度的能力。

今天是高二开学的第一天，什么是开学应有的状态呢？即有严明有序的行为习惯，不虚度光阴的时间观念，张弛有度的自我调整意识，坚持下去的意志力。不乱于心，不困于情，不畏将来，不念过往，不忘初心，不断自觉植入名校基因，追求卓越！

新的挑战正向你们走来，新的难关等待着你们去攻克，面对这些，请不要畏惧，不要低头，因为高二年级所有教师与你们同在，你们走得艰辛，但并不孤独，教师是你们坚强的后盾，面对未来，我们将一如既往，风雨同行，直至将你们摆渡到理想的彼岸！

（本文为 2018 年 8 月 19 日在学校图书馆报告厅对 2017 级学生的讲话，收入本书时有删改）

搁置争议，发展才是硬道理

　　你们光荣地成为高三特训营的一员！这意味着你们已成长为南宁三中最优秀的学生，已成长为广西最具实力的考生，已成长为中国最具潜力的青年人才！这是一份责任，更是一份荣耀。

　　为了你们的成长，学校做了最尖端的顶层设计，为你们配备了最优秀的师资队伍。也许，你们不得不告别昔日春风化雨般的恩师，不得不割舍一段朝夕相处的师生情谊，但前路漫漫，成就更好的自己，才是对恩师的最好回报。新的教师、新的团队，也必将与你们同舟共济、勇往直前！

　　孩子们，我希望你们开放包容，增强对新团队的情感认同。

　　我很高兴你们是感念旧恩的有情有义的孩子，我也希望你们能以赤子之心继续接纳新任教师，以开放包容的姿态感受新任教师的魅力。学习一门学科，如同追一部电视剧，如果喜欢主角，即便剧情一般，也能愉快地把剧看完；如果不喜欢主角，哪怕剧情精彩纷呈，也难免鸡蛋里挑骨头、诸多不满。而抵触的情绪会降低我们的效率，会瓦解我们前行的斗志，会松懈我们团队的凝聚力，我们必须果断地抛弃抵触的情绪，共同营造新团队和谐、温暖、阳光、向上的氛围。

百花齐放，各美其美，我们需要打开胸怀，放下偏见，学会欣赏不同的美。牡丹雍容华贵，君子兰香远益清，我们又何必强求君子兰多一份雍容，牡丹多一份淡雅？不同的教师、不同的风采，大家各尽其才、各施其能，即便方式不同、风格迥异，也终将与你们拧成一股绳，朝着共同的目标奋进。孩子们，我希望你们能开放包容，真诚地而非勉强地热爱你们的教师，如同繁茂的花园能容纳七彩的花朵，浩瀚的大海能接纳来自五湖四海的溪流。

孩子们，我希望你们搁置争议，实现各美其美、共同发展。

进入特训营，慢悠悠的"绿皮火车"变成了"动车"，知识的小舟变成了"复兴号"巨轮。急速行驶，已让一些同学感到不适；各种难题频出，更让一些同学叫苦不迭。你们发出了各种不同的声音。你们拒绝打击，渴望有更多的成就感；你们挣扎迷茫，担心跟不上疾驰的飞船；你们甚至质疑，这些付出是否值得。孩子们，欲戴皇冠，必承其重。没有什么成功是一蹴而就的，欲成大器，必须经过艰难困苦的磨炼，请你们搁置争议，与我们并肩前行。

学校的顶层设计，就是为你们的前行保驾护航。从知识到素养，从应试能力到意志品格的培养，从"五育"并举，到厚植"家国情怀"，学校的教育理念一直与时俱进，站在时代的前沿。从方法举措上，学校致力于打造最好的平台，做最完善最科学的设计，让你们在成才的道路上走得更远。

第一阶段（9月至10月），让我们凝心聚力、树立信心；第二阶段（11月至次年1月），让我们固本强基、厚实资本；第三阶段（次年2月至次年4月），让我们精讲巧练、奠定优势；第四阶段（次年5月至次年6月），让我们规范熟练、确保胜利。

除此之外，我们要以纪律做强大的保障，以品格做坚实的盾牌。以严格的管理激发潜能、硬朗作风；以自主学习、研究性学习突破个性化错误；以天天跑操、清朗教室来储备体能、文明精神；以有益身心的调节活动，减压减负、活泼身心；以全面自律来笃行明志、强大自我。

孩子们，个人的力量是有限的，团队的力量是无限的，让我们搁置争议，齐心协力、各美其美，最终成就彼此的荣光。

孩子们，我希望你们胸怀家国，与时代的发展同频共振。

没有高瞻远瞩，就没有诗和远方；没有家国之志，就没有大品格大成就。新时代呼吁我们成为更优秀的人才，呼吁我们成为对社会对人民有益的人才。"清朗行动"让一些明星黯淡无光，因为他们无视国家利益、法则，只为自己谋私利。华为的"中国芯"则沸腾了中国人的热血，赢得了更长远的发展。孩子们，在前行的路上，勿忘家国。当家国情怀不再是空洞的政治，不再是镜头前的作秀，而是渗透到你们的血液中，贯彻到你们的言行中，我们的教育才水到渠成。

教材不是世界，世界才是教材。期待你们的发展与时代同频共振，期待你们早日成为国之栋梁、国之重器！

孩子们，感恩你们遇到的人和事，珍惜别人对你们能成为更好的自己的忠告和建议，不辜负人生最有意义的时光，做有福气有志气的孩子！

（本文为 2021 年 9 月在高三特训营的讲话，收入本书时有删改）

决胜考场之外

高三是人生面临的新转折点，高三日子也是决定人生因素的转折点，是知识积累、心理素质、体能习惯、应试能力等的综合考验。两届高考成绩优异的背后源于科学合理的备考，源于考场之外的"高三日子"。

一、高考的决定性元素

（一）知识准备

新课程改革以来，高考试题更多源于生活、生产、科技等，而且试题也越来越灵活，重在考查学生分析问题、解决问题的能力。这对学生的能力要求比较高，要求学生能够熟练地运用自己手中的"知识钥匙"灵活变通地打开"各个考题"。因此，高考备考中，需要学生抓牢抓实学科知识，做好知识体系的归纳总结，构建纵横知识网络。

（二）体能准备

柏拉图说："为了让人类有成功的生活，神提供了两种管道——教育与运动。我们也越来越意识到，这两种管道是相辅相成、缺一不可的。"可见运动的重要性。

然而，许多高三师生认为这段时间应该抓紧复习，暂停一下体育锻炼对健康影响不大；也有人认为高考复习期间时间非常紧张，每天花时间在体育锻炼上是一种浪费；还有人认为体育锻炼会导致学习时犯困，影响状态，还不如不锻炼；等等。因此很多高三学生在高考复习期间往往不愿意参加体育锻炼，其实这都是错误的观念。

美国芝加哥做了一项"零时体育计划"的研究。在一所中学实施零时体育计划，即在没正式上课之前，让学生早上 7 点到校做运动，要运动到学生的心跳达到最高值或最大摄氧量的 70%，才开始上课。

一开始家长都反对，孩子本来就不愿早起上学，再去操场跑几圈，岂不一进教室就打瞌睡？结果正好相反，学生反而更清醒，上课的气氛好了，记忆力、专注力都增强了。一学期下来，这些学生的阅读、理解能力比正规上体育课的学生高了10%，而且打架事件也减少了。在全美国 30% 的人过胖时，他们学校只有 3%。这些数据开始让美国的父母看到运动对孩子的学习和行为的帮助，就不再反对"零时体育计划"了，反而早早地把孩子送到学校运动。现在美国已有很多州在推行这个"零时体育计划"。研究者发现在斯坦福成就测验中，那些体能好的学生数学成绩高于全体 67% 的人，英文成绩高于全体 45% 的人。2004 年由小儿科医生、认知科学家等组成的团队对美国学生健康做了一个评估，发现一周只要运动 3—5 次，每次30—45 分钟，就能大大提升孩子的记忆力、注意力和教室行为的正向效果。

高三学生每天可以根据自身时间和身体情况制定运动种类和时长规划，如最有效、最可行的慢跑。

（三）心理素质的历练

高三学生在实现高考梦想的征途中几乎都会遇到这样或那样的困难与挫折。一是目标大学录取成绩与月考成绩差距较大，学生心情低落、心生不满。二是考试成绩上下浮动较大，成绩不稳定，学生会出现自我怀疑、自我否定的消极思想。三是弱科未能提升，强科优势不明显，学生陷入迷茫状态，迷茫于自己的学习、迷茫于高考的意义。四是学生心理不稳，出现高考"疲劳烦躁期"。临近高考，个别学生身心疲惫，情绪低落，心情烦躁，学习状态不好；个别学生急于求成，忽略基础，过于浮躁；个别学生缺乏恒定、清晰、强有力的高考奋斗目标；等等。上述问题将会影响学生在冲刺阶段成绩的提升。

高考过程其实也是心理素质历练的过程。很多同学在多次失败的打击下，令人惋惜地放弃了努力，甚至有的同学在一次不理想的考试之后就开始灰心、绝望。其实，成功就在你绝望、准备放弃的背后。

最浪费时间的一件事就是太早放弃。我曾经对南宁三中 500 多名高三毕业生进行一项成功心态调查，比较成功者和失败者之间的差异。结果发现，只有依据"考试成功的信心"能够将他们区分开来。成功者坚信自己能够成功，哪怕他们正遭遇有史以来最惨烈的失败；失败者不相信自己最终能获胜，哪怕自己的考试成绩比其他同学都好。

这个研究结果告诉我们：要想取得成功首先要坚信自己能够成功。自信是通往成功大门的钥匙。

（四）应试技巧积累

高考是一场换了地方的考试，是考试就涉及应试技巧。应试技巧因人而异，不同的学生面对考试的应激反应也不一样。面对高三数次考试，学生可根据自己的情况，不断积累和修正自己的应试技巧，善于考试，最终给自己一份满意的答卷。

首先是克服怯场，树立信心。一定要调整心态，答题前深呼吸，克服怯场，树立信心。信心是成功的一半，没有信心就没有希望，如果信心不足，临场就会心慌意乱，影响自己应有水平的发挥。

其次是合理把握时间，延长有效时间。学生高考时争取做到会做的全部完成，不会做的暂时跳过，后面有时间再回头做，争取在有效的时间内取得最好的成绩。尤其是理综试卷，答题技巧十分关键，分值大且易失分，时间的有效利用是取得理想成绩的关键。

最后是认真审题，减少失误。审题一定要仔细，抓住关键词，分析清楚问题的含义再答题，一味地追求速度反而考不出理想的成绩。例如，化学试题中"无色溶液"和"有色溶液"等，尽管看上去很简单，但却是答题的关键，一旦忽略，肯定会出错。所以，在平时的训练中一定要重视审题的重要性，仔细审题，认真解答，才能减少失误。

（五）应对各种变化的能力

应变能力是指对偶发事件的分析、反应、处理的能力，是当代人应当具备的基本能力之一。对学生而言，应变能力既是对学生知识储备的评判，也是对学生备考经验的检验。高考期间，突发事件是不可避免的，虽然考试时间是固定不变的，但是考查难度、考查方向、天气状况、身体因素、抗压能力等对学生而言是变量。

以试题难度为例，近年高考对学科知识深度、思维广度、思想高度的考查要求提升了，比如 2021 年高考物理学科，广西均分为 29 分（满分 110 分），应该如何应对呢？在备考过程中，学生应充分认识到高考各种可能现象，创设各种角度、多种方式的训练以活跃自己的思维，提高应变能力、创新思维能力。总之，学生打牢基础，提前适应各种情况，讲究方法，凝神静气，就能抓住"宗"，应万变。

（六）良好的应试习惯

高三学生一年下来经历很多大大小小的考试，平时要养成良好的应试习惯，包括心态调节、用品准备、答题习惯等。

考前习惯：考前学会调整好心态，比如深呼吸、自我鼓励、与好朋友说些愉快的事等，通过有效的方式来调整心态，以一种愉悦的心态去面对考试。另外，应提前准备好各种必备的考试用品，以免考试的时候因个别用具没带而加剧紧张情绪。

考中习惯：考试过程中应养成良好的答题习惯。首先，试卷到手后立即浏览试卷，确定试卷印刷是否有问题、判断试题难易程度等，并按照要求填好姓名、考号等。其次，答题应遵循先易后难的原则，不因难题耗时而丢掉易得分之题。合理规划好答题时间，比如分配好做题时长以及做题顺序等，养成认真审题、规范作答的好习惯。

考后习惯：考后不讨论试题答案，不考虑考试过程中的得与失，而是立即投入下场考试备考复习中。

（七）临场发挥

面对高考，学生要想在高考中取得优异的成绩，除必须拥有扎实的基本功外，无疑就是要有临场发挥的技巧。

例如，哪些题需要放弃？绝对答不出的问题，就干脆放弃，这叫"丢车保帅"。

如果碰上该放弃的题目，做题约4分钟，仍然觉得无从下手，放弃它，转而投入会做的题目并确保取得高分，这才是高考获胜的战术。

再比如，如何把突然忘记的知识点找回来？考试时常会出现这种情况：本来某道题目记得很清楚，可是突然什么也记不起来。这时切记不要慌乱，可以放松一下，也可以想想该项知识内容在书的哪一部分，这部分又有哪些知识，等等。这样的回忆会使你茅塞顿开。

还比如，做论述题、简答题时关键抓什么？抓住答题要点，不必赘述。论述题、简答题往往是按要点给分的，只要答案中反映出该题的要点，就会得到相应的分数，所以答题时要抓住中心问题，再拟出答题提纲，然后简单地一挥而就。这样既能得高分，又能充分利用有限的时间。

因此，考试中要取得好成绩，除必须具备扎实的基础知识、熟练的应用能力外，好的临场发挥也是必不可少的。

（八）填报志愿时的智慧

填报高考志愿是一门学问，需要去学习、去研究。如同我们日常学习的各门功课一样，有知识体系、有重点章节，还有实践环节。除了勤奋，还要得法。这样，志愿填报方能事半功倍，也就是我们通常所说的用脑子、有智慧。一位学者提出了"3+1"原则："3"是指学生的特长，整合家长的资源与意愿，提前与未来对接；"1"是在不确定因素中寻找确定因素，并把握之。

二、备考过程要过十关

（一）过教材关

教材是编者根据教学的总体目标、学习规律和学生的认知心理等特点精心编写的。只有站在编者的意图，才能更好地把握教材。特别在新课程、新教材、新高考视域下，各学科都有3套不同团队编写的教材。

浏览初析，整体把握全册教材；细读剖析，整体把握每章教材。要对各单元的内容仔细阅读，认真分析各小节有哪些知识点，寻找贯穿这一单元的主线，并以该主线通览全章，从而把握各小节内容的内在联系，形成整体认识。对每章教材内容深究精析应做到：第一，要认真分析概括性的结论。第二，要用好习题。

（二）过真题关

高考真题是高中学科课程标准落实以及高考评价体系体现的重要载体。每年高考的题型以及难度变化幅度不大，具有权威性和规律性。所以，高考真题是考前最有效的资料，考前每周应认真限时做好每套真题，注重捕捉应试技巧、总结变化规律、查阅知识漏洞、挖掘提炼形成"内核"。

（三）过训练关

攻克训练关：从《中国高考评价体系》的说明与要求以及近年的高考试题中不难看出，高考仍注重基础知识的掌握程度，也更关注学生学科思维能力的考查，尤其是调动并综合运用所学知识解决实际问题的能力。鉴于此，高考备考过程应强化训练，强化学生对学科知识的掌握、侧重学科思维能力的训练。

一轮复习过程中，有计划、有步骤地安排课时训练、单元训练、阶段训练、滚动训练等；二轮复习过程中，安排限时训练、综合训练、题型训练、热点问题训练等。学生通过不同阶段不同类型的训练，对所学知识进行整理和反思，既复习了旧知识，又弥补了自己思维的不足，提高了解题能力。注重审题、解题思路、技巧和规范，以及对解题规律的把握。

（四）过精准"教"关

课堂是教师教学成长和学生获取知识的主战场。高考备考需要课堂教学的高效性和精准性，精准把握高考动向、掌握学生情况、制订教学方案，并依据建构性、靶向性和生成性原则，开展高三复习精准教学。在具体实施过程中要抓住"三精"：精编预学案，明确教学目标；精编导学案，突破教学重点；精选典型例题，指导答题技巧。二轮复习依据学情、高考动向、高考真题、考点分布编写自己的"教辅"，做到精准教学、精准辅导，提高备考的有效性。

（五）过精准"学"关

就学生而言，高中的学习是分层次分阶段的，其目的就是实现最大限度地储存知识，满足自主学习的需求，从而高效地提高学习成绩。前两个阶段的学习情况如何，直接决定了高三是巩固提升，还是回炉重造，这也间接影响了学生的高考结果。

对于高三学生来说，几乎全年都是复习与做题。这个阶段，错题笔记本和不断地做题背书是必不可少的。在复习和做题过程中，应查缺补漏自己薄弱的知识点或盲点，修正完善解题、应试技巧等。"好记性不如烂笔头"，唯有不断地重复做题，形成思维记忆，才能在以后遇到相似题型时，临阵不慌，心中默念一句"万变不离其宗"，就会信心大增，做起题来也会得心应手。

（六）过回归关

高三学生需要总结过往阶段的考题和错题，订正试卷和错题，有计划地查漏补缺。高三学生需要明白，高考复习也不是死刷题，高考命题的源头来自教材，必备知识掌握后应回归教材，在训练中提高能力。高三学生需要明白，刷题再多，也不要迷失了初心。一切的高考大纲，都是围绕教材设计的。对于高考的大部分科目来说，只要打好基础，记牢课本的知识点，分数就会涨上去。至于一些压轴的难题，也需要把基础知识掌握透了再去钻研，不要盲目死磕。课本都没学透，谈何拓展和提升？

当下，高三学生需要处理好两个重要环节。一是通过分析过去的试卷，厘清自己薄弱的科目及题型和知识点，明确需要重点加强的方面，补短板，填洼地。二是将大目标分解成多个阶段性小目标，最好落实到每天各科目的时间安排。稳扎稳打，积小胜为大胜，从而使理想变成现实。

（七）过熟练关

高考备考中的"熟练"问题。高考是选拔性考试，既然是选拔，就意味着竞争。竞争有一个关键性的要素，那就是熟练。

为什么要强调熟练？北宋欧阳修所著《卖油翁》这样描述：陈康肃公（尧咨）善射，当世无双，公亦以此自矜。尝射于家圃，有卖油翁释担而立，睨之，久而不去。见其发矢十中八九，但微颔之。康肃问曰："汝亦知射乎？吾射不亦精乎？"翁曰："无他，但手熟尔。"康肃忿然曰："尔安敢轻吾射？"翁曰："以我酌油知之。"乃取一葫芦置于地，以钱覆其口，徐以杓酌油沥之，自钱孔入，而钱不湿。因曰："我亦无他，惟手熟尔。"康肃笑而遣之。

同样在备考中，学生需要抓住主干知识或某个知识点进行熟练巩固，"要小迈步不停步"，即将一个整块知识分解成若干个小知识，每个小知识又分解成若干个点，进行适度的训练和巩固，同时要经常变换方式，还可以在具体的、新鲜的情境中加以理解和巩固。

人的遗忘是客观存在的，怎样让学生的记忆从短时记忆变成长时记忆，适度的滚动则是必然的。9月的知识复习，或许到了11月就会忘记30%，甚至更多。所以，高三的学习就要像滚雪球那样，不停地滚，不停地拍，才可能又大又圆。看到某个知识点，就能想到这个知识点常见的出题方式是什么，可能产生的错误又是什么。看到一点，想到一串。看到某道题目，就能想起这道题目在哪份资料中出现过，什么时候做过，主要思路又是什么，甚至连答案都能脱口而出。

（八）过规范关

细节往往决定成败。细节的重要性往往体现在考试中，而细节往往又属于非智力范畴，所以平时往往容易被忽视。考试中的细节通常指考试填涂，以及卷面的书写、符号、术语、标点符号等。特别值得一提的是，必须高度重视书写训练，因为在高考阅卷中，无论中文还是英文对书写的要求都是比较高的，如果能过好书写关，无形中就等于为自己加分。

（九）过体能关

首先，高三面临高考，学生的学习压力很大，他们把更多的时间放在学习上，根本不考虑身体情况。其次，高三学生正处于青春发育阶段，对事情的看法不够成熟，所以在锻炼中放不开，慢慢就不再喜欢锻炼；还有的学生身体素质不好，对锻炼的信心不足；等等。鉴于此，学生忽视体育锻炼，导致耐力素质普遍下降。加强学生体育锻炼的主动意识，可促进学生体质及身心健康的良好发展。

在高三后阶段备考中，拼的就是体力。体育锻炼可强身健体，改善学生的心理素质，提高学生的适应能力。学生在锻炼的过程中发现自我、塑造自我，战胜薄弱意志，树立强大信心，有利于自我身心发展、强健体魄。青少年体质健康状况直接关系到备考成效。

（十）过心理关

考试来临，有些考生会过度紧张，吃不好饭，睡不好觉，很容易产生暴躁的情绪。最理想的心理状态是适度的焦虑，它是一种学习的动力，能够起到积极的作用，可以提高学生的学习效率。高三学生要保证自己的睡眠充足，不要熬夜，要给自己安排好作息时间，生活要规律，熬夜学习会给自己造成心理压力。充足的睡眠是保证高三学生精力充沛、心理宽舒与平衡的前提。

高考复习冲刺阶段，高三学生的饮食、复习节奏、答题顺序、生活作息等方面尽量保持常态，在高考考试时间段即上午 9:00—11:00 和下午的 3:00—5:00 保持兴奋，调整好心态进入临考状态。在高考的最后阶段，所能做的不是给自己加压，而是减压，既不要考虑高考有超水平的发挥，也不要想高考失利的后果，保持一种稳定心态。

高考是综合实力的大比拼，不仅考知识、考能力，而且考验学生的心理素质、意志品质、行为习惯、身体健康等。延期一个月高考，并非必然会提高学习成绩。高三学子千万不能因为延长一个月而有所松懈。高三学生需要按照新的高考时间调整复习节奏、心理节奏，修订原来的复习计划，查缺补漏，拓宽、加深、提升，稳打稳扎，将应考的最佳心理状态调整到 7 月。

三、超常规高考

（一）人的潜力是个变数

美国著名主持人奥普拉·温弗瑞曾说："你相信什么，你就成为什么样的人。"当我们为了自己的目标而拼尽全力去做的时候，我们的身体会释放出巨大的能量，它帮助我们取得令人刮目相看的结果，这就是人的潜力（潜能）。

大脑——人体中最为精密复杂的器官，人刚出生时有多达 200 亿个细胞。其内部可以分为灰质和白质 2 个部分：灰质层包含脑细胞和神经细胞，负责处理信息；白质层包含神经纤维，负责发出化学信号并帮助细胞间交换信息。人类的一切行为、思考都为大脑所支配。然而只有在一些特定情况下，如生命危急时刻，灰质层和白质层瞬间加倍运转，人类的潜能激活全身的神经系统、肌肉反应、细胞，爆发出超人的速度、弹跳力、力气，可以完成平时根本做不到的事情。

潜能的力量到底有多大？我们又应该如何激发它呢？生活中不是"能不能"，而是"要不要"。你真正想要的是什么？放手去做，全力以赴，别管"能不能"。我有坚定的目标；我每天都在为自己的目标而努力；我想到的事情，就马上去做；我相信自己一定会成功；我马上行动，马上行动，马上行动……

案例：2012 届某同学，高一时年级总分排名每次都在 100 名之后，但该同学一直以四川大学为目标，坚持 3 年，全力以赴，最终高考成绩以 597 分（一本线 521 分）考入理想学校。2011 届某男生、某女生，本来学习成绩很不错，却因早恋断送美好的前程。

（二）人生三大支柱

人的思维模式、行为习惯、运动健康才是人生"永远的支柱"，才会令生命充满意义。面对大数据时代，思维才是力量。大数据成为许多公司竞争力的来源，从而使整个行业结构都改变了。因为大数据，许多公司成为最后赢家。

（三）为什么读书

读书是为了遇见更好的自己和更好的世界。当下，对你们来说最为紧迫之事就是考上一所理想的大学。

南宁三中教师团队为学生读书提供最好的保障，教师团队精神是"理想信念、无私奉献、任务至上、激情坚守"，团队文化是"守望相助，温暖同行；各有所成，各美其美"，团队运行的原则是"民主、科学、有序、实效、人文"。

所以，"有花堪折直须折，莫待无花空折枝"，一切皆有可能，只要同学们有团队精神——"必胜信念、高度自律、奋斗至上、激情坚守"，有团队文化——"净化心灵、简化生活、修正习惯、处处主动"，有团队运行准则——"铁的纪律、钢的专注、金的训练、钻的坚持"，做好"军事化"训练。在这里，我呼吁孩子们做有幸福基因的人——"听话、奋斗、自律、取舍、规范、坚持"。

其实，高考就这点事——"时间、内容、训练、情绪"。管好时间，是人生之王道，管好内容提高备考的高度，管好训练保障备考的质量，管好情绪是保障备考的成果。总之，有志者事竟成，破釜沉舟，6 月金榜终有我！苦心人，天不负，卧薪尝胆，三中学子可称雄！

（本文为 2021 届高三启动大会上的讲话，收入本书时有删改）

思维决定命运

古语有云，凡事预则立，不预则废。也可以说，观念决定行为，行为决定过程，过程决定结果。

一、思维决定高度

我们先来谈谈"观念"。

人生三大支柱：思维模式、行为习惯、运动健康。

思维的高度决定了人生的高度与格局，同时也决定了人生的平庸与非凡。而思维的源头就是观念。观念决定了一个人的想法、行为，甚至决定了结果。观念的形成与我们的成长环境、受教育的方式有关，日积月累，观念已被固化。

我们的观念，被世俗文化、传统等束缚，被社会因素影响。每个人所处的环境不一样，观念也会不一样。不一样的观念，就会产生不同的行为，因而就会产生不同的结果。

如果自己没有清晰的观念、清晰的思维，就没有正确的区分能力，更不会明确人生的目标、方向，不知道自己真正想要的是什么，每天都在瞎忙，流于平庸。只有破除等待、依靠、索要的框，奋力成长，了解、梳理、认清自己的思维观念，观念清晰，人才能活得通透。

对于个人的成长，什么是最重要的呢？每个人可能侧重点不同，我觉得对于人的成长，要是寻找坐标的话，应该去寻找以下 3 个坐标：一是时代坐标。二是比较坐标。与别人比较，你的优势是什么？三是自己内心的坐标。

你们现在是学生，学无止境，终身学习，所以你们毕生都是学生。求学历程就是探索和积淀人生方法的过程。独立人生的精彩是最重要的；感悟人生，策划人生；奋斗人生，幸福人生。

二、行为是决定命运的关键

接下来我们再来说说"行为"。

经过多年的调查，我们遗憾地发现在高考中成绩优异的人不一定能成为行业领军人物，这是为什么？答案就在下面这张图里。

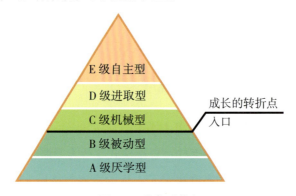

图 1　5 种类型学生

我们国家的教育体系就像一座大厦，里面容纳了亿万学生，这座大厦是一座金字塔。金字塔有 5 级，学生则有 5 种类型，分别对应金字塔的 5 个层次，具体如下。

A 级厌学型：不快乐、厌烦，心理上有强烈反感和抵触。

B 级被动型：消极、被动、麻木，在父母、老师的督促和舆论的压力下取得进步。

C 级机械型：全身心投入，刻苦用功，头悬梁、锥刺股，按部就班地朝着一流的方向努力。

D级进取型：自信、主动、积极，把必须做的事情做到最好，持续地保持一流成绩。

E级自主型：拥有D级进取型的特征，此外还有这些特点——自主、自由、坚忍、扎实、快乐、有个性、有激情、有想象力，享受学习而不是完成学习，不以分数来衡量优劣，不一定是第一名，但是一定有独立的意志，有强烈的兴趣，有一个执着追求的目标。

我们在划分这5种类型的时候，主要不是考虑学习的成绩，而是考虑学习的态度和目的。同时，我们基本上没有考虑智力的因素。所以这不是分数金字塔，不是智力金字塔，而是态度金字塔，是行为金字塔。非智力因素决定了你站在什么位置，而你的位置决定了你能从现在的教育体系中吸收多少真正有用的东西。

行为，原来这才是决定命运的关键！

"自主型学生"对应了图1中的E级，所以也可以把他们叫作"E学生"。

"E学生"处在金字塔的第5级，也是最高级，其特征主要有3个，也可以叫作"3E"：EQ——情商，Enjoy——快乐、享受（学习），Excellence——优秀、杰出、卓越。

所以"E学生"的定义是：拥有强烈自主的意识和高情商，因而成为更快乐、更杰出的学生。"E学生"不一定个个杰出，但是杰出的人一定都是"E学生"。也许你并不想出人头地，只是希望自己生活得更快乐，那么你都应当先去尝试做一个"E学生"。

高三学子应该是精神世界最为丰盈的，最懂得：什么叫病毒、什么叫疾病、什么叫健康、什么叫家人、什么叫社区、什么叫国家、什么叫谣言、什么叫真相、什么叫媒体、什么叫学习、什么叫理性科学、什么叫敬畏、什么叫没有人是一座孤岛、什么叫恐惧、什么叫乐观、什么叫勇气、什么叫安全、什么叫责任、什么叫悲悯、什么叫人生大课。

在经历了那么多之后，请审视自己是否具备成长性思维：你有人情味吗？你的思维里是否有国家、家庭、自己（即荣誉感、责任感、审时度势、工匠精神、感觉"被需要"）？

"人情味"被解释为：人与人之间温暖的感情、兴味。人情味是从内心发出的对于人类的热爱与尊重，是一种博爱，是掏出真爱给每一个人，是用爱的味道去慢慢体会的。人情味是什么意思？它不是偏私，不是施舍，不是表面的礼貌。有人情味的人就能得到他人的尊重与爱戴，有人情味的企业就能适应市场的需要，在市场中占有自己的一席位置。

习近平总书记指出，爱国，是人世间最深层、最持久的情感，是一个人立德之源、立功之本。孙中山先生说，做人最大的事情，"就是要知道怎么样爱国"。我们常讲，做人要有气节、要有人格。气节也好，人格也好，爱国是第一位的。

历史和现实告诉我们，家庭的前途命运同国家和民族的前途命运紧密相连。我们要认识到，千家万户都好，国家才能好，民族才能好。国家富强，民族复兴，人民幸福，不是抽象的，最终要体现在千千万万个家庭都幸福美满上，体现在亿万人民生活不断改善上。同时，我们还要认识到，国家好，民族好，家庭才能好。家是最小的国，国是千万家。

中国有句古话："天下兴亡，匹夫有责。"这句话讲的就是每个人都应该对国家和社会有一种责任感。作为社会的一员，所有的行为都要对社会和国家负责，这是做人最起码的准则。同时，一个人还要对自己负责、对家庭负责、对工作负责。

使命感，与每个平凡的你我息息相关。生命的意义在于过有价值的人生，而有价值的人生源于人生的使命感。使命感就是生命的驱动力和存在感。至于使命感的成因，表面的原因可能多种多样，比如被赋予了某种职业（医生、军人、教师等），或者经历了某些事情，再或者见证了别人的某些经历。但最核心的一点是共通的，那就是感受到了自己与世界之间的联系，而且不是童年时期那种依靠明确的外部关系（比如家族、社团）维系的联系，而是在自己一个人面对整个世界的情况下感受到的和世界的联系，也就是弗洛姆所说的"积极的自由"。

一个成功的人一定懂得审时度势，不懂得审时度势，可能获得一时成功，但很难获得一世成功。就像下棋，不管围棋、象棋，都讲究"势"。那什么是"势"？势，就是事物的发展趋势，比如：围棋，我们常说的外势是指在行棋过程中有意构筑的一块强棋，以期在今后的行棋中发挥它的辐射作用而获得种种便宜；象棋也一样，"车占肋，架中炮"都是在利用势的力量。

工匠精神作为一种可贵的职业素养，集中反映了人们对更优产品、更高品质、更好生活的追求。劳模精神成为第一批纳入中国共产党人精神谱系的精神。在构建新发展格局、推动高质量发展的背景下，弘扬工匠精神，对于培育职业道德、塑造民族精神、提升中国质量至关重要。

当你感觉"被需要"的时候是不是很有满足感？相信所有人给出的答案都是肯定的。"被需要"是由人的性质决定的，人是社会性动物，有自身的需要，同时也需要他人。人不可能离开社会、离开他人而孤立存在。而一个人渴望被他人需要，除了证明自己的价值，还有感恩的因素存在，因为我们自身也享受过或正在享受他人的恩惠。是否"被需要"，是判断自身"存在感"的一种方式。如果感觉到自己不"被需要"了，那么任何人都会陷入空虚和落寞。或许，我们终其一生也无法成为重于泰山的存在，但我们完全有能力，让自己被社会、被他人需要。爱护身边的每一个人，从父母、朋友做起。走出考场时，我们将会迎来他们关切的目光和灿烂的笑脸。我相信，这一场景会永远烙印在你的心底，因为，这就是"被需要"的感觉。

三、成功是由内心创造的

有这样一句广告词："你的心有多大，你的世界就有多开阔。"

我们要有"十心"：

自尊之心：你是独一无二的，世界因你而精彩。

感恩之心：在你的来路上站满了你的恩人。

敬畏之心：对规则、对知识、对权威、对长者要心存敬畏。

恻隐之心：对弱者、对人间伤感之事要有悲悯情怀。

思辨之心：中国教育与西方教育的公平性思辨。

忧患之心：生于忧患，死于安逸。

包容之心：包容能激发人无穷的智慧，年轻人要懂得换位思考。

沟通之心：沟通—理解—变通—和谐，坚决守护个性和创新精神。

世界之心：思维入世是重中之重。

博爱之心：博爱是生命充满活力的源泉。

去功利化的内心世界是什么样的？它是这样的：和谐的个性、一流的学习力、开阔的视野、创新的个性、高雅的情趣、健康的体魄。

孩子们，你们读书是为了什么？

读书，是为了遇见更好的自己和更好的世界。

为中华民族的伟大复兴而读书，成为国之栋梁、国之重器。

请好好看看校长写给你们的新年贺卡，这是我，是你的母校，是你的故乡，是你的祖国，对你的殷殷期盼。

新年贺卡组图

四、高考那点事

最后我们来讲讲高考那点事。高考说难也不难，做好以下 4 件事就够了：学会、熟练、规范、去功利化。

我们确定 2020 届理科特训班的发展目标。

班级目标：最具效率的团队。充实而快乐的班集体。经营最能保护个性的班级文化。

短期目标：力争有 50 名以上同学获奥赛省级一等奖。高考有 15 名以上同学进入清华大学、北京大学，以中山大学保底。高中毕业时，每一名学生拥有高效的学习能力和卓越的情商，在各自的大学脱颖而出。

长期目标：成为世界大舞台上各个领域的佼佼者，在 20 年后成为地球上最懂生活的族群。

班魂：开放、效率，做最好的自己；志存高远，心系行动，身跃激情，收获精彩。

实现目标的保障：班主任的智慧引领、科任教师的高水准奉献、心理学教师的专业支撑、同学们的激情奋斗和家长们的鼎力支持。关心爱护你们的班主任、科任教师、心理教师、家长们和亲朋友好友们都准备好了，高三特训班的同学们，你们准备好了吗？

希望同学们再记住这 16 个字：净化心灵、简化生活、修正习惯、处处主动。祝愿每一名同学用思维决定命运，奠基人生，收获精彩。

（本文为 2020 届理科特训班班会上的讲话，收入本书时有删改）

做一个纯粹的考生

我们应当以一个怎样的心态来面对考试，做一个纯粹的考生。纯粹，基本意思是指"未掺杂其他成分的；无杂质的；不含添加、替代或异质物质的"。我希望同学们能够做一个纯粹的考生，实际上是希望同学们能在考试中抛开一切杂念、认真对待每一个科目、对于试题倾注百分之百的专注。

这里还牵扯到两个心理学名词：一个是"无意注意"，即没有预定目的、不需要意志努力、不由自主地对一定事物所产生的注意。比如，你正在听讲，教室的门突然被人打开，门响了一声，你不由自主地看了一眼，这就是无意注意。还有一个是"有意注意"，有意注意是有目的、需要一定意志努力的注意。在有意注意时往往需要一定的努力，人要积极主动地去观察某种事物或完成某种任务。为什么要讲到这两个名词呢？因为许多同学在学习过程中往往会被突如其来的事物所吸引，导致本来能很快解答出来的题目，由于受到外界的干扰大大降低了做题的速率，这就是无意注意所带来的弊端。而有意注意要求我们倾注努力来实现目标，很多同学意志力不够坚定，所以往往有意注意只能坚持几分钟。实际上，当我们处在有意注意状态的时候，就能达到令我们意想不到的成就。这放在大考中也是十分适用的，当同学们在考试中保持有意注意的状态，就到达了我所说的"纯粹"的境界。同时，如果同学们能在这20天内努力保持有意注意，就会激发出身上巨大的潜能，所带来的结果也将是令人喜悦和惊讶的。

如何在考试中保持纯粹？我想问同学们，考试前我们能否知道试题？既然不能，那么我们在考试过程中，在那几个小时中能做什么？我们只能尽量地去完成每一道试题，就凭我们这十几年所学，凭我们的知识储备、我们的能力储备，不留余力地应对这张试卷，尽量把它答完整、答正确。实际上，这就是纯粹，这是对试卷、对试题的纯粹。同学们，我们应该不带着任何的情绪来完成考试，只是把注意力集中在试题上，这是我们应试的最高境界。

同学们，让我们一起来看一场球赛。这场球赛是2019年欧冠半决赛，利物浦跟巴塞罗那之间的比赛。在这一场比赛的上一周，利物浦在主场对阵巴塞罗那，被巴塞罗那打了3∶0。那么，这一周回到利物浦的主场，所有球迷都认为他们为荣誉而战就可以了。但是利物浦的所有队员从开赛的第一秒钟拼到最后一秒钟，最后他们创造了奇迹！这场球有很多人生哲理，有很多经验养分在里边。拼出了奇迹的这场比赛，所有队员都十分纯粹地对待这一场比赛，令球迷们永生难忘。所以同学们啊，这与其说是一场球赛，不如说是一本人生的教材。巴塞罗那拥有十分强劲的球员，但是为什么他们没有敌过利物浦呢？其实是因为队员们在比赛过程中没有能够展现出应有的实力，所以最后只能承认失败。那么我们接着下来的这场大考，跟这场球赛很相似：平时的实力再强，只要考不出来，就是考不出来，分数就摆在那里。这实际上是一件十分残酷的事。

那么该如何做一个纯粹的考生呢？

做一个纯粹的考生，我们应该清晰地认识到，认知考试比应试技术重要。考试是自己与自己的比赛，因为在考试中无论给我们多少时间，总不够用，我们总想多拿点分，多纠结答案；考前也是一样的，多给我们一年时间复习，想必复习情况也都差不多。而且，在座的同学有哪位敢说掌握了全部知识？同时，我们任何一个人都无法预测试题的难度，从这个角度来说考试分数好坏是有点运气成分在的，但是我们能完全靠运气吗？靠的还是我们的心态，我们在考试当中的纯粹程度。

做一个纯粹的考生，我们应该清晰地认识到，遵守规则比考试高分重要。我们个体人都生活在社会当中，有着多重身份，每一重身份之间都有千丝万缕的联系。个别同学妄想通过投机取巧、破坏规则来拿到满意的分数，这样的习惯将会危害一生。我很为这样的同学担忧。我们说，破坏规则就要受到相应的惩罚，这位同学带手机进入考场，破坏了规则，那他可以下一年再来吗？就算可以，他身边的朋友、同学、师长又会怎么看待他呢？他内心就心安理得吗？我不这么认为。

做一个纯粹的考生，我们应该清晰地认识到，身体健康比获取知识重要。给大家举个例子，前几年有一名同学刚看完考场，回到学校就站在铁栏杆上和同学打闹，结果栏杆不稳，他的脚就插进了铁栏杆尖尖的地方。当时老师、学校都忙坏了，急忙把他送去医院。第二天就要考试了，怎么办？最后他坐着轮椅去考试。同学们，我想问大家，难道这样对我们身体产生危害的行为不能避免吗？既然可以避免，为什么每年都还有类似的情况出现呢？"身体是革命的本钱"，身体健康比考试拿高分要重要多了。"身体发肤，受之父母"，同学们有没有想过如果我们生病了、身体出问题了，我们的父母会有多么担心？

做一个纯粹的考生，我们应该清晰地认识到，按部就班比发扬个性重要。这句话是针对现阶段来说的，还有 20 天就考试了，同学们在这个时候是否能分清轻重缓急？你们正处在青春期，或者说叛逆期，人想融入社会，他总会有自己的想法，这是无可厚非的。但是在这 20 天，我希望大家能把自己的个性收一收，在考试这件事情上面，你们的目标和你们的老师的目标是高度契合的，所以没必要拿这个时间来挣扎、来发扬自己的个性。

做一个纯粹的考生，我们应该清晰地认识到，调节竞技状态比无头绪地着急重要。同学们最应该做的，就是在考试那两三天保持自己的最佳状态。不要光在那里着急，却不与老师、家长沟通。与此同时，同学们应该保持良好的作息习惯，该休息时就休息，该运动时就运动，该学习时就学习。这 20 天应该多关注学习效率，提升效率、保证休息、顺利备考。

做一个纯粹的考生，我们应该清晰地认识到，平安顺利比以往更重要。人是有高等智慧的动物，总希望自己最好。对于我们即将面对的大考，大家总想考最好的成绩，把这件事情当作一个特别重要的任务。但是同学们，我们把注意力放在平安顺利地完成考试是更重要的。

做一个纯粹的考生，我们还应该清晰地认识到，时间管控比知识水平重要。这20天里，我们要努力调节好竞技状态，一定要敢于作出调整。我非常赞同一个观点，即本没有天才，有的只是时间的管控者。大家请思考：篮球打得好的人，是否把很多时间都分配给了练习篮球？围棋下得好的人，是否把很多时间都分配给了练习围棋？因此，大家不要认为有什么天才，有的只是善于分配时间的人而已。同学们，我们想在哪一方面优秀、在何种领域做出成绩，就应该把时间更多地分配给它。这就是人生的真谛。对于高考，我们还需要做一件很重要的事情：调整生物钟，对标考试作息。

与此同时，我们在这20天里还会面临停课复习的情况，那么应该如何使自己的复习效率最大化？停课，要求我们自行提炼知识要点、重复回忆知识重点、加强记忆知识难点，并且把握好各个科目复习的时间分配。

做一个纯粹的考生，在考试过程中，时间分配就更关键了。老师们经常强调合理分配考试做题的时间，这是因为若能合理分配时间，合理放弃难题，将时间分配给更有把握的题目，将能帮助大家最大限度地完成试题，从而拿到更为理想的分数。同学们，切记不要"因小失大"，不要因为两三分的难题纠结半个小时，导致后面的分值更多、难度较低的题没有时间完成，这是非常吃亏的，是老师和家长们最不愿意看到的情况。

在这里，我还想和同学们分享一个观点，在最后的20天，我们在生活、学习以及最后的考试过程中应该保持"军事化＋工匠精神"的状态，这将帮助我们更好地成为一个纯粹的考生。何为军事化？放在同学们当前备考上来说，就是要严格要求自我，比如严格要求作息、严格要求学习集中、严格要求完成学习任务等。而工匠精神，简单来说就是精益求精。同学们如何在备考中精益求精？就是要关注学习的每一个细枝末节，这是查漏补缺的重要时刻。

最后，做一个纯粹的考生，同学们必须有必胜的信心，要相信我们自己的努力和实力，相信我们一定能战胜自我，相信我们一定能考出理想的成绩！

拥抱这个伟大的时代

互联网时代对人才提出了怎样的要求？我认为，互联网时代对人才提出了这样的要求：和谐、独立、创新。

因为互联网是迄今为止人类文明所见证的发展最快、竞争最激烈、创新最活跃、参与最普遍、渗透最广泛、影响最深远的技术产业领域。纵观人类历史，没有任何一项发明技术可以与之比肩。为此，这个时代需要有智慧的创新人才，更合理地开发地球资源；需要更多的企业家为社会创造财富，提供更多的就业机会。

我们先说说这个时代的第一个背景——中国梦。新中国成立以后，我们国家在中国共产党的正确领导下进入了一个崭新的时期，为了尽快提高经济水平，党实行了改革开放的政策。人民群众的生活很快富裕起来，但是，随着物质的丰富，中国人却产生了3个精神危机——信仰危机、诚信危机、生态危机。人民群众渴望丰富的精神世界。于是，党中央提出，要以"富强、民主、文明、和谐，自由、平等、公正、法治，爱国、敬业、诚信、友善"的社会主义核心价值观来重塑人民群众的精神世界，共同追求中华民族伟大复兴的中国梦！

接着说说当今时代的第二个背景——互联网。因为互联网的迅猛发展，纸媒时代已经彻底结束了，2010年美国报业广告规模跌回到1950年代。因为互联网的迅猛发展，电视的悲剧时代刚刚开始，中国广告收入最多的媒体平台是哪一个大家知道吗？不是中央广播电视总台。2013年百度和阿里的广告收入已经超越了中央广播电视总台。

迅猛发展的互联网，悄然改变着我们的生活。连卖煎饼的阿姨，你都不能再叫她"小商贩"，因为阿姨的小生意包含互联网的大生意经。阿姨是做O2O的CEO，她的生意红火遵循了成功四原则：解决用户的小麻烦；线下服务体验比线上更重要；低营销成本；小行业细分。

O2O的机会就在身边的小事和麻烦事当中。总部设在美国的Airbnb.com（爱彼迎）租赁网站堪称协作消费网站的鼻祖。这家网站4年前创立，主体业务是为"驴友"租赁全球空置房间、沙发，2014年累计在192个国家和地区完成500万晚的非酒店订房。网站初创时资金捉襟见肘，现在"市场价值"估计超过10亿美元。租沙发也能做得这么成功，在于它落实了互联网企业成功5招：产品个性化、模式服务化、管理无形化、客户协同化、去渠道化。

对于互联网，我们还要有一种世界眼光。在中国举国上下研究"互联网+"，全国、全社会进一步深度数字软化的时候，美国悄悄地进入了"新硬件时代"。

新硬件时代，是以美国强大的软件技术、互联网和大数据技术为基础，由极客和创客为主要参与群体，以硬件为表现形式的一种新产业形态。这里说的新硬件，不是主板、显示器、键盘这些计算机硬件，而是指一切物理上存在的，在过去的生产和生活中闻所未闻、见所未见的人造事物。

如果说乔布斯在2007年展示的iPhone和2010年展示的iPad还是人们可以理解的事物（还是手机和电脑），那么今天的多轴无人飞行器、无人驾驶汽车、3D打印机、可穿戴设备、智能机器驮驴、机器人厨师是人们在这些东西出来之前无法想象的事物。

当今时代的第三个背景——手机。大家看看这些统计数据。13亿多中国人，有

20%的人每天查看近百次手机；有34%的人起床第一件事不是刷牙洗脸，而是看一下微信；有23%的人没有手机会心慌。中国移动互联网用户平均每天接触媒体的有效时间是5.8小时。

中国手机网民的规模从2008年的1.17亿激增到2013年的5亿，手机已超越台式电脑成为第一上网终端。

同学们，在这样一个变化无限、创意无限的时代，我们该怎么办？作为高中生，你们要怎样度过高中生活？

我希望大家看清自己遇到的挑战：眼前没有分数过不去，未来只有分数过不好。

应对挑战有三大支柱：思维模式、情绪控制、身体调节。如何度过你的高中生活也要从这三大支柱来进行思考。我们要改变自己的思维模式。众所周知，观念决定行为，行为决定过程，过程决定结果。求学历程，就是探索和积淀人生方法的过程。这个过程要贯彻"凡事预则立，不预则废"的认识，从而感悟人生，策划人生；奋斗人生，幸福人生。人是集体的一份子，集体给予个体成长的良好环境。一个集体要有近期、中期、远期的目标来为个人成长做好铺垫。班级近期目标应该是：第一，建立最具效率的团体。第二，打造充实而快乐的班集体。第三，经营最能保护个性的班级文化。中期目标应该是：第一，力争每一名同学都考上全国前20名的大学。第二，高中毕业时，每一名同学都拥有高效的学习能力和卓越的情商，在各自的大学脱颖而出。远期目标应该是：每一名同学都能成为世界大舞台上各个领域的佼佼者，在20年后成为地球上最懂生活的族群。高中虽然只有3年，但班级必须做长远的规划，在规划的引领下改变每一名同学的思维，才能有良好的行为习惯，才会有充实的过程，才会有满意的结果。

我们要调节好自己的身心。没有考试的教育是不行的，但只有考试的教育是不够的。为此，南宁三中把培养"厚德博学、文理兼长、杰出的创新型人才后备军"作为培养学生的目标，开展丰富多彩的校本课程。例如，我们有语言与文学课程，其中包括国学初探、外国经典诗歌阅读、莎士比亚戏剧、影视评论等学习内容，还有文学社团、金莺辩论赛等实践活动；还有数学课程，其中包括问题导学、数学建模、密码初探等学习内容；还有人文与社会课程，其中包括西方哲学、当代经济思潮、丝绸之路、基层民主选举、地理环境与军事行动、国际视野等学习内容，我们曾请来教育家俞敏洪、作家刘墉等知名人士担任课程的导师，还开展元旦通宵晚会等实践活动；还有自然科学课程，其中包括生活中的物理、现代科技前沿、身边的化学等学习内容；还有信息技术、艺术、体育健康等课程，科技节、社会实践等活动。

同学们，你们一定要积极投入这些学习课程中去，相信你们一定会拥有高效而快乐的 3 年高中生活。

同学们，南宁三中的办学思想是"'真·爱'为本，追求卓越"。

"真"是价值追求。从字面上看，"真"就是真实，符合客观事物的意思；从育德的角度来看，"真"就是诚信，即做人要讲诚信；从育智的角度看，"真"就是追求科学，追求真理，做学问要求实，要具有科学求实的态度。"爱"是情感体验。对教师来说，把爱献给学生；对学生来说，把爱献给人类。"爱"的教育，最终目的是使学生在感受到教师无私的爱之后，再把这种爱自觉地传播给周围的人，进而爱我们的社会、爱我们的民族、爱我们的国家。

同学们，前文所述是秉承着"真·爱"教育思想的南宁三中在这个伟大的时代为培养大家而做的工作。同学们选对了方向——走进了南宁三中；那就要进行智慧选择——坚定投入南宁三中怀抱；让我们激情奋斗——与南宁三中一起走向辉煌！

（本文为 2015 年 1 月 13 日给 2015 级同学召开年级班会课时的讲话，收入本书时有删改）

第五篇

诲人不倦，成果丰硕

全样本高三学生学习策略与考试成绩相关性研究[*]

—— 以南宁市第三中学为例

【摘要】以南宁市第三中学高三全体学生为研究对象，采用张业恒编制的学习策略量表，探测学生学习策略水平与考试成绩之间的相关性。研究表明：无论文理科，学习成绩与学习策略均存在极显著的正相关；监视策略是区分学习成绩的有效维度；元认知策略对成绩构成显著正回归；在认知策略和利用资源策略上，男女生存在极显著差异，文理科生间存在显著差异；总成绩低、中、高分组的学习策略总体水平存在显著差异。

【关键词】学习策略　量表　相关性　学业成绩

学习策略的研究源于 1956 年布鲁纳对人工概念的描述，他认为概念形成过程因其富有策略性而表现出人的主动性。学界对于学习策略的概念界定一直存在分歧。一种观点是：学习策

＊ 本文发表于《基础教育研究》2018 年第 5 期，第 32–35 页。

略是学习者认知过程中所运用的编码、保持、检索和运用等信息加工的方法。[①] 另一种观点是：学习策略是指学习者对认知策略的一系列选择、协调和运用技能的执行过程，主要涉及信息加工的调控部分。[②] 本研究中，学习策略的定义采用麦基奇（Mckeachie）等人将学习策略分为三种：认知策略、元认知策略、资源管理利用策略的界定方法。

学习策略与考试成绩相关性的研究者几乎都是高校教师，研究焦点集中于语言（汉语、英语）学习策略运用水平的研究以及语言学习策略和语言成绩相关性的研究。尚未查到有高三学习策略和成绩相关性的文献。李山、余欣欣研究了初中生学习策略和成绩的关系，认为学习策略与学习成绩有显著性关系；[③] 陈明贵、辛涛、洪邦辉、张业恒、张春梅等人对高中生学习策略和成绩的关系有过研究，均是采取部分抽样、随机抽样的方法，样本数量太小，代表性不强。目前看到的文献中，唯有曹立人、陈艳的研究"高中生学习策略调查研究"采用全样本方法进行调查。[④] 本研究采取整群抽取的方式进行全数据分析，了解高三学生学习策略状况，为高三学生成绩的提高和教学提供有价值的参考。

一、对象与方法

（一）被试

全样本施测：采用整群抽样法，选择南宁三中高三年级全体学生作为被试。共20个班，其中理科班14个、文科班6个，共有学生971人。剔除无效问卷，获得有效问卷920份，有效回收率为94.7%，其中理科663人，文科257人，年龄为16—19岁。对应采集同期学生月考成绩。文科成绩包括语文、数学、英语、政治、历史、地理，以及这六科的总分。理科成绩包括语文、数学、英语、物理、化学、生物，以及这六科的总分。被试分布具体情况见表1。

---

① Rigney J W. Learning Strategies, A Theoretical Perspective in H. F. ONeil.Jr, learning Strategies［J］.1978.165
② Nishet J，Shucksmith J.Learning Strategies［M］. Routledge.& Kegan Paul Plc　1986.5−6.
③ 李山、余欣欣：《初中生自我概念、自我监控学习行为、学习策略对学习成绩的影响》，载《宁波大学学报（教育科学版）》2002年第3期，第19页。
④ 曹立人、陈艳：《高中生学习策略调查研究》，载《心理科学》2006年第4期，第955页。

表 1　高三学生全样本分布情况

项目	文科	理科	人数汇总（占比）
男	46	389	435（47.3%）
女	211	274	485（52.7%）
人数汇总（占比）	257（27.9%）	663（72.1%）	920（100%）

（二）研究工具

学习策略调查工具采用由张业恒编制的学习策略量表，共45道题目。主要包含三大维度、10个分量表。三大维度分别是认知策略、元认知策略和资源利用策略。其中，认知策略包括复述策略、精加工策略、组织策略3个分量表；元认知策略包括计划策略、监视策略、调节策略3个分量表；资源利用策略包括时间管理策略、学习环境管理策略、努力管理策略、多向互动策略4个分量表。[1]选项采用Likert五分量表的形式分级，作答时要求被试选择与自己实际情况相符合或相近的选项。

（三）施测程序

采用集体施测方式，以班为集体，由主试说明指导语，待被试完全理解要求后开始作答。研究者本人亲自担任主试，控制实测中的各种干扰因素，测试时间为20—25分钟，所有问卷一次性完成。

（四）数据处理

此次调查共发放问卷971份，回收有效问卷920份，运用统计学分析软件进行统计和分析。根据数据的性质，主要采用方差分析、t检验方法、多元回归分析和相关性分析。

二、调查结果与分析

（一）量表的信度检验

根据量表的施测结果，运用SPSS进行检验，结果表明：量表的S-B折半信度为0.843，Cron-bach's α内部一致性信度系数为0.890。说明量表具有很高的内部一致性和可靠的稳定性。

---

① 张业恒：《中学生学习策略量表的编制及相关研究》，贵州师范大学2007年硕士学位论文。

（二）高三学生学习策略状况

进行学习策略各维度的描述性统计分析，结果表明：元认知策略的使用水平略高于认知策略。运用最多的 5 种策略依次为多向互动、调节、努力管理、监视、复述。表 2 所示，为高三学生学习策略均值标准差。

表 2 高三学生学习策略均值标准差

学习策略	认知				元认知				利用资源				
	复述	精加工	组织	汇总	计划	监视	调节	汇总	时间管理	学习环境管理	努力管理	多向互动	汇总
平均值	12.4	11.6	10.3	34.3	11.8	12.5	13.6	37.9	8	10.3	12.9	14.2	45.4
标准差	4.1	3.7	4.3	9.6	3.8	4.1	3.3	8.9	3.6	5.2	6	4.2	12.8

1. 高三学生学习策略的性别差异。

学习策略的性别差异 t 检验表明：女生的学习策略水平极显著高于男生（P ＜ 0.01）。在认知策略和利用资源策略上女生显著高于男生（P ＜ 0.05），元认知策略上男女生虽不存在显著的差异，但女生稍高，这一结论支持了张春梅等人的研究，[1] 和李晶的结论"学习策略以及其各个维度上，女生得分都高于男生"[2]，以及和洪邦辉等人的结论"女生的得分普遍比男生得分高"[3] 一致。

具体细化到每一维度上，男生在精加工策略、调节策略、多向互动策略比女生强，其他策略的使用上均是女生优于男生。多向互动策略男生比女生强，和曹立人等人的调查结论"在学习策略的性别差异上，男生更善于营造学习的人际环境"[4] 一致，本研究和曹立人等人的研究均选用全样本方式。和洪邦辉、姚鑫的研究结论"男生在认知、元认知策略水平上略高于女生"[5]，以及和陈明贵的结论"男生在学习中更多地采用认知和元认知策略"[6]，均不符。这或许和样本选取有关，后者的

① 张春梅、陈京军：《高中生学业情绪、学习策略与学业成就的关系研究》，载《现代中小学教育》2015年第 10 期，第 80 页。

② 李晶：《高中生学习动机、学习策略及学业绩效的相关性研究》，吉林大学 2008 年硕士学位论文。

③ 洪邦辉、张叶恒、姚鑫：《贵州省中学生认知与学习策略的研究》，载《宜春学院学报》 2008 年第 2 期，第 54 页。

④ 曹立人、陈艳：《高中生学习策略调查研究》，载《心理科学》2006 年第 4 期，第 955 页。

⑤ 洪邦辉、姚鑫：《中学生学习策略量表的编制》，载《吉林工程技术师范学院学报》2008 年第 6 期，第 36 页。

⑥ 陈明贵、胡振北：《高中生目标定向、学习策略、归因与成绩的关系》，载《心理学探新》2008 年第 3 期，第 59 页。

样本是分别选取各年级的学生，人数较少，且不同年级组有认知发展的阶段性差异，后者将不同年级学生混在一起进行学习策略和性别的检验，会产生偏差。表3所示，是男女学生学习策略的差异检验。

表3　学习策略的性别差异

性别	认知		元认知		利用资源		策略总分
	女	男	女	男	女	男	女
M±SD	36.05 ± 9.49	32.56 ± 9.45	38 ± 8.89	37.72 ± 8.85	47.68 ± 11.96	42.93 ± 13.25	121.73 ± 25.5
t	5.573**		0.482		5.714**		4.937**

注：*P＜0.05　　**P＜0.01

2.高三学生学习策略的科类差异。

各维度学习策略的科类差异t检验表明：在策略总分上文科生极显著高于理科生（P＜0.01），文科生在认知策略和资源利用策略上显著高于理科生（P＜0.05）。在细分维度上，复述策略、精加工策略、组织策略、时间管理策略、学习环境管理策略、努力管理策略是文科生极显著高于理科生，理科生在调节策略、多向互动策略方面显著高于文科生。表4所示，是文理科学生学习策略的差异检验。

表4　学习策略的文理科差异

	认知	元认知	利用资源	策略总分
文理科均值差值（文－理）	6.203*	−0.627	4.677*	10.25**

注：*P＜0.05　　**P＜0.01

3.高三文科生成绩和学习策略的相关性。

对各分量表进行Pearson相关系数检验，结果表明：文科生成绩（总分）和学习策略存在极显著的正相关（P＜0.01）。其中，认知策略、元认知策略和文科成绩呈现极显著性正相关，利用资源策略和文科成绩无显著性关系。总分和策略的相关性大小排序为：认知策略＞元认知策略＞利用资源策略。从细分量表看，监视策略、组织策略、调节策略、多向互动策略、复述策略、精加工策略6个分量表和文科成绩（总分）呈现极显著的正相关（P＜0.01）。相关性大小排序为：监视策略＞组织策略＞调节策略＞多向互动策略＞复述策略＞精加工策略＞努力管理策略＞计划策略＞时间管理策略＞学习环境管理策略。本研究发现，属于元认知策略的监视策略、调节策略仍处于极显著相关的前三位内，仍可说明元认知策略的重要地位。导致相关性：认知策略＞元认知策略的情况，我们推测这和文科类学科特点有关。努力管理策略在文科生的成绩相关性显示上并不显著，和常识不符，我们认为，南宁三中高三文科生 275 名样本数量仍不够大，在重点中学良好的校风和严格管理之下，275名文科生的努力程度较为一致。在文科生学科成绩和学习策略的相关性上，几乎所有学科成绩都和监视策略、调节策略呈现显著或极显著相关（政治成绩和调节策略不显著相关）。表 5、6 所示，分别是文科学生成绩和学习策略的相关矩阵和关系。

表 5 高三文科成绩和学习策略的相关矩阵

	复述	精加工	组织	计划	监视	调节	时间管理	学习环境管理	努力管理	多向互动
总分	.192**	.188**	.235**	.037	.274**	.205**	.023	−.051	.114	.195**
语文	.115	.166**	.233**	.105	.200**	.134*	.083	.042	.077	.155*
数学	.141*	.183**	.185**	.025	.230**	.171**	.006	−.078	.152*	.140*
英语	.178**	.116	.170**	.003	.287**	.199**	−.004	−.021	−.004	.150*
政治	.140*	.084	.124*	.020	.131*	.069	.110	−.008	.132*	.157*
历史	.140*	.087	.167**	.050	.158*	.163**	.004	−.011	.047	.134*
地理	.134*	.171**	.169**	−.016	.169**	.153*	−.074	−.109	.069	.137*
人数	257	257	257	257	257	257	257	257	257	257

注：*P＜0.05   **P＜0.01

表 6 高三文科成绩和学习策略的关系

	认知	元认知	利用资源	学习策略总分
成绩总分	.252**	.217**	.074	.202**
语文	.213**	.185**	.121	.199**
数学	.210**	.179**	.045	.160*
英语	.188**	.207**	.037	.158*
政治	.141*	.095	.117	.139*
历史	.160**	.154*	.053	.136*
地理	.195**	.128*	−.020	.106
人数	257	257	257	257

注：*P＜0.05   **P＜0.01

4.高三理科生成绩和学习策略的相关性。

对各分量表进行 Pearson 相关系数检验，结果表明：理科生成绩（总分）和学习策略存在极显著正相关（P＜0.01）。这一结论结果和有关研究结论是一致的。其中，认知策略、元认知策略和理科成绩呈现极显著性正相关（P＜0.01），利用资源策略和理科成绩存在显著性关系（P＜0.05）。理科总分和策略细分量表的相关性大小排序如下：调节策略＞监视策略＞努力管理策略＞复述策略＞多向互动策略＞精加工策略＞时间管理策略＞组织策略＞计划策略＞学习环境管理。理科学科成绩和监视策略、调节策略均呈现极显著相关，和文科情况高度一致。理科各科成绩和努力管理策略几乎都存在极显著正相关（除生物是显著相关外），这和文科情况有异。我们认为，样本数量极大影响策略调查结果的真实性，理科样本 663 人比文科 257 人多两倍，信息量的变化改变了信息形态，大数据越大，真实性也就越大，因为大数据包含了全部的信息。表 7、表 8 所示，分别是理科学生成绩和学习策略的相关矩阵和关系。

表 7　高三理科成绩和学习策略的相关矩阵

	复述	精加工	组织	计划	监视	调节	时间管理	学习环境	努力管理	多向互动
总分	.129**	.093*	.059	.007	.204**	.212**	.060	−.016	.148**	.110**
语文	.224**	.031	.122**	.053	.136**	.158**	.093*	.002	.078*	.100**
数学	.072	.018	.033	−.032	.148**	.178**	.028	−.026	.106**	.064
英语	.162**	.051	.057	.052	.212**	.149**	.071	.037	.127**	.099*
物理	.029	.109**	.033	−.002	.147**	.152**	.037	−.024	.127**	.076*
化学	.085*	.108**	.040	.007	.152**	.189**	.036	−.026	.119**	.112**
生物	.072	.116**	.009	−.034	.112**	.123**	.030	−.037	.097*	.048
人数	663	663	663	663	663	663	663	663	663	663

注：*P＜0.05　　**P＜0.01

表 8　高三理科成绩和学习策略的关系

	策略总分	认知	元认知	利用资源
成绩总分	.141**	.121**	.175**	.091*
语文	.149**	.170**	.144**	.087*
数学	.080*	.055	.120**	.048
英语	.151**	.119**	.175**	.113**
物理	.092*	.070	.123**	.062
化学	.111**	.098*	.143**	.070

注：*P＜0.05　　**P＜0.01

5.高三年级不同成绩组学习策略的差异。

在之前的研究中，研究者采用名次或分数（高、中、低分）进行等距抽样，样本小且分类主观。为避免出现以上不足，本研究采用整群抽样的方式，根据 K-Means 聚类分析的方法给学生分类。按成绩总分划分为 3 类：高分组、中等组、低分组，文科生总分的高、中、低分人数分别为 81 人、132 人、44 人，理科生总分的高、中、低分人数分别为 227 人、299 人、137 人。表 9 所示是学生分类的 K-Means 聚类分析结果。

表 9　高三学生成绩（总分）的 K-Means 聚类分析结果

	分类	每个聚类中的案例数（人数）	最终聚类中心（均分）	ANOVAsig
文科（257 人）	1（高）	81	569	
	2（中）	132	488.7	.000
	3（低）	44	395.5	
理科（663 人）	1（高）	227	548.8	
	2（中）	299	461.9	.000
	3（低）	137	375.9	

对各组学习策略进行多因素方差分析（Dunnett's t 检验），结果表明：高分组和中等组的学习策略及细分维度均不存在显著性差异，均值较接近。高分组和低分组、中等组和低分组的学习策略均呈现显著性正相关（$P < 0.05$）。在认知策略和元认知策略方面，低分组和中等组、高分组均存在显著性差异。利用资源策略方面，文科生各组不存在显著性差异，理科生高分组、中等组和低分组均存在显著性差异。辛涛等人的研究结论"高中阶段，不同成绩组学习策略的总体水平不存在显著差异"[①]，和本研究相左。我们推测该结论受辛涛等人研究的样本过小（高一年级取样 102 人，高二年级取样 82 人）影响有关。本研究采用全数据方式，得到的结论更为真实。表 10 所示是各组学习策略的多因素方差分析（Dunnett's t）。

---

　　① 辛涛、李茵、王雨晴：《年级、学业成绩与学习策略关系的研究》，载《心理发展与教育》1998 年第 4 期，第 43 页。

表 10　各组学习策略的多因素方差分析（Dunnett's t）

	认知		元认知		利用资源		策略总分	
	均值差值		均值差值		均值差值		均值差值	
	文科	理科	文科	理科	文科	理科	文科	理科
1（高）和 2（中）	1.27	0.23	1.03	0.16	0.79	−0.7	3.086	−.37
1（高）和 3（低）	5.92*	2.87*	5.58*	3.99*	2.59	3.11*	14.086*	10.50*
2（中）和 3（低）	4.65*	2.64*	4.55*	3.83*	1.8	3.77*	11.000*	10.87*

注：*P < 0.05

6. 高三尖子生和学习策略的相关性。

南宁三中高三理科前 50 名和文科前 20 名学生在高考中有达到清华大学、北京大学录取线的实力。为考察尖子生成绩和学习策略的相关性，本研究选取理科前 50 名和文科前 20 名进行成绩和学习策略的 Pearson 相关系数检验。结果表明：尖子生成绩和学习策略不存在显著性关系。尖子生的学习策略水平都很高，这说明决定尖子生冒尖的因素除了学习策略之外更要关注其他因素，比如心理因素、动机水平和考场技术等。表 11、表 12 所示分别是理科、文科尖子生成绩与学习策略相关检验。

表 11　理科尖子生成绩与学习策略相关检验

	成绩总分	语文	数学	英语	物理	化学	生物
认知	−0.133	0.104	−0.239	0.018	−0.244	0.166	0.223
元认知	−0.010	0.130	−0.114	0.008	−0.139	0.168	0.170
利用资源	0.071	−0.024	0.057	−0.138	0.083	0.158	−0.063
策略总分	0.001	0.071	−0.081	−0.073	−0.086	0.202	0.124

注：*P < 0.05　　**P < 0.01

表 12　文科尖子生成绩与学习策略相关检验

	成绩总分	语文	数学	英语	政治	历史	地理
认知	0.381	0.308	0.264	0.291	0.165	0.027	0.348
元认知	0.330	0.345	0.195	0.271	0.246	0.031	0.226
利用资源	0.385	0.435	0.264	0.130	0.213	0.220	0.169
学习策略总分	0.415	0.406	0.275	0.267	0.115	0.099	0.290

注：*P < 0.05　　**P < 0.01

7.学习策略各因子对学习成绩的逐步回归。

将学习策略 10 个因子作为自变量，学习成绩作为因变量，进行多元逐步回归分析，结果表明：理科中，元认知策略对学习成绩构成正回归效应，可以解释 7.9% 的成绩变异。无论文理科，监视策略对学习成绩都构成显著的正回归效应。调节策略只对理科学习成绩构成显著的正回归效应。文科中，监视策略能够解释 7.5% 的学习成绩变异；理科中，监视策略能够解释 6.0% 的学习成绩变异，调节策略能够解释 4.5% 的学习成绩变异。除以上因子外，其他因子在多元逐步回归分析中均被排除。

对理科全样本（663 人）的分析才发现，元认知策略对学习成绩构成显著的正回归效应，即便是文科全样本（257 人）分析都未发现。推测原因有二：一是影响学习成绩的因素众多；二是样本要足够大。表 13 所示，是学习策略中各因子对学习成绩的逐步回归。

表 13　学习策略中各因子对学习成绩的逐步回归（仅呈现显著性变量）

因变量	自变量	R	R 方	调整 R 方	B	t
文科成绩总分	监视	.274	.075	.071	4.276	4.54**
理科成绩总分	调节	.212	.045	.044	3.258	3.58**
理科成绩总分	监视	.245	.060	.057	2.366	3.22**
理科成绩总分	元认知	.282	.079	.075	−3.035	−3.73**

注：*P < 0.05　　**P < 0.01

三、结论与启示

（一）研究结论

从总体上看，无论文科还是理科，学习成绩与学习策略均存在极显著的正相关。但分层分析表明，尖子生的学习策略与学习成绩无显著相关，低分组的学习策略明显低于高分数和中等组。这说明，随着成绩的提高和学习应用，学习策略学习与应用将逐步淡出决定成绩高低的关键因素，此阶段学习成绩高低另有他因。

从性别差异、文理科差异上看，女生虽然总体上学习策略应用水平优于男生，但男生的精加工策略、调节策略、多向互动策略等应用强于女生。这些策略对应的学习行为主要是深度探究、合作探究和自主探究行为。文科生需要背记大量的事实性知识，而理科生需要在多维审视和实际应用中理解知识、掌握方法。因此，文科生在复述策略、精加工策略、组织策略方面明显高于理科生，理科生在调节策略、多向互动方面显著高于文科生。

从回归分析看，元认知策略中的调节策略、监视策略对文理科的解释率虽然只有4%—8%，但显著性水平极高。在实际学习过程中，调节策略、监视策略的基础和前提是计划，基于目标或计划的执行力、变通力，是提高成绩的重要途径。

（二）教学启示

高考复习阶段，应区别对待不同层次、类别的学生，采用小班化教学、分层教学和个性化辅导策略。

加强低分层次学生的学习策略辅导，特别是元认知策略指导，引导学生正确认识自我、明确发展目标、制订学习计划，在实施计划过程中养成自我检视、自我调节的习惯和能力。

进一步研究高分层次学生的实际需求，为他们稳定发挥、进步提升作出有效的干预。

在本研究的基础上，还需要进一步探析的问题是：同一成绩水平的学生群体内部的学习策略差异分析；不同年级学生元认知策略形成与发展的影响因素分析；学习策略二级因素调节对学习成绩发展的设计研究。

大数据思维下高三学困生培养的策略与思考*

【摘要】提出教育大数据思维下学困生培养研究的新范式：数据驱动—学情特征—培养策略。在分析学困生自我效能特征、学习策略特征、成绩走势特征、典型错题特征后，刻画出"学困生群像"，并在实践中总结出学困生培养策略：侧重成长性学科；不同阶段的辅导侧重不同的学科；放慢节奏，突破重点；有效训练策略；长信心，转方法、补知识，提认识、抓规范。

【关键词】大数据思维　学困生　学情特征　培养策略

商业、医疗等领域的大数据应用正在拓展，教育领域也逐步开始研究应用。国务院颁布了《促进大数据发展行动纲要》（2015年 8 月），提出建立"用数据说话、用数据决策、用数据管理、用数据创新"的管理机制。对于学困生培养研究，过去教师们往往基于行动经验进行总结，大多是个案型的质性研究，缺少学困

＊　本文发表于《广西教育》2018 年第 18 期，第 6-7 页、第 11 页。

生学业发展的大样本数据，无法在实证上寻找决策支持。本研究在分析学困生自我效能特征、学习策略特征、成绩走势特征、典型错题特征后，尝试刻画出学困生学情特征的"学困生群像"，为学困生培养找到有力支撑。

一、基于大数据的学困生发展特征研究

（一）学困生自我效能特征

自我效能感理论（Self-efficacy theory）是美国著名心理学家班杜拉（Bandura）首创的，[①] 是当代心理学普遍采用自我效能感理论来研究和解释人对自己能力的信心、知觉或信念的最重要的理论。[②] 南宁三中每年均进行学业自我效能调查，采集了大量学生自我效能数据。采用南宁三中心理组编制的学业自我效能感量表，共 14 道题目。学业自我效能感分为学习能力自我效能感与学习行为自我效能感两个对应的维度，各 7 道题目。该量表的一致性系数为 0.78。

把高三理科全体学生 663 人按成绩总分分高、中、低三组（SPSS 聚类），以成绩分类为自变量，能力自我效能、行为自我效能、自我效能总分为因变量进行单因素方差分析，均分情况：高分组 27.4 分＞中等组 24.9 分＞低分组 22.7 分。结果表明：中等组、低分组学生（学困生）在能力自我效能、行为自我效能、自我效能方面和高分组均有显著差异，中等组和低分组学生无显著性差异。进行自我效能对中低分组成绩的逐步回归分析，发现解释变量系数都不显著，说明对于学困生来说自我效能不是区分中低分组的有效维度。但是，自我效能感均分低于中等组和高分组，说明学困生自我效能感仍有提升空间，对学生进行自我效能的培养仍是重要一环。杨海波等人在数学自我效能感与数学成绩关系的研究中认为：[③] 学困生的数学自我效能感显著低于优等生和中等生，而后两者差异不显著。本文所采用的成绩数据是总分，杨海波等人采用的是数学成绩，或许学科自我效能感有差异。

---

① Bandura, H. Social learning theory［M］. Englewood Cliffs, NJ：Prentice Hall, 1977.

② Bandura, H. Social foundation of thought and action：A social cognitivetheory［M］. Englewood Cliffs, NJ：Prentice Hall, 1986.

③ 杨海波、刘电芝、杨荣坤：《学习兴趣、自我效能感、学习策略与成绩的关系——基于 Kolb 学习风格的初中数学学习研究》，载《教育科学研究》2015 年第 10 期，第 55 页。

（二）学困生学习策略特征

本研究采用张业恒编制的学习策略量表，[①] 包含元认知策略、认知策略和资源利用策略。其中，认知策略包括复述策略、精加工策略、组织策略 3 个分量表；元认知策略包括计划策略、监视策略、调节策略 3 个分量表；资源利用策略包括时间管理策略、学习环境管理策略、努力管理策略、多向互动策略 4 个分量表。本研究把当年的学力调查和同时期的月考成绩进行相关性分析。表 1 所示是学习成绩和学习策略相关度排序。

表 1　学习成绩和学习策略相关度

学力	调节	监视	努力管理	复述	精加工	组织	时间管理	学习环境管理	多向互动	计划
相关度排序	1	2	3	4	5	6	7	8	9	10

研究表明：元认知策略中的调节策略、监视策略和成绩显著相关，学会学习的确是最重要因素。而努力管理排第三位，比认知策略中的精加工策略、复述策略略显重要。调查给本研究的启示是：在学困生培养中，关注学习能力的培养和关注学生的自我管理能力无疑最关键。

（三）学困生成绩走势特征

本研究独创学业成绩呈现方式，把高三学生的学业成绩全部转换为标准分，把所有学科成绩和总分放在同一坐标系下连续呈现。

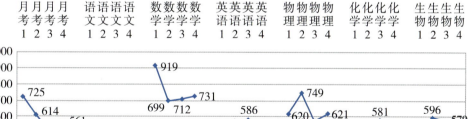
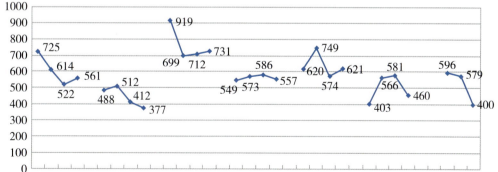

图 1　学生成绩（标准分）走势

---

①　张业恒：《中学生学习策略量表的编制及相关研究》，贵州师范大学 2007 年硕士学位论文。

本研究把 2011—2017 年高三学生（7000 多人）的成绩数据均转换为标准分，放在同一坐标下连续呈现。然后选取当年在高考一本线下 30 分的学困生，7 年总共约 1826 人的成绩走势图进行分析。典型的学困生走势图如图 1 所示。在分析大量走势数据基础上，本研究得出学困生学业成绩发展特征如下。

存在弱势学科、优势学科（100%）——指的是所有学困生均存在弱势学科或相对优势的学科。教学启示：学业指导应侧重相对优势的学科（或兴趣学科）。

波动大的学科，潜力也大（100%）——指的是所有波动大的学科潜力也大。教学启示：波动的原因往往是知识板块发展不均衡，找到学困生学科短板并进行针对指导是关键。

优势学科（或信心学科）发展潜力要比弱势学科大（82.5% > 36.8%），弱势学科往往提升难度更大（36.8%），弱科走势比较平缓（63.2%）——指的是保持走势平缓的学科占 63.2%，说明弱势学科往往提升难度更大，而波动大的学科（信心学科）发展潜力要大（占 82.5% 的学科进步超 30 分标准分）。教学启示：学习时间精力的分配要倾斜于信心学科、兴趣学科，不一定是弱科。

有进步的学生，其成绩的进步走势贯穿在高三整个学年（76.3%）——指的是 76.3% 的进步学生，进步进程贯穿在整个高三年度，说明大部分进步并非短期内达成，进步上升趋势是平缓上升，短期大幅进步的占比很小。教学启示：高三备考及早抓很重要，在高二下学期开始对学困生要有特别指导对策。

在高三后阶段有大幅提升的较小（15.6%）——指的是在高三下学期成绩总分有大幅进步学生占 15.6%。教学启示：后期的进步需要更科学精准的指导，仅仅靠题海战术效率不高。

（四）学困生典型错题特征

在阅卷试题库中筛选出近 3 年学科学困生（按学科成绩后 27%）的错题。阅卷库中近 3 年每学科的错题（月考、段考、期考、联考）近千题，对试题特征进行人工分析的工作量很大，近乎不可能。本研究按以下两个标准：按选项干扰度和题目难度系数分析，运用电脑进行分析。

按选项干扰度分析学困生错题特征。以某选择题为例说明选项干扰度分析的方法。图 2 所示是选择题的答题情况：B 为正确选项，答对人数为 652 人，占比 67.71％。A 为错误选项，选 A 人数 281 人，占比 29.18％，即 A 选项干扰度 29.18％，反映学困生在该选项上的疑惑值得关注。经过对所有学科的题目进行干扰度比对分析，统计发现学困生的典型错题存在超过 20％干扰度。

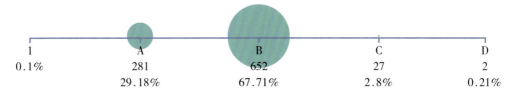

图 2 选择题选项干扰度分析

根据题目难度系数差异分析学困生错题特征。在按选项干扰度分析的过程中发现，有些题目虽然选项干扰度不到 20％，但有多个选项的干扰度都达到百分之十几。像这样的题目，我们采用难度系数的办法来确定。在统计分析近 3 年所有学困生（按学科成绩后 27％）的错题难度系数后，研究结合本校不同学科的情况，确定学困生典型错题的难度系数介于 0.3—0.5 之间。

二、高三学困生培养策略

在对学生进行的各种调查研究结论的基础上，结合实践的经验，本研究提出了高三学困生的培养策略。

（一）侧重成长性学科的发展

在多元智能理论看来，个体智能的发展方向和程度有着明显的区别。学困生往往学习能力相对差些，全面出击显然不妥。根据本研究调查和成绩走势特征分析的结论，优势学科、有潜力学科的突破更易，成长性学科（信心学科）的发现和打造是学困生实现突破的极重要一环。我们在实践中极力指导学生在有信心的学科上投入更多学习精力。常有人说"确保优势学科、重视薄弱学科"，这种说法其实不具指导作用。

（二）不同阶段的辅导侧重不同的学科

高三备考复习进程中，不同阶段的复习目的是不同的，结合学科的知识特点差异，比如，有的是长线学科（语文、英语），有的是短线学科（可以突击训练提升的学科），不同学科能力侧重不同，或侧重逻辑分析能力，或侧重记忆性知识。根据本研究对学困生群体的研究，英语和语文成绩的进步趋势是贯穿高三整年的，很少能在一个学年内有大的提升。为此我们认为，有些学科必须提前抓，如英语、语文。在高三上学期必须狠抓这方面的学困生。但是，到了高三下学期则要调整，倾斜于数理化生学科。

（三）放慢节奏，突破重点

根据本研究的调查研究结论，弱科的改变很不易，如何有效帮助学困生进步，则需要作出学习内容选择，即选择弱科的某个板块进行重点突破，特别是学习任务重、时间紧迫的高三下学期，守住弱科或咬住弱科应该是更多学困生的策略。教师的指导策略应是放缓节奏，甚至是大胆取舍复习板块，针对个别学困生的学习能力情况直接建议舍去某部分知识的复习。

（四）学困生有效训练策略

根据维果斯基的"最近发展区"理论，结合多年的学情反馈，编制符合学生"最近发展区"的训练题很关键，想办法让学生"跳一跳，摘得到"。在高三学困生辅导中，使辅导效果最大化的训练策略是：选的题目要少而精，难度要恰当，类型要典型，还要有一定的综合性。遵循循序渐进的教学规律，既不影响优生，又带动学困生，学困生"有兴趣去做""会做"。针对学困生的后进学科，建议在高三第一学期的训练与测试要以基础题为主，降低重心，把握尺度，坚决删去偏难怪题，紧扣基本概念、基本知识、基本方法、基本原理。根据学困生自身学习能力较差的特点，所有阶段的训练量均小于高考要求。

（五）先长信心，后转方法、补知识，最后提认识、抓规范

1. 长信心：学困生需要不断地鼓励，找闪光点助力成长。

指出学困生身上的闪光点，因材施教。俗话说"尺有所短，寸有所长"，教师要善于发现学困生的长处和优点，挖掘其身上的潜能，并予以充分肯定。这样能够使学困生重新审视自我，获取战胜困难的勇气和信心。

2. 转方法：学困生最需要哪些学习方法？

在2014届的学力调查研究中，我们发现，和学业成绩显著性相关的是元认知策略，即审视学习的能力。在2015届学力调查研究中，平行班在元认知策略中得分也明显低于重点班。在两次调查中，都发现成绩靠后学生的互动交流能力较差。针对

这些学情状况，本研究的培养策略重点在启发、触动学困生反思学习：经常开展学习方法与策略有效性与实用性的评价，有意识地引导学生将以教师为主导的外部反馈转化为学生自己的内部反馈；也可以充分发挥言语调节的作用，如"出声思维"的影响、学生口述解题理由。

3.补知识：抓牢基础知识，不要在大题、难题上纠缠。

学困生的"通病"是基础不扎实，这些学生最需要的是全面、厚实的基础知识。在学生知识基础还没有夯实的情况下，进行过深、过难的训练，往往会浪费学生宝贵的时间，甚至使学生丧失走向考场的信心。

4.提高认识、抓规范：制订"增一分计划"。

考场上非智力因素失分的情况很多，帮助学困生消除非智力因素而造成的失分非常重要，是提高学困生成绩的有效方法之一。面对如何克服考场心理波动失分这一问题，本研究从提认识、抓规范两个方面来解决。

提高认识，即无论是急躁的性格问题还是粗心的毛病，归根到底是认识的问题。我们认为，考场上最重要的认识有以下几点：减少失分就是多得分；多出妙手不如减少失误；细节决定命运；我难人亦难，我易人亦易；丢分不丢时。思想上认识清楚了，才会给心理的调节带来帮助，从而减少失分。

抓规范，即向规范答题多要一分。规范性问题：答题不规范，表述不准确、不完整，书写不规范、不清晰，卷面不整洁、不悦目，是许多学困生的毛病。学困生能否提升 3—5 分答题规范分会极大影响高考上线与否。

三、结语

本文提出教育大数据时代学困生培养研究的新范式：数据驱动—学情特征—培养策略。以实证研究法找到支持高三学困生培养策略的有力支撑，依据学困生群体的特征提出培养策略，促进学困生学业发展，具有现实价值。难点在于，作为学困生培养的数据驱动，要求中学教师具备一定的信息素养，要有较强的数据意识、数据采集能力、数据分析和呈现能力、数据解释能力、数据决策能力。普通老师很难有熟练的数据操作能力，为此，教育研究和管理部门要大力加强教育大数据建设，加强教育大数据人才的培训。

LCCTT 学情分析评价系统构建探索*

【摘要】本研究主要基于认知学习理论、个人建构主义、教育测量理论、心理测量学、元认知理论、多元智能理论的研究范式展开，从学力（Learning capacity）、课堂（Classroom）、班情（Class situation）、考题（Test）、考情（Test conditions）5 个维度（LCCTT）的学情分析评价进行研究和实践探索。学力研究方面，自编和修编学力测量问卷，结合高考成绩，利用 SPSS 等统计软件进行相关度研究；课堂教学研究方面，聚焦认知评判，给出策略；班情研究方面，以独特呈现方式分析评价学业成绩，进行实践；考题研究方面，运用测量理论建构了分析系统并应用；考情研究方面，研究增量发展性评价技术并应用。探索 LCCTT 学情变量之间的关系，为教育教学决策提供有效的支持。同时，研发了 3 个具有实际应用价值的软件。

【关键词】学情分析　考题分析　命题评价　教情评价　教育测量软件

---

* 本文发表于《广西教育》2018 年第 10 期，第 28–31 页。

一、问题的提出

（一）素养时代下改革的紧迫性

随着 2016 年中国学生发展核心素养的提出，中国教育正式从知识时代进入素养时代，如何实现学生核心素养的具体化、易操作化是研究者们关注的问题。因此我们既要关注核心素养理论建构，又要结合实践探索改革的路径；既要关注宏观的改革成果，又要关注从微观的角度针对不同教学与学习个体，研究其自我发展和互动规律，即深入研究学情，改革教学，使核心素养落到实处。

（二）学生学业发展情况的困惑

学生的学业发展对学生的成长至关重要，受哪些因素影响，如何产生影响，特别是在不同的阶段我们如何开展指导和帮助？我们在多年的教育教学实践中，认为基于学情的分析评价更有利于进行针对性的指导和帮助。

（三）学情分析的研究与实践中的缺陷

目前的学情分析有 3 点不足：①分析手段比较单一，缺乏多样化的分析工具；②分析过程比较粗浅，缺乏实证、深层次的思考；③缺乏可以提供的参考模板。从分析的手段上看，教师的学情分析大多数是采用经验判断的方式，分析手段的单一化倾向比较严重，需要加强学情分析的专业化和发展比较成熟的分析手段，如问卷调查、观察记录、谈话、测试、考题分析、成绩数据分析等方法的应用。从分析的内容上看，学情分析过程基本是粗线条的，以三言两语的简单评判式居多数，大多没有结合具体教学语境和学习状况展开分析。当前的学情分析不分角度、层次，各种学情要素杂糅，因此亟须研制与教学实践密切相关的学情分析系统。

二、研究方法

（一）确立以生为本、以学为中心的学情分析评价理论体系

1.以生为本、以学为中心，关注学生，关注"学"是本研究的起点。

在多年的教育教学实践中，我们认为从学力（Learning capacity）、课堂（Classroom）、班情（Class situation）、考题（Test）、考情（Test conditions）这 5 个

维度的学情分析评价对学生的成长、教学质量的提升最为关键和重要，为此我们选择这 5 个维度进行研究和实践探索。研究过程中，项目组注重运用学习分析技术，刻画学生"学"的人像，探索学情变量之间的关系，和对不同学情的处置策略，并探索建立发展性质量评估机制，重新厘定学情分析核心价值和根本使命，为教育教学决策提供有效的支持。

2. 关键术语界定。

"学情"的含义众说纷纭。本研究在相关研究的基础上对"学情分析"这个概念加以拓展和重构，本研究把它界定为"特定学习环境中的学生个体或群体的心智、能力、情感、情绪和行为结构状态的总和"。学情分析指教师为了促进学生学业发展而开展的对影响学生学业各因素的观察、测量、描述、分析、诊断和评估。我们认为"学情"应该主要包括学力测评、课堂教学、班情分析、考题分析、考情分析五大要素，具体如下。

（1）学力测评：学习动力、学习自控力、学习策略、学习风格的测评。

（2）课堂教学：学习起点和学习状态。"学习起点"主要是指学生在进行课堂学习时的基础、需要与准备。"学习状态"主要是指学生在课堂上表现出来的认知状态。

（3）班情分析：学习状况（主要是考试成绩）和表现状况。

（4）考题分析：学生答题反馈情况、试卷命题质量情况。

（5）考情分析：包括教情评价、考情诊断。"教情评价"着眼于教师的教学成绩的评价。"考情诊断"着眼于学科层面的问题查找。

3. 相关理论基础。

本研究基于以下理论基础：认知学习理论、个人建构主义、教育测量理论、心理测量学、元认知理论、多元智能理论。

4. 学情分析的方法：诊断评估性测验、心理学量表测量法、问卷调查、课堂观察与评价、认知访谈法、考题分析、命题质量分析评价、考试成绩数据分析。使用到的数据处理技术：Excel、SPSS、Winsteps。

（二）重视学情证据，多层次、多维度采集证据，建立学情数据库

项目组采集学情证据，把握学生学情点，并对这些获取的证据加以评估分析。

1.对学生进行学力测评。通过自陈量表调查，测评内容包括学习动力（自信、内部动机、外部动机）、学习自控力（毅力、注意力、情绪、心态）、学习策略（认知、元认知、资源利用）。将测评结果中的相关学生成绩、行为表现形成报告，反馈给年级组、备课组、班主任进行教育教学干预和调整。

2.填写"南宁三中学生谈心谈话记录本"和学生版"自测试卷分析表"。通过学生自评了解他们的基本学习情况，发现学生阶段性的学习问题，并制订对应的跟进措施。

3.填写学科组"命题质量双向细目表"和"命题规划表"。通过教研组（备课组）教学倒查机制，了解学情。

4.填写教师版"试题分析表"。通过对答题状况的分析了解具体得失分情况，调整教学方法和策略。

5.开展集中备课活动。利用课堂学情分析指导表，分析教前学生认知状态、预估课堂的生成状态，加以评估，精准教学设计。

（三）分析学生认知状态，改进教学，精准教学

过去，教师在课堂教学中了解并改进学生的"学"方面存在较大的问题，如学情分析缺失、分析泛化、分析窄化。为此，项目组进一步加强对课堂教学学情分析的研究，不仅关注静态学情分析，而且重视教学实施过程中学生学习状态的动态分析，促进教师对"学"的观察与分析能力的提高。以学为中心，改进教学设计与实施，精准教学，建立与学生学科核心素养发展相适配的教学模式与教学策略。

（四）开展班情、考题、考情分析评价的研究

在班情、考题、考情分析评价方面，在教育测量理论和技术指导下，研究一些具有普遍指导意义、便于实际操作，同时也比较全面、客观的评价学情、教情的方法与技术，设计科学的测量量表以获取学情证据。

（五）探索教情表现评判标准，改革教学评价制度

建立大数据库，处理近10年来考试的成绩数据，挖掘教学质量发展规律。研究教情增量评价技术，确立教学质量评价指标，建立教师发展性质量评估机制，从而真正发挥评价的导向和激励作用，摒弃陈旧的、生硬的、分分计较的评价标准。

（六）研制学情分析软件

市面上的软件往往是面向广大市场的普遍需求，无法完全贴近中学的实际运用。本项目组教师都是中学一线教师，真正了解中学学情分析的应用需求，熟练运用常见数据分析软件，研制具有使用价值、特色管理需求的软件，极大提升学情分析的效率。

三、LCCTT 学情分析系统的构建与实践

（一）研究 LCCTT 各要素的分析评价方法并实践应用创新

1.学力测评：了解学生的禀性，提供个性指导。

对学生的学习动力、学习自控力和学习策略、学习风格进行测评，建立连续观察的学力数据库。这可为班主任工作提供基本参考信息，并为学生提供可供参考的个性化指导方案，帮助学生提高学习效率。本研究尝试探索把决定学习者学习过程是否顺利、最终学习成果水平高低的隐性学力（发展性学力和创造性学力）和高考成绩做相关研究，建立相关模型。

研究结论：成绩总分和监视策略在 0.05 水平（双侧）上显著相关。成绩总分和调节策略在 0.01 水平（双侧）上显著相关。

2.课堂教学分析：把脉学生的状态，促其走出疑惑。

包含教学设计的学情分析和教学实施的学情分析 2 个部分，即预设和生成 2 个部分。

（1）教学设计层面的学情分析，让教学朝向精准。

分析重点：学生的认知状态。

分析方法：利用反馈数据（作业、课堂、测评、交流），侧重做群体认知水平判断。

分析手段：课堂教学学情分析指导表。

（2）教学实施层面的学情分析评价，认知评判，因势利导。

教学实施层面的学情分析评价实质是认知评判，即通过建立有效的认知因果模型来进行推理。对于学科教师而言，熟知导致所有认知因素变化的所有路径，无疑特别关键。

分析思路：学习境脉—认知冲突—问题表征—启发解决—走出疑惑。

应对策略：创设问题情境，促使学生思维外显，分析问题表征，提供假设，启发解决问题。

实施经验：扩大"学生样本"，因应学情、推动讨论，关注个体差异化。

分析手段：课堂教学学情分析指导表。

3.班情分析：找准学生的弱点，适时介入干预。

本研究的班情分析以生为本，聚焦学生个人，关注学习本身，落脚于与学生学业相关的外显性、表现性内容。分如下两个方面。

（1）表现性维度。

过往的研究更多还是案例分析，但案例常常是经验层面的个案，无法复制。本研究采用调查问卷获取学生表现数据，网络方式自动统计得到报告，由专业心理教师主持分析，结合学力测评，提出对策。

（2）学业成绩。

创造性地把总分和所有学科的成绩（标准分）放在同一坐标系下，直观呈现各科学业成绩和总分学业水平的相对高低和动态发展。该动态图表为学情警示、临考复习策略、时间分配策略、临界生培养策略等提供了更多支持信息。应用场景如下，学情警示：趋势突然下跌，及时介入。临考复习策略：临近建议补强为主，保弱为辅。时间分配策略：长线学科及早抓。临界生培养策略：抓重点、抓兴趣点。尖子生雕琢策略：优秀生学情分析量表。

4.考题分析：诊断认知缺陷，查缺补漏。

（1）答题分析方面。

从两个层次去分析：第一层次，经验学术型试卷分析，研制了具有本校独特的学生版自测试卷分析量表和教师版的试题分析表。第二层次，测量理论指导下的技术分析。

一是经典测量理论下的试题分析研究和实践。

首先，研制了学科答题分析软件，除能完成市面软件能实现的描述性统计分析（如平均数、标准差、中位数、频数分布、正态或偏态程度等）之外，同时实现分析选项干扰力度、生成动态题目特征曲线，对试题分析讲解有极大辅助作用。利用选项干扰力度强弱，可以轻松定位学生错题的思维误区，对症下药；利用题目特征曲线，可以判断题目命制的合理性，好题入库，陋题摒弃，初步建立校本试题库。

其次，利用项目反应理论研究试题，尝试在部分学科研究建立经过筛选的校考试题库。

二是认知诊断理论的学习和探索。组织项目组核心成员学习认知诊断理论，初步理解掌握该理论，下一步准备在部分学科开展探索研究。

（2）命题质量分析方面。

建立命题分析框架，确定基本分析项目：能力分类、能力目标、知识考点、认知水平、知识分类、赋分、设计难度、预估得分、实测难度、难度差。成功研制操作简单的软件，实现命题质量分析简单化。

5.考情分析：激励产生动力，引领教师主动发展。

（1）考情分析学术化定位，确立考情分析会的内核：凝神聚气。两大着力点：诊断和激励。诊断发现问题，激励产生动力，千万勿把考情分析会变成批评会。

（2）确立教情的发展性评价原则，研究增量评价技术，构建学校发展性督导评估指标体系。

操作方法：将原始分转化为标准分，连续观察判断走势，以趋势、增量判断教情。学生入学进行摸底考，确定（班级）学科、总分的基准标准分，然后和未来几次考试标准分比较，以观察数据曲线趋势并计算增量来判断教情。教情预警：数据曲线趋势突然下降或连续下降则要重点关注。

研制南宁三中学业成绩分析系统（软件）：要实现贴近高中教情发展性评价的要求很难，因为市面并无适合学校要求且操作简单的产品，本项目组研制了南宁三中学业成绩分析系统，实现输入成绩，动态生成教情走势曲线图，除能完成市面软件能实现的描述性统计分析外，还内嵌了20多项解决实际问题的特色功能，走出了软件开发人员不懂教育测量而教学人员难以开发的困境。

在近6年的实践中，我们研究检验了评价教师教学成绩进步的增量值，借鉴浙江省的研究成果以及大量的教情分析评价经验，我们将进步增量值设定为：标准分20分。

在近6年的实践中，我们发现绝大部分教师教情都在合理范围波动中。连续进步的较少，持续退步的也极少见。进一步证明，考情分析会应以激励为主。

（3）最大限度发挥考情分析会的诊断功能。

重点诊断项目：尖子生的均衡发展程度（匹配度）、尖子生的拔尖度（参照南宁三中高考成绩常模标准）、尖子生学科发展动态趋势、学科（班级）发展动态、临界生发展动态（薄弱学科情况）。诊断后提出对策。设立三级考情分析会：年级组层面、学科组层面、班级层面。形成系列考情分析规范文件。

（4）研定高三命题规划。科学设定考试频度，严格设定各次考试的功能定位。

表1　各次考试的功能定位

上学期	8月	9月	10月	11月	12月	1月
功能	激励、诊断、反馈	激励、诊断、反馈	激励、诊断、反馈	激励、区分、诊断、反馈	区分、诊断、反馈	模拟、诊断、评估、反馈
	规划	规划	激励	激励	发展	发展
具体作用	学习适应、习惯养成			综合训练提升		能力提高

下学期	2月	3月	4月	5月
功能	导向、诊断、评估、反馈	导向、诊断、评估、反馈	模拟、适应、预测、诊断、反馈	模拟、适应、预测、激励
	预测	预测	调整	最佳
具体作用	能力提高期	突破"高原期"、明确方向		冲刺、状态调整

（二）形成 LCCTT 学情分析评价系统的理论

1.LCCTT 各要素的作用关系。

基于上述研究，我们认为 LCCTT 的 5 个维度呈现关系如图1所示。

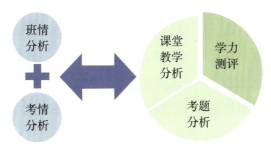

图1　学情分析系统

我们认为，在学情分析系统中学力测评、课堂教学分析、考题分析是获取学情的途径和手段。班情分析和考情分析更多承担诊断、纠偏、督导的作用。刻画一张完整的学习人像，显然仅靠"教"层面的研究远远不够，"学"的分析和研究甚至应该重于"教"的研究。多层面、多维度获取分析信息，即学力测评、课堂教学分析、考题分析同等重要。针对一些学校重考情不重班情的做法，我们认为班情分析和考情分析同等重要。

2.LCCTT 各要素的作用价值。

学力测评让教师更容易了解学生的特质，也让因材施教变得简单可行。课堂教学（课前预设、课中生成）分析是学情分析的主阵地，了解学生知识状态可促进学生概念转化、情感升华，做好更多准备和架设。考题分析为诊断学生当前的认知状态、考试技术提供了技术支撑，有效地指导了课堂教学设计和实施，也为科学命题提供依据。班情分析是学生健康发展的直接监控保障。考情分析是学校层面教学督导。

鉴于以上研究，我们认为基于 LCCTT 的学情分析评价系统是教学质量保障体系最重要构成部分。

（三）研制南宁三中高考成绩常模标准参照表

研制方法：以近 6 年全广西高考数据标准分为参照，确定南宁三中过去 6 年所有学生高考成绩标准分；找到历年对应本校学生的高考上线分数（标准分），并取均分。确定广西前 100 名线、清（华）北（大）线、985 线、一本线，从而获得本校高考成绩常模标准参照表。这为准确甄别选拔一流尖子生、确定临界生提供了有力支持。

（四）建立质量评估标准、构建引领教师主动发展的评价机制

制定了年级组、学科组、班主任考情分析要求和流程规范。加强命题质量监控，重视考试命题的科学性，发展双向细目表为多维细目表，每次考试要求标定考题知识点和能力点，为每个班级和学生提供改进和提升报告。建立了教学质量评估标准，形成以学科班级纵向发展评价为主、横向比较为辅的评价模式，确定以标准分评价进步或退步的合理值域，构建引领教师主动发展的评价机制。

（五）研制学情分析和评价的多种测量工具并实践应用

编制了系列评价工具：课堂教学学情分析指导表（观察量表）、班情分析量表、学生试卷 SK 分析表、命题分析量表、优秀生学情分析量表、学科核心素养测量量表（学科）、南宁三中高考成绩常模标准参照表等 20 多个量表。进行学情调查近百次，对学生答题策略、考试技术、学习动机、学习兴趣、考题分析、学习策略、探究素养水平、自我效能等维度进行评估，形成报告，反馈于教育教学。

（六）研制学情分析评价软件并实践应用

首先，研制了南宁三中考情分析系统，系统功能包括：总分直方图，总体及各科分析，各班三率，试卷质量分析，平均分及均分贡献，600 分群体，临界生人数，教师光荣榜，教学质量评估，各科分数段分布，各班一本、二本、学科和班级均分差，超尖生稳定性分析，年级前 50 名分析，各科前 50 名分析，分数线划定，优良率频数分析图，学生成绩走势跟踪，前 50 名走势，凭学号查成绩，一本匹配（命中），一本匹配（贡献）。

其次，研制了学科答题分析系统，系统功能包括：年级及各班均分情况、一本上线情况、试卷难度系数、年级及各班小题得分情况、年级及各班成绩分布情况、年级优秀生情况、年级临界生情况、查个人小题得分情况、选项干扰度分析、试题特征曲线。

最后，研制了命题质量分析系统，分析项目包括：题型、情景类别、认知水平、能力分类、行为表现、知识分类、知识模块、知识单元（主题）、内容标准、知识考点、难度预估点数、累计点数、难度系数、难度名称、预估难度分类。

上述自研的分析软件独具特色功能，可极大满足学校考情、教情、考题的实际应用需求。

四、反思

（一）教师传统教研理论的观念不易改变

少数教师的传统教育教学理论根深蒂固，更喜欢自然主义的研究范式，往往凭借经验判断、叙事、研究案例，对学习理论、实证研究方法有抵触情绪。对此，学校在教师培训课程方面应有目的地倾斜设置课程。

（二）LCCTT 学情数据库的建设困难重重

构建 LCCTT 学情数据库意义很大，但困难更大，需要教育行政大力推动。

（三）学习分析技术人员培训力度要加大

一线教师在测量理论方面较薄弱，未来在学习理论、命题技术和评价、学情数据处理方面要多聘请专家到校讲座辅导或外派教师培训。

（四）课堂教学学情分析评价探索力度不够

基于学情分析的课堂教学研究循环圈在实践中的探索力度不够，从学校运行的情况来看，获得的结果不是最佳，还需要投入更多的时间进行研究。

基于数据分析的高考志愿决策模型研究*

【摘要】研究了近几年广西高校高考录取的均分线差趋势问题，提出合理梯度分值，建立基于均分线差法的志愿决策模型，对考生填报志愿提出相应的建议。研究了对学生报考志愿产生影响的各种因素，对考生志愿填报的影响因素进行更科学的分析研究，建立考生个性需求分析模型，并且为高中学校如何在新考改下适应志愿填报提出相应的对策。

【关键词】均分线差　高考志愿　决策模型　需求模型

广西高考志愿填报自 2009 年以来实行平行志愿，传统的平行志愿模式运行多年来逐渐显现出一些问题。考生、家长总是倾向于使考分优势"利益最大化"，即便有对高校和专业倾向明显的考生和家长能够轻松圈定范围，但对照一下自己的高考成绩，"选择困难征"仍会不可避免地出现。填报志愿的困

＊　本文发表于《中学教学参考》2018 年第 12 期，第 48–50 页。

难使各种填报志愿网站、APP 或服务机构如雨后春笋般冒出来，以迎合市场的需求。这也印证了一点：教育研究机构的研究不足、公益性高考招生辅导或咨询不足。然而，每个省区的招生情况不一样，志愿填报的博弈只在当地，所谓的专业服务机构面向全国服务，不可能完全了解各省区的志愿填报情况。本文尝试以广西的样本数据分析为例设计符合广西的志愿填报模型，并进行考生志愿填报影响因素分析。

一、基于均分线差法的志愿决策模型

作者依据新浪网高考栏目——高考志愿通·院校库可查询数据，选择广西大学、广西师范大学等院校在内的 7 所区内院校作为样本，下载 2008—2017 年 10 年的高考录取数据进行分析。由于每年高考模式不一、高考试卷难度有别，各个院校各年度的录取分数可能发生较大的变化。但是通过大量的统计和分析，我们发现，对多数院校来说，尽管录取分数波动较大，但其录取线差一般波动相对有规律。由于录取最高分和最低分偶然性较大，本研究均采用均分线差法（均分线差 = 录取分数均分 – 一本线分数）研究。所研究的 7 所区内高校，按照均分线差均值波动情况可以分为 4 种类型：上升型、下降型、平稳型、波动型。线差均值趋势上升的可以定义为上升型院校，相反为下降型院校。均分线差均值波动较小，可以定义该类院校为平稳型院校。线差均值波动相对较大，定义该类院校为波动型院校。不同类型院校的志愿填报策略应该有差异。本文以广西大学在 2008—2017 年的录取分数情况进行分析，利用线差均值波动法判断院校及专业波动的情况，并尝试建立不同类型院校的"冲、稳、保、垫"志愿决策模型。

（一）线差均值波动法判断院校及专业波动情况

院校波动情况选取广西大学理工类 2010—2016 年的数据分析。主要分析点是录取线差，录取线差等于当年专业录取平均分减去当年一本分数线。

表 1　2010—2016 年广西大学理工类录取线差情况

（单位：分）

	2010 年	2011 年	2012 年	2013 年	2014 年	2015 年	2016 年
一本线	500	506	528	510	520	480	502
录取平均分	518	528	552	539	553	518	542
录取线差	18	22	24	29	33	38	40

（注：录取线差 = 录取平均分 – 一本分数线）

（单位：分）

图 1　2010—2016 年广西大学理工类录取线差波动情况

从表 1 和图 1 可看出，广西大学（理工类）录取趋势（均分线差）明显呈现上升趋势，因此，广西大学属于上升型院校。像广西大学这一类综合实力较强的院校，优秀生源越来越集中将是发展的趋势，利于培养更多的拔尖创新人才。广西大学理工类均分线差发展趋势明显，录取线差每年平均升高 3.7 分。在高考平行志愿填报中，毫无疑问要考虑发展趋势，安全填报要增加计算余量分值 3.7 分。而对于那些综合实力较弱或者专业特色优势不明显的院校来说，优秀考生数量会减少，分段的优质生源会下降，这样的院校属于下降型院校，填报此类院校时则不必考虑安全余量。

专业波动情况以 2008—2017 年广西大学 17 个专业录取线差情况为例进行分析，舍去数据不齐的专业。

表 2　2008—2017 年广西大学 17 个专业录取线差情况

（单位：分）

序号	专业	录取线差									
		2008 年	2009 年	2010 年	2011 年	2012 年	2013 年	2014 年	2015 年	2016 年	2017 年
1	建筑学	29	26	29	38	39	53	68	76	77	71
2	工商管理	19	24	27	36	34	48	17	77	70	67
3	电气工程及其自动化	20	22	24	31	39	53	61	75	72	67
4	水利水电工程	14	20	26	32	33	45	52	58	59	56
5	木材科学与工程	12	19	8	16	14	18	18	28	33	35
6	电子科学与技术	17	15	15	20	24	30	35	41	49	52
7	旅游管理	11	14	16	14	22	29	36	47	45	54
8	环境工程	8	14	12	15	15	24	30	41	49	48
9	泰语	11	13	15	19	12	26	20	34	34	43
10	公共事业管理	8	12	17	16	22	25	20	38	38	46
11	日语	13	12	14	16	18	21	26	35	43	50
12	化学	11	12	13	13	14	20	23	30	38	41
13	矿物资源工程	9	10	9	14	12	17	16	24	34	33
14	越南语	6	8	8	3	11	15	6	13	25	33
15	生态学	5	6	6	12	9	22	16	34	32	33
16	林学	4	4	17	6	8	14	1	15	25	23
17	动物科学	17	0	19	5	11	13	1	15	22	19

（单位：分）

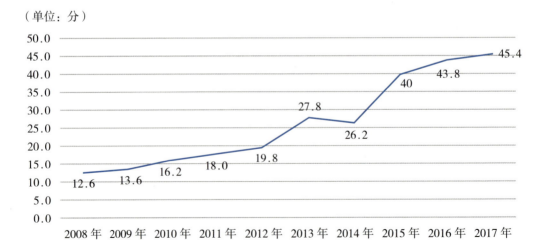

图 2　2008—2017 年广西大学 17 个专业录取线差均值

通过分析和比较 10 年间广西大学各专业招生录取情况，可以得出以下结论：自 2009 年广西高考实行平行志愿后，广西大学各专业的录取线差都有大幅提高，生源质量进一步提高。从统计结果看，2008 年各专业的平均录取线差为 12.6 分，而实行平行志愿之后 2009 年平均录取线差为 13.6 分，录取线差逐年提高，特别是 2017 年比 2008 年高出 32.8 分。实行平行志愿后，有博士学位授权、国家级质量工程平台的学科专业生源质量明显较高，学科影响力度和优秀生录取情况的吻合度很高。志愿填报关注该院校不同专业发展趋势、设置填报分数的安全余量值尤其重要。需要注意到，2015 年广西新课程改革下的首次高考显著拉开了录取差距，但是此后 2 年（2016 年、2017 年）趋于平稳，录取线差 2017 年仅比 2016 年高 1.6 分。

（二）"冲、稳、保、垫"志愿决策模型

志愿决策最重要的模型是"冲、稳、保、垫"志愿决策模型。冲一冲、稳一稳、保一保、垫一垫分别对应的是风险型、稳定型、确保型、垫底型院校。每年高考填报志愿咨询会上，专家给出的建议往往笼统而不清晰，"拉开梯度、冲稳保垫"，拉开分数差填报志愿，但是到底拉开多少分数合理，却无法根据不同发展类型的院校给出有指导价值的具体模型。在研究广西区内 7 所院校近 10 年的录取均分线差发展趋势的基础上，本文提出基于不同类型院校录取线差波动情况上的"冲、稳、保、垫"志愿决策模型。

表 3 2010—2016 年广西区内 7 所院校理工类一本录取均分线差趋势

（单位：分）

	2010 年	2011 年	2012 年	2013 年	2014 年	2015 年	2016 年	年均增长	院校类型
广西大学	18	22	24	29	33	38	40	3.7	上升型
桂林电子科技大学	12	16	16	18	18	21	21	1.5	平稳型
桂林理工大学	—	—	12	14	20	21	16	1.0	波动型
广西医科大学	37	35	34	47	61	62	65	4.7	上升型
广西中医药大学	—	—	—	—	—	25	35	5.0	—
广西师范大学	11	12	12	14	15	18	20	1.5	平稳型
广西民族大学	10	14	9	8	15	16	13	0.5	波动型

表 3 的数据是 2010—2016 年广西区内 7 所院校理工类一本录取均分线差的情况。在计算各院校的均分线差年均增长后，得出如下结论：在招生计划数逐年增多

的背景下，过去7年的数据统计表明，没有下降型院校。上升型院校有2所（平均上升4.2分）：广西大学、广西医科大学；波动型院校有2所（波动幅度5分）：桂林理工大学、广西民族大学；平稳小幅上升型院校有2所（平均1.5分）：桂林电子科技大学、广西师范大学。结合不同类型院校录取线差变化情况以及高考考生个人分数是整数的特点，本研究做如下填报志愿分数安全余量设定。

表4　不同类型院校志愿分数安全余量设定

	上升型	平稳型	波动型	下降型
填报志愿分数安全余量	5	2	5	

在此基础上，得出"冲、稳、保、垫"志愿决策模型如图3所示。

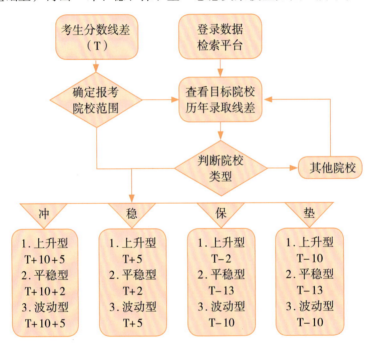

图3　"冲、稳、保、垫"志愿决策模型

T为考生高考总分和一本线控制线的差。以"冲"为例：填报上升型院校的差值 =T+10+5，10分的设定是拉开"冲"和"稳"的级差，5分是安全余量。如考生甲当年分数为500分，一本线为480分，则考生甲的T为20分，若考生甲想"冲"某上升型院校，那么某上升型院校上一年的均分录取差值应为20+10+5分即35分。梯度情况是："冲"和"稳"的梯度是10分，"稳"和"保"的梯度是7分，"垫"和"保"的梯度是13分，"冲"和"垫"的梯度保持30分差距。志愿填报的"底线意识"尤为重要，"垫"的底线是一道"防波堤"，面对录取的未知风险，"冲"和"垫"的梯度保持30分差距足以提升志愿的"抗洪能力"；从提升志愿性价比角度而言，底线又是一次对院校及专业的巧妙取舍，并非越低越好。本研究设定"垫"的均分差值和"保"的梯度为13分，目的是充分利用手中的分数，寻求与之匹配的院校及专业的最佳组合。

二、考生个性需求模型

在传统平行志愿模式下，如何在选择高校和选择专业间达到一个平衡，对于大部分考生、家长来说确有难度。面对几百所高校，不同地域、不同层次、不同类型、不同风格、兼并重组的过程各异，而每所高校琳琅满目的专业设置让考生更加不知所措。不少学者研究了影响考生志愿填报主要因素及其递阶层次结构，得出了一些纷繁的结论。本研究用调查法和头脑风暴法得出如下影响志愿选择的因素排序，并尝试聚类得出不同层次的影响因素，力图还给考生清晰的分析思路。

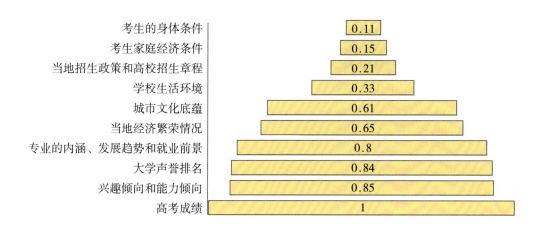

图4　报考影响因素占比（单位：%）

进行聚类分析，可以得到4个层次因素。第1层次：高考成绩，无疑是最重要的。第2层次：兴趣发展和大学排名，包括兴趣倾向和能力倾向，大学声誉排名，专业的内涵、发展趋势和就业前景。第3层次：城市经济文化情况，包括当地经济繁荣情况、城市文化底蕴。第4层次：考生个人情况和招生政策。

　　到底是遵从兴趣，还是选地域、选城市、选大学或选专业？在高考这个人生的重要转折点，对于这个问题，其实没有标准答案。根据上文中的分析结果，再次对考生志愿选择提出以下两点建议。首先，在选择专业时，可以参考教育部的专业排名，或者选择自己感兴趣的专业。目前教育部所给出排名是可信度最高的参考信息。其次，各院校录取均分差值的计算要自行通过可靠平台获取，如省级招生考试院官网等。

三、结语

　　本文尝试在志愿填报梯度和填报个性需求上提供一个清晰的模型，确定各级梯度分值，梳理填报的影响因素并区分层次，致力于让高考志愿填报有可参照的操作模型。

　　广西 2019 年入学的高一新生将面临新的高考制度，新高考下丰富的课程选择性为素养培养提供了坚实支撑，同时新高考志愿的填报取决于生涯规划素养的培养，素养决定选择。如何引导高中生积极参加社会公益活动，参与社区管理、公共决策和社会监督，不断提高其社会适应能力？如何引导学生发现自己内心诉求，不断认识了解自己的潜质、兴趣和特长，明确人生发展方向，学会科学规划自己的人生？这些都将成为普通高中生涯规划素养课程建设和实施的重点，要求高中学校在综合实践活动课程和生涯规划课程的建设和实施上有新的作为。

k-means 聚类分析应用于班级分层的研究*
——以高一物理学科成绩的分类为例

【摘要】文章介绍了"统计产品与服务解决方案"软件 SPSS 的 k-means 快速聚类分析方法，并应用于高一学生物理学科的分层研究中，由于采用了聚类技术而不是根据主观经验，使得班级分层更加合理。本研究按聚类数 3 类、4 类和 5 类对高一期考物理成绩的 5 个变量进行聚类，所获得的结果用于指导物理学科分层分班。同时，结合本校校情提出分层的原则：有利于拔高尖子生，充分关注中等生，特别照顾学困生。

【关键词】k-means 聚类　班级分层　分层教学　高中物理

学生个体之间存在差异性，个体差异主要表现在"成绩度差异""学习方式差异""学习速度差异""学习能倾差异""兴趣爱

* 本文发表于《基础教育研究》2019 年第 5 期，第 68–70 页。

好差异""生活经验差异"①等方面。《国家中长期教育改革和发展规划纲要（2010—2020年）》指出，高中阶段教育"推动普通高中多样化发展。促进办学体制多样化，扩大优质资源。推进培养模式多样化，满足不同潜质学生的发展需要。探索发现和培养创新人才的途径。鼓励普通高中办出特色"。因此，应个体差异性进行因材施教的分层教学研究及实践方兴未艾。自2014年上海、浙江实施新一轮的高考改革以来，分层走班已然是大势所趋。

一、"分层方法"的研究现状

学界在分层教学的方法、策略和模式等方面的研究较多，如王换荣、陈德坤、陈进前的研究"学考和选考化学课程的分层走班教学实践"，在教学目标、内容、作业和考试的分层上进行了不少有益的探索。叶琳和刘文霞认为"分层教学不仅是一种教学模式，而且是一种班级授课制形式下的基于学生差异的个性化教学模式"②。班级授课制下的教学必然要求分层的合理性，但以"分层教学""分层标准"为关键词在中国知网进行查询，未找到有关文献。过去，普通高中的班级分层的做法几乎都是以考试成绩总分排名为唯一指标，分为重点班（尖刀班）、普通班（平行班）两类班级。2014年以来，上海市和浙江省实施新高考引发了走班分层教学的新实践和研究。在新高考分层走班研究中，牛学文和琚亮认为"根据学生必修课的综合水平和学习能力分成二至四个层次"，"据自身的校情和学情，不同层次的人数比例不同"③。韩艳玲和毕宪顺的研究认为"学科层次的设置并不是单纯地以学生的成绩为标准进行划分，是根据学生在这一学科学习水平的差异划分为A、B、C三个层次"④。上海和浙江两地的分层改革"更大的优点在于是学科的分层，不是总成绩的分层，利于学生根据兴趣爱好规划将来大学的专业选择，利于增加学科组合的多样性"⑤。谭会慧在基于混合学习的地理分层教学实践研究中将学生"根据历次地理成绩并结

① 钟启泉：《"个性差异"与素质教育》，载《教育理论与实践》1997年第4期，第8—12页。
② 叶琳、刘文霞：《"分层教学"概念反思》，载《文教资料》2010年第1期，第129页。
③ 牛学文、琚亮：《分层走班制及其实施路径》，载《中国德育》2015年第24期，第38页。
④ 韩艳玲、毕宪顺：《高考改革背景下高中分层走班制实施路径探析》，载《考试研究》2016年第3期，第88页。
⑤ 王换荣、陈德坤、陈进前：《学考和选考化学课程的分层走班教学实践——基于浙江省高校招生制度改革的化学分层教学实施策略探究》，载《化学教与学》2016年第2期，第22页。

合平时地理课堂表现将全班学生按照 1：2：1 的比例进行划分，全班 40 人合理地划分为 A（优等生）、B（中等生）、C（待优生）三个层次"[①]。从总分分层到学科分层，是一个巨大的进步，充分尊重了学生的兴趣，实现选择的多元化，选择的丰富性无疑是其最大的亮点。不同特质和层次的学生选择一个学科学习时，如果没有进一步的分层教学，显然仍无法放大亮点，但目前所看到的文献都没有清晰提出分层标准和操作方法。按目前中学分层的通常做法，均以排名为硬性指标来分层，主观性、随意性很强，没有借鉴价值。本研究尝试利用高中一年级物理成绩的 5 个变量差异进行 SPSS（Statistical Product and Service Solutions，统计产品与服务解决方案）k-means 聚类分析，按照智力测验分数和学业成绩分成不同水平的班组，尝试为设立合理分层标准和制定分层原则进行探索。

二、SPSS 软件和 k-means 聚类分析介绍

SPSS 是 IBM 公司推出的用于统计学分析运算、数据挖掘、预测分析和决策支持任务的软件产品及相关服务的总称。SPSS 界面友好、操作简单，在社会科学、自然科学的各个领域应用广泛，是教育科研工作者进行实证研究的数据处理利器，功能主要包括描述性统计、均值比较、一般线性模型、相关分析、回归分析、聚类分析、数据简化、生存分析等。SPSS 统计及检验结论广为学界、出版界认可，可以不必说明算法，足见该软件的信誉和影响。

聚类即"物以类聚"，聚类就是分析建立一种分类，是将一批样本（或变量）按照在性质上的"亲疏"程度，在没有先验知识的情况下自动进行分类的方法，其中，类内个体具有较高的相似性，类间的差异性较大。[②] 聚类分析包括分层聚类和快速聚类。研究中，观察值在 200 个以上的，则采用 k-means 快速聚类分析方法。本研究个案总数大，故采用 k-means 快速聚类。

SPSS 中 k-means 快速聚类基本操作步骤：①菜单选项：Analyze ⟶ Classify ⟶ k-means cluster。②选定参加快速聚类分析的变量到 Variables 框。③确定快速聚类的类数

---

① 谭会慧：《基于混合学习的地理分层教学实践研究》，载《地理教学》2016 年第 9 期，第 17 页。
② 杨晓明：《spss 在教育统计中的应用（第 2 版）》，高等教育出版社 2012 年版，第 247 页。

（Number of clusters）。类数应小于个案总数。④选择聚类方法（Method）：默认 Iterate and classify，即在聚类的每一步都重新计算新的类中心。⑤确定聚类终止条件（Iterate）。

三、数据来源与数据有效性分析

本研究采用的是全样本数据，南宁三中高一年级期考理科全体学生的物理成绩，共 18 个班，学生 985 人。年龄为 14—16 岁。本次物理卷满分 100 分，总题量 20 题，其中选择题 42.0 分、实验题 12.0 分、计算题 46.0 分。按知识板块划分（存在交叉）：纲量 3 分、匀变速运动 46 分、力学 43 分、牛顿运动定律 27 分。总体平均分：46.3 分，难度系数 0.46。板块得分情况如表 1 所示。

表 1　南宁三中高一年级期考物理试卷板块得分情况（单位：分）

知识板块	纲量	匀变速运动	力学	牛顿运动定律	全卷均分
得分	2.2	32.0	14.0	31.4	46.3

在进行分析前，有必要对试卷质量进行判断，包括对得分分布、试卷可靠性进行检验，基本分析如下。

信度是可靠性的度量，检验试卷的真实程度。本研究物理试题信度分析采用 20 个小题的得分，运用 SPSS 进行可靠性检验，结果表明 Cron-bach's α 内部一致性信度系数为 0.722，说明试卷具有较高的可靠性，试卷得分结果真实，受偶然因素影响较小。对物理成绩总分进行样本 K-S 检验，以此考查样本数据分布是否拟合正态分布，结果表明渐近显著性（双侧）为 0.119＞0.05，说明符合正态分布，反映出样本数量足够大。效度是测验重要的质量指标，能说明测验在何种程度上实现测量目标。本研究采用结构效度分析。在 SPSS 中进行 KMO 检验和巴特利球体检验，结果表明 KMO 检验系数为 0.863（大于 0.5），Bartlett 的球形度检验 Sig.=0.00，说明本次物理试卷结构效度很好。从主成分分析中可以看出本试题主要有 5 个成分，5 个成分解释的方差大于 70%，说明物理试卷的结构效度好，命题意图体现得很明确。综上，本次物理试卷在测验中信度高、效度好，说明以本次成绩做分层聚类研究是可靠的。

四、k-means 聚类分析应用于班级分层

本研究以南宁三中高一年级期考理科全体学生的物理成绩为样本，SPSS 为工具

进行 k-means 快速聚类。变量选择纲量、匀变速运动、力学、牛顿运动定律，全卷均分。按聚类数分别为 3 类、4 类和 5 类进行聚类，层间检验均呈显著性差异。表 2 为聚类分析结果。

表 2　高一物理学科成绩聚类分析结果

	层次	每层中的人数（单位：人）	全卷得分（单位：分）	纲量得分（单位：分）	匀变速运动得分（单位：分）	力学得分（单位：分）	牛顿运动定律得分（单位：分）
聚类数 = 3	1	240	61	2	43	21	44
	2	450	47	2	32	14	32
	3	295	33	2	22	9	21
聚类数 = 4	1	128	65	2	46	23	47
	2	300	53	2	37	17	37
	3	389	42	2	29	12	28
	4	168	30	2	20	8	18
聚类数 = 5	1	85	67	2	48	24	49
	2	201	57	2	40	18	40
	3	275	48	2	33	14	33
	4	305	39	2	27	11	25
	5	119	28	2	18	7	16

表 2 显示了聚类结果中各簇属性和个数，涵盖了各个簇所包括的实例数。

结果分析：若按 3 层分班，则 A 层：B 层：C 层的人数比为 240：450：295。按 4 层分班，则 A 层：B 层：C 层：D 层的人数比为 128：300：389：168。若按 5 层分班，则 A 层：B 层：C 层：D 层：E 层的人数比为 85：201：275：305：119。以上 k-means 快速聚类的分类结果和南宁三中过往 10 年各年级的分班情况都不拟合，说明之前分班更多是主观的，缺少依据。

对于重点中学来说，A 层人数 240 人不利于人才的培养，若 A 层按 128 人（3 个班）或按 85 人（2 个班）则较符合重点中学的校情。以聚类数 5 分类，E 层的意义在于借助聚类数据判断后进面的多少，结合本校校情，E 层 119 人可以确定是学困生。理科生全体 985 人属于体量较大，按聚类结果的 3 层分班则层内差异大，且不利于学困生的针对性培养，但若分成 4、5 层，层间流动管理将比较困难。参考南宁三中 2017 年高考理综成绩的聚类分析结果，分 3 层或 4 层，最后一层人数为 70—130。结合多年校情，我们认为分层的原则是有利于优等生，充分关注中等生，特别照顾学困生。考虑南宁三中实际情况，不生硬采用单类分层的结果，而是将多次聚类分层情况作重要参考，综合使用数据。按 3 层分班，可以得出 2 个分班方案。方案一：A 层（128 人，65 分）、B 层（738，39 分）、C 层（119 人，28 分）。方案二：A 层（85 人，67 分）、B 层（781，39 分）、C 层（119 人，28 分）。

北京市第四中学总结出"细化尖端学生分层，弱化中等及其以下学生分层"[1] 的基本经验，该经验注重学优生培养，弱化中等学生的分层。其细分学优生有利于拔尖的经验和我们是一致的。但处在最后一层容易导致榜样缺失、自尊心受打击，势必造成自信心降低、学习压力增大、自暴自弃等问题，分层越多或许会越严重。本研究设想的分层方案中的 C 层（119 人）在实际操作中可并入 B 层班级，在平时教学指导中可以采取特别有针对性的教学措施，或许更科学合理。

五、结语

平行分班的初衷是为了公平和均衡，而教学现实常常产生不公平——忽视差异。这提醒教育管理者必须对分层教学的价值进行再认识。常规分层法衡量了学生的总分成绩，注重分数的高低，而学生的总分很有可能掩盖住学生个体间的差异，采用多变量的聚类分析法更能观察到学生的差异，分层更加客观，为教师进行分组教学提供了更加合理的参考依据。

SPSS 的 k-means 快速聚类产生的分层数据为快速分层、多层次分组提供了有力的数据支持，结合校情和学情可以制订较科学合理的分层方案。同时，造成新的学力差异、忽视异质资源，又成了分层走班教学的不足。为此，我们必须认识到，分层不应该是生硬地划分，理想的分层是充分兼顾成绩（平时成绩、多次成绩）、兴趣，尊重各方意愿下的动态分层，并实施层间流动管理。SPSS 的 k-means 快速聚类的分类结果和之前的分班是不拟合的，说明之前学校的分班较主观。但 k-means 聚类仅提供大致的判断，在实际分班中还要结合具体情况综合利用数据。

---

① 赵宏伟：《北京四中实施走班分层教学模式的基本经验》，载《中小学管理》2015 年第 3 期，第 35 页。

三体融通：高中创新教育十八年探索与实践*

【摘要】高度重视立德树人在创新培育中的重大作用，把铸牢中国心确立为创新人才的底色。构建"信念为基　学术导向　三体融通"的创新教育模式：坚持人文创新驱动校园科技创新，坚定学术发展激活创新思维发展，打造培尖平台并开展专门课程培育。"活动课程、学术课堂、培尖平台"三位一体，有机协调，整体推进。

【关键词】创新教育　创新课程　创新人才　三体融通

一、问题的提出

进入 21 世纪，国家先后颁布了《2003—2007 年教育振兴行动计划》（2004 年 2 月）、《国家中长期教育改革和发展规划纲要

＊　本文获 2019 年广西壮族自治区基础教育教学成果奖一等奖、2022 年国家教学成果奖二等奖。

（2010—2020 年）》（2010 年 7 月）等重要文件，文件强调"以培养学生的创新精神和实践能力为重点，继续全面实施素质教育"，"培养学生创新思维和实践能力，提升人文素养和科学素养"。2022 年 10 月 16 日，习近平总书记在党的二十大报告第五部分"实施科教兴国战略，强化现代化建设人才支撑"中明确提出，"全面提高人才自主培养质量，着力造就拔尖创新人才，聚天下英才而用之"。

南宁市第三中学（简称南宁三中）是广西壮族自治区首批重点中学、首批示范性高中，迄今已有 120 多年历史，资优生众多。办学中曾先后提出"敦品力学""勤奋学习，立志报国"等校训，形成了"保国爱生"的教育传统，培养了一批国家栋梁如中国工程院院士、中国原子能及核能专家等。21 世纪以来，南宁三中致力于探索"如何实施创新教育，培养以实现中华民族伟大复兴为己任的早期拔尖创新人才"。

高中阶段是学生价值观和知识能力形成、思维发展与成熟的关键阶段。在实践中我们发现，受市场经济、多元化社会发展等因素影响，创新教育实施面临"思想根基不稳、知识基础不牢、创新动力不足"的问题。2003 年，南宁三中入选全国青少年科技创新人才培养项目实验学校，我们经过不断研究、实践、反思、深化，逐步形成了聚焦"创新文化、创新意识、创新行动"，打造"活动课程、学术课堂、拔尖平台"的"信念为基　学术导向　三体融通"的创新教育实践思路。通过打造人文科技并举的活动课程，培育中华文化自信，孕育创新意识，在人文力量与科技力量互动中筑牢根基；打造"创新视角、智慧品鉴、问题解决"学术型课堂文化，激发创新意识、巩固经验基础；重视科创和大学先修课程与"一联两赛"培尖平台建设，通过比赛和社会资源引入，将经验转化为行动，多平台不断激励创新发展。

当问题和思路明晰后，南宁三中针对传统创新教育中存在的单一侧重科技、人文创新不足，研究氛围不浓、忽视学术引领，培尖方式单一、平台建设不足等具体问题，进行长期的实践探索。

二、解决问题的过程与方法

（一）传统创新教育单一侧重科技、人文创新不足，需要建设人文创新和科技创新并举的课程

2003—2007 年，我们主要依靠传统学科课程以及班会、小发明活动和秋季游

学等创新活动进行创新教育，并规整成校本课程的雏形。2008—2012 年，我们统整了传统文化课程、传统研究性学习、创客教育、通用信息实验室和 STEAM（指科学 Science、技术 Technology、工程 Engineering、艺术 Art、数学 Mathematics）等课程，形成"人文创新"和"科技创新"活动课程。2013—2016 年，我们明确人文创新的先导作用，用校本创新素养引领创新课程走向融合阶段，建立起了素养导向下的《创新课程实施方案》，强化社团活动、学术研学，推动人文和科技课程融合育人。

（二）传统创新教育研究氛围不浓、忽视学术引领，需要打造学术课堂，探索学术小组学习方式

南宁三中确立"学术引领，科研强校"发展战略，2009 年以来大力推进微型课题、专项课题研究，以问题解决为中心，强化学术型教师培训，追求"创新视角、智慧品鉴、问题解决"学术课堂。定期召开教学大会、科研工作大会，以数学、英语、地理、化学 4 个自治区级学科课程基地为平台，深化"问题导学、小组合作学习、学科阅读、深度学习"4 项教学研究行动。探索学生学术小组合作学习落实学术课堂的策略和方法，以师生学术发展激活创新思维。近三年，每年教师立项课题 200多项（包括微型课题），学生完成小课题 2000 多项，并通过校刊《方圆天地》《杏坛花雨》分享最新的研究成果。

（三）传统创新教育培尖方式单一、平台建设不足，需要打造"科创竞赛、学科奥赛、U-S 科研"拔尖平台

2014 年，南宁三中成立学术委员会和学生奥赛委员会，负责规划和建设创新人才早期培养课程。面向全体学生开放选择学习科创课程、大学先修课程，以校、省市、国家三级科创竞赛和学科奥赛为选拔途径，激发潜能，为资优生提供成长平台，如 2016 年探索形成了"校级自选、省市选拔、国家精选"的培养模式。同时，设立专门行政班，既有利于真正学有余力和具有学科潜质的学生继续深入学习拔尖课程，比赛结束后帮助他们快速回归国家课程轨道，打通国家课程和拔尖课程关系。通过"引进来""走出去"，培养了一批专门课程创新教师队伍，同时重点建设 5 类科创高端实验室，充分利用信息技术手段对于创新的支持。通过实施"鲲鹏计划"，展开"小课题研究"，形成了大学、高中创新教育贯通式培养。

三、成果的主要内容

（一）构建"信念为基、学术导向、三体融通"的创新教育模式

高中阶段是学生志向、兴趣、潜能形成的关键期，南宁三中把坚定理想信念、厚植家国情怀、深厚文化底蕴作为培育底色，建立了校本化创新素养模型（如图1），提出"家的支柱、国之栋梁"的育人追求，引导广大青年学生铸牢中国心、守好中华魂、坚信中国力量、坚定走中国道路，努力成为担当中华民族伟大复兴的栋梁之材。

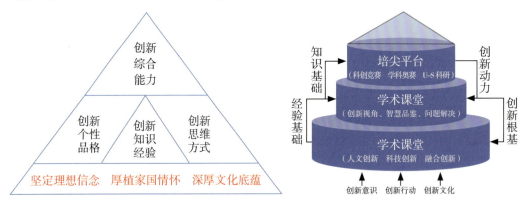

图1　校本化创新素养模型　　　　　图2　"三体融通"高中创新教育实践模型

南宁三中以活动课程（"人文创新"活动课程、"科技创新"活动课程、"融合创新"活动课程）为经验基础和创新根基。课堂教学崇尚学术型课堂文化，强调"创新视角、智慧品鉴、问题解决"教学理念，学术课堂不仅提供知识基础，更催生创新动力。培尖平台（科创竞赛、学科奥赛、U-S科研）是早期创新型人才的专门培育平台，形成了"信念为基、学术导向、三体融通"的创新教育模式（如图2）。

（二）构建了"人文创新、科技创新、融合创新"活动课程

我们以课程视角打造人文科技并举的课程体系，实现"科技活动"到"创新课程"的转变。以校本化创新素养为导向，搭建"人文创新、科技创新、融合创新"活动课程，营造"宽容开放、勇于探索、尊重竞争"的文化氛围，积累创新经验基础，激发学生的创新意识。

1. "人文创新"活动课程。

创新性地将中华优秀传统文化、红色文化融入学校历史文化基因中构建"人文创新"活动课程，形成中华优秀传统文化、红色文化、人文融合3个系列活动课程，每

个课程包含人文氛围、校本选修、主题活动 3 个内容形式。以经典品读进行熏陶，以名师引导提升认知，以实践体验感悟养成，实现内化于心、外化于行。为学生创造学习感悟中华优秀传统文化、红色文化的浓郁氛围和培育人文素养的载体。在活动实践中，学生自觉传承民族基因、了解中国故事、感悟历史智慧、铸牢中华文化自信。

表 1 "人文创新"活动课程

系列课程	人文氛围	校本选修	主题活动	素养目标
中华优秀传统文化	"流觞曲水"学院孔子交流广场	书法与篆刻	"纸墨风华"艺术展	尚德敦品、辩证思维、力行担当
			花灯赏评	
	图书馆"天下为公"壁画	中国象棋	祈福长廊	
		围棋入门	千人篝火新年晚会	
	"和谐"雕塑	口述史研究	"修贤礼信，励志笃行"成人礼	
		四大名著整本书阅读	经典读书分享会	
红色文化	树立教育地标——"为中华民族伟大复兴而读书"	国旗护卫队	红歌赛	
		军事训练	建党日主题活动	
	红色书屋	党史国史教育课程	国庆节主题活动	
	井冈山精神报告厅	学校文化解读红色经典微型课程	"勿忘国耻爱我中华"九一八事变纪念活动	
	校史展览馆		五四运动纪念日主题活动	
人文融合（融合语文、历史、英语、地理）	劳动基地诚信卖场	"光阴的故事"——二十四节气系列课程	"剧"匠心（课本剧编排大赛）	独立自信、多维理解、综合视野
			"经典浸润人生"课本剧表演大赛	
		"探索了不起的汉字"	中华经典诵读大赛	
		语文·英语融合课	"欢乐中国年"主题盛装巡游	
		大家来做口述史"游学世界——探秘月宫"课程	"珍珠球、极限飞盘"等课程	

2."科技创新"活动课程。

构建以素养层级递进，按年级进阶培养的"三层三步"的"科技创新"活动课程。"三层"，即趣味创新实验、开放科技活动、STEAM 融合运用 3 个课程平台；"三步"，即高一、高二、高三。高一年级侧重兴趣导向，智能分流，引导学生根据兴趣、个性选择研究发展方向；确定方向后，高二年级侧重夯实技术和提升学术；高三年级以综合运用，解决问题为发展目标。近 5 年来，"科技创新"活动课程先后编写了 10 本校本教材，面向 1.2 万名学生开放学习并使他们获得相应学分。

表 2 "科技创新"活动课程

进阶课程		趣味创新实验	开放科技活动	STEAM 融合运用
素养目标		好奇开放	学思践悟	敏锐知觉
		证据推理、务真求实	多元协同、创意物化	技术应用、综合实践
课程主题		心动不如行动	科创手工作品展	小创造发明
			科技论坛	技术简单应用
课程内容	高一	生态微景观瓶制作	走进科学的故事	烘焙（纸杯蛋糕及曲奇饼干）
		水火箭制作与可控发射	高空落体动能缓冲实验研究	桥梁及其他建筑结构的设计与制作
		超轻黏土"玩转地形地貌"	伽利略实验拓展	投石机的设计与改进
		奇妙瑰丽的化学晶体	生态劳动基地作物种植及养护实践	花灯制作——激光切割技术
		植物的无土栽培		
	高二	测定固体的线膨胀系数	"系留气球"与"探空气球"模拟返回式卫星	未来空间 3D 打印
		磁电式直流电表的改装		
		用堆尔效应测量磁场	广西特色植物色素提取及色牢度检验	
		研究光的夫琅禾费衍射现象		
		茶叶中某些元素的鉴定	模拟自来水厂净水器制作	发明创造及专利研发
		用粉笔进行层析分离	Labplus 创意编程硬件驱动（盛思初级实验箱）	
	高三	新装修居室内空气中甲醛浓度的检测	动植物标本（人工琥珀）制作	热释红外电子狗的制作——"控制与设计"《电子控制技术》实践项目
		水果中维生素 C 含量测定		
		用石墨电极电解饱和食盐水干电池模拟实验	生物解剖实验	
		分光光度计和酶标仪的使用	趣味显微实验	
		考马斯亮蓝法测定蛋白质含量	机器人训练	机器人搭建

例如，2019 届谭同学在学习 STEAM 跨学科融合课程时，运用 C 语言编程、Arduino IDE 软件，自主拼装电子元件，调试仪器，研发了"二十四节气展示仪"作为课程作业。该项目改进了三球仪的缺陷，融合联系二十四节气和黄道十二宫、西方十二星座知识，使难以理解的二十四节气、太阳直射点发生变化运行规律和特点

具体化、形象生动化，于 2017 年荣获第 32 届全国青少年科技创新大赛科技创新项目二等奖。该同学毕业后进入成都信息工程大学继续深造，在 2020 年第 19 届全国大学生机器人大赛中获一等奖。

3. "融合创新"活动课程。

通过社团活动和学术研学两大路径，推动人文与科技创新融合育人。

（1）社团活动：在协作互动中实现融合。

南宁三中形成了"以社团文化为引领，以学生自发形成的科技、文化、艺术等团体为载体，以人文科技活动为平台"的融合路径。通过加强学生骨干队伍建设，完善社团管理架构和社团精神塑造。建立高年级带动低年级的"青蓝机制"，利用社团中优秀的学长学姐带动、帮助和支持学弟学妹，以"指导比赛、团建活动、经验分享"等方式将自己在实际竞赛、日常学习过程中积累的经验和教训等分享给学弟学妹，实现文化传承和科技创新活动的梯队建设，使科技创新在良性的循环之中。2015 年开始，学校设立导师团项目孵化制度，导师团主要由高校教师、科技社团指导教师、通用信息指导教师等组成，为学生项目研究提供规划选择、研究评价等方面的指导。

截至 2021 年，学校现已建成科技、人文、艺术、管理 4 类社团 48 个。其中 IT社、天文社、物理社、化学晶体社等是科技类社团中的明星社团；社会主义核心价值观研究社、戏剧社、古风社、法学会等在人文类社团中备受欢迎。例如，2016 届曾同学曾任化学晶体社团社长，对化学学习有浓厚兴趣，喜欢通过实验来解决化学问题，在第 29 届中国化学奥林匹克决赛中荣获金牌并被保送北京大学化学与分子工程学院学习。受他影响，该社团 2020 届又有 2 名学生通过强基计划分别被北京大学生命科学学院、化学与分子工程学院录取。化学晶体社也多次在学年评选中被评为"优秀科技社团"，长期位列"最受欢迎社团"榜首。

（2）学术研学：在项目研究中实现融合。

南宁三中利用本地资源特色，形成了"自然探究、社会考察、文化体认、科技体验"四大主题研学，开设了 25 条研学路线，开辟了 15 个研学基地。依据"统筹规划—课题确定—细化研究目标—研学前培训—分组研学—交流分享—成果汇报—评价"的研学流程，学生完成研究性学习课题任务，形成规范化的研学报告。例如，2022 届 12 班利用周末开展研学活动，设立了"后申遗时代"广西花山岩画这一非物质文化遗产旅游可持续发展研究、壮族天琴文化的创新传承研究、如何利用虚拟现实技术对白头叶猴进行宣传保护等研学任务，先后到广西花山岩画遗址（教育部第一批全国中小学生研学实践教育基地）、广西"中国天琴艺术之乡"等展开研学实践。学生撰写的研学报告《自治区花山岩画文化遗产旅游开发研究》发表在当地市委机关报，成为当地旅游开发重要的参考建议。"中国教育在线"对南宁三中"学术研学培养创新人才"的探索进行了《在行走的课堂中立德树人》的专题报道。

表 3　四大主题研学课程

研学课程主题	分类	内容	案例
自然探究	自然景观	植物、动物	青秀山植被
	地质地形 气候分析	喀斯特地貌、 河流、亚热带气候	伊岭岩喀斯特地貌研究
社会考察	参观考察	生产、技术、媒体	西津水电厂、花卉扦插、 水稻种植、无土栽培技术
	调研探究	环保、科普、 爱心、成长、励志	非遗小吃
	体验实践	社会实践	自来水厂供水系统、 科学出版社一本书的诞生
		生活实践	古辣稻谷收割、种菜、 横州茉莉花茶制作、砍甘蔗
	工农业生产	种植、收割	柳州汽车
文化体认	民族 文化体验	节庆与习俗	三江"侗族"
		故事传说	花山岩画、太平古城
		建筑	榫卯结构 园博园·藏式建筑与太阳
		音乐、歌谣 戏曲与舞蹈	天琴
		美术与工艺	蓝染
	历史 文化传承	传统文化	古法制作红糖
	红色 文化教育	革命历史	湘江战役旧址
科技体验	设计制作	科学实践	太阳能水车、搭桥建屋
	发展前沿	清洁能源、人工智能	广投光伏、北港海上风力发电

（三）构建了"创新视角、智慧品鉴、问题解决"学术课堂

将课堂定位于学术，课堂活动是启迪创新、学术成长的探索性活动，旨在发展"创新视角、智慧品鉴、问题解决"的学术能力和课堂文化。南宁三中以"学术成果"和"学术型"教师专家支持学术型课堂，以学生"学术小组"运行学术课堂，坚定以师生学术发展激活创新思维发展。

1."六大学术成果"建构学术课堂。

图3 "三阶递进、六维促学"学术课堂框架

近年来，南宁三中提倡教师根据学科特点，推动各学科的教学学术研究，整体形成了"三阶递进、六维促学"学术课堂框架。六维促学，指课前侧重预习促学，课中侧重问题促学、实验促学、研讨促学，课后侧重阅读促学、项目促学。六维促学探索了教学内容的现代性、教学方式的探究性、教学手段的数字化，有效推动师生学术发展，催生创新动力，营造浓郁的创新文化氛围。

例如，数学组教师借鉴布鲁纳发现学习论和我国优秀教学传统启发式教学的理论，结合20余年教学实际，提出了"问题导学教学法"，把数学教学活动看成学生"提出问题、分析问题、解决问题"的过程，让学生在解决问题中"做"数学，"学"数学，不断生成和创造。该成果获2014年基础教育国家级教学成果二等奖，并获全区推广使用。语文组、化学组教师积极探索"读写共构"教学策略、实验教学创新教学改革，他们的成果先后荣获自治区基础教育教学成果特等奖。近5年来，教师教育教学研究课题结题652项，发表论文493篇，达成了"学校发展就是学术的发展"和"没有科研的教师是不负责任的教师"等共识，出现了人人做课题、人人做

研究的氛围。学校教师乐思考、善严谨、勇创新的精神和主探究、爱总结、勤研究的行动无形中影响着学生，为学生的创新思维明确了前进的方向。

2.学术小组计划保障了学术课堂的有效实施。

学校在学术课堂建设中，推行学术小组计划，鼓励学生自发组成学术小组。各小组利用学校"绿色网吧"、"红色书屋"、移动图书馆等学习空间查阅资料，开展项目研究；邀请导师和教师在学生论坛"乌龙寺讲堂"作学科学术报告，介绍学术小组课堂的理念、模式和开展方法。目前，各学科主要采用的方法有费曼小组学习法、项目式小组学习法、研究性学习法等。

针对有学术价值的问题，学校举办学术课堂研讨会、经验交流会、成果答辩会、学术成果发布会，为学术小组搭建对话、互动、交流的平台。例如，学校将原本课内的辩论环节升级为校级公开辩论赛，每届学生在高一年级春季学期参加辩论赛，辩论小组围绕"知识扶贫比经济扶贫更重要还是经济扶贫比知识扶贫更重要"等具有价值的问题展开研究，以小组淘汰制的辩论赛形式展开激烈交锋，相互辩论中缜密论证、独立思考，开展思辨交流，激发认识冲突、拓展思维边界，从而培养了创新思维。截至2022年，已连续举办19届校级金莺辩论赛，直接参与答辩的有5000余名学生，惠及近万名学生。

（四）构建了"科创竞赛、学科奥赛、U-S科研"拔尖平台

1."科创竞赛"拔尖平台。

"科创竞赛"拔尖平台设置体验展示类、现场竞技类、评比类比赛，面向全体学生，重在体验和参与，实现培养兴趣、挖掘特长、发展个性、创新表达，自2009年至今连续举办11届科技节活动。最近5届科技节，每届均有超过20个活动项目，参加师生超过6000人次，学生获奖人数超1000人次；开设了16场科技专家课堂，其中8场为高校专家学术报告，8场为本校研究性学习指导教师的专题科技讲座；收到数百份创新方案，评出20多个很有价值的研究方案。落实科技孵化跟踪制度，对于有潜力、有兴趣的项目给予跟踪指导，近5年已荣获2021年世界机器人大赛锦标赛一等奖等各级科创类奖项46项，申请了23项国家知识产权局授权专利，学校也被评为"自治区科技教育创新优秀学校""自治区中小学生发明创造示范单位"。这一模式也在初中部推广实施，其中初中部2020级罗同学的科创作品"语音

控制的驾驶座虚拟遮阳板"荣获第 7 届全国青年科普创新实验暨作品大赛全国二等奖、中国（上海）国际发明创新展览会暨"未来发明家国际选拔赛"银奖，他本人因此荣获第 2 届广西青少年科技创新自治区主席奖、第 13 届中国青少年科技创新奖等荣誉。

2. "学科奥赛"拔尖平台。

2008 年，学校确定"打造奥赛品牌名校"战略，面向学有余力的学生开设大学先修课程，满足学生个性化发展需求，扎实学科基础、开阔学科视野、提升高阶思维，培养有学科兴趣和学科潜力的拔尖创新人才后备军。

一是自主教练团队专业培训，学校已拥有专业且强大的五大学科奥赛教练团队，所有奥赛学科都能传授大学专业知识，所有课程均为本校自主研发。二是面向全体，个性扬长，走进学校，每个学生都可以凭兴趣自主选择参加奥赛培训。三是奥赛课程常态化、模式化，设立奥赛学术委员会负责课程管理和运行，形成了数学、物理、化学、生物、信息技术五大学科高一到高三系列课程，开创了周一至周五学习国家常规课程与周末参加奥赛培训课程并行的特色培训模式。四是国家队知名教练亲临指导：聘请数学、物理、化学、生物等学科的知名国家级教练到校举办奥赛培训课堂。

在每年选修课中，大学先修课程获得学生的青睐，众多具有一点特殊禀赋的学生也脱颖而出。2017—2021 年，学校数学、物理、化学、生物、信息技术五大学科共计 354 人次获得省级奥赛一等奖，76 人次入围省级集训队，获全国奥赛金牌 7 枚、银牌 24 枚、铜牌 41 枚。

3. "U–S 科研"拔尖平台。

学校实施"鲲鹏计划"，与国内科研院所、知名高校联合建立实验室，聘请大学教授、行业专家为学生开设专题讲座，对学生进行培训、指导，提升学生的科研学术能力。在中国社会科学院、北京航空航天大学等院校机构的支持下，学校设计建设了物理、化学、生物、通用技术、信息技术 5 类共 15 个科创高端实验室，满足拔尖学生个性化发展需求。

2006 年起，学校开设"名师名家名人讲坛"，聘请大学科研专家指导开展课题研究，通过"讲座指导—课题研究—汇报答辩—成果展示"开展研究。利用高一、高二寒暑假，每名学生至少开展4次小课题研究。高一主要通过教师引导、教师讲座，使学生具备初步研究知识，注重研究的规范性；高二通过专家讲座拓宽视野，根据需要选择研究方法，提升学生研究水平和研究能力。每年组织一次汇报会，自2016年起组织优秀课题组答辩，近5年共提交学生课题报告11181篇，评选出优秀报告1316篇，出版汇编7本，推荐发表文章21篇。

（五）探索新时代创新人才综合素质的模糊综合评价

针对创新人才培养的评价难题，特别是一些指标具有一定的模糊性，南宁三中以"智慧校园"系统为平台，探索采用模糊综合评价方法。研制三级评价指标包括构建一级指标4个、二级指标8个、三级指标16个，确定50个数据检测点。利用AHP（Analytic Hierarchy Process，层次分析法）和德尔菲法构建权重向量，依托综合素质评价智慧平台采集数据。评价方法：根据评价指标的等级规则，运用加权平均算法，计算出各指标对应的加权分数，进行模糊集合变换，描述不同指标要素之间的模糊边界，最后通过复合运算来确定学生的综合素养等级，由评估专家组进行综合评估。

每年进行一次评估，个人评估情况写入综合素质报告。素养的整体呈现情况供学校课程中心作课程优化决策参考。

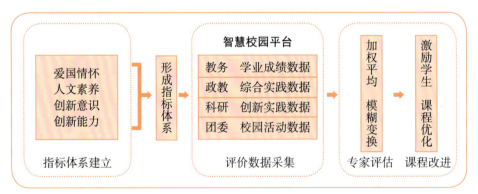

图4　高中创新教育校本模糊综合评价开展模型

四、效果和反思

（一）效果

1.学生素养提升，拔尖人才涌现。

表 4　实施创新教育学生发展情况

收益项目	2012 年以前	2012 年以后
课程直接受益学生	3000 人	6000 人（2016 年 8000 人）
社会实践参与率	10%	90%
诵读国学经典篇目	70 篇	130 篇
诵读时间	不安排进课表	周一、周三、周五各安排 40 分钟
优秀传统文化及中国梦征文获奖	0 篇	70 篇
中华优秀传统文化讲座（包括红色文化讲座）	0 场 / 年	45 场 / 年
获得国家专利	0 项	61 项
获科技创新大赛奖	每年＜ 10 人次	每年＞ 60 人次
学科竞赛国家金牌	1 枚	7 枚
学科竞赛省级一等奖	每年＜ 25 人次	每年＞ 60 人次
创新活动参与率	20%	100%
研究性学习论文	每年＜ 200 篇	每年撰写 3000 多篇论文，出版 2 本优秀论文集
获市级以上德育奖	每年＜ 3%	每年＞ 12%
开设创新教育校本课程	每年 20 门	每年 166 门
高考一本率	53%	90%
大学中后成为社团骨干	＜ 10%	＞ 80%

　　经过 18 年的探索实践，学生综合素养全面提升，升学优势领先全区，特别是有志于服务国家重大战略的拔尖学生队伍由个位数跃升百位数。如近 10 年来，学校为中国人民解放军国防科技大学、北京航空航天大学、北京理工大学、南京理工大学、南京航空航天大学、西北工业大学、哈尔滨工业大学、哈尔滨工程大学等高校输送 942 名学子，其中有不少学子现已投身基础学科研究，成为国防科技领域的青年骨干。

　　2.社会影响增强，得到广泛认可。

　　近年来，学校的创新教育课程改革成果和"为中华民族伟大复兴而读书"的爱国主义教育得到各级各部门高度肯定，各级媒体广泛报道。2017 年，学校荣获首届

"全国文明校园"称号，2018 年被评为"全国中小学德育工作典型经验学校"，2020
年获批成为普通高中新课程新教材实施国家级示范校，2022 年被共青团中央授予"小
平科技创新实验室"建设学校称号。

表5　社会和新闻媒体关注情况

领导调研，同行肯定，社会关注	数量
各级领导到校视察	每年＞5 次
团中央全国会议交流	2 次
广西区内研讨讲学	每年＞10 次
师生来校参观交流	每年＞2 万人次
跨省研讨	6 次
国家级媒体报道	每年＞4 次
省级媒体报道	＞30 次
市级媒体报道	＞20 次

2022 年 5 月，《人民日报》《当代中国》节目组对学校作了题为《红色基因成为校
园文化鲜亮的底色》的集中报道，充分展现南宁三中"红色文化"的育人成果。

校园地标——为中华民族伟大复兴而读书

3.实践成果丰硕，辐射作用明显。

表6　创新教育推广辐射情况

项目	主题	发言次数	面向对象
省部级报告	新时代创新教育育人经验	3	各省区市中学团委干部
自治区外报告	创新素养培育新时代育人经验	8	贵州省铜仁市部分教师 广东省茂名市部分教师
自治区级报告	新时代育人经验	8	全区中小学教育主管部门、 学校负责人、 广西各市骨干教师
市级报告	新时代育人经验	42	南宁市中学领导干部
南宁市内兄弟学校报告	创新素养培育新时代育人经验	60	南宁市各校教师
南宁市外兄弟学校报告	创新素养培育经验	87	南宁市外各校教师
合计	—	208	—

每年有上百批次逾2万名校外学生、教师到南宁三中学习取经。近7年来，学校派出近千人赴帮扶学校指导工作。如2021年11月第5届"一带一路"青少年创客营与教师研讨活动在学校举行，活动通过新华社、科普中国、创客营官方网站等媒体同步直播，来自全球53个国家和地区众多青少年观看学习。南宁三中是市级大学区长单位，指导了11所学校的教育教学。

4.教师同步成长，专业水平提升。

近5年，创新教育类自治区级和市级课题结题42项、发表相关论文35篇；创新教育教师撰写的论文获奖或发表475篇，完成65个结项课题；开发中华优秀传统文化课程55门；开发研究型校本课程166门，评选出25门精品课程；形成8本创新教育校本教材，4本成果汇编，共约200万字；教师有17人次入选首届教育部、自治区普通高中课程改革指导专家委员会和基础教育教学指导委员会，20名获评正高级教师、18名获得"特级教师"荣誉。

（二）反思

专用教室与专用设备的不足，满足不了学生的日常学习与实践需求。课程没能充分发挥网络资源和信息化的优势，创新教育课程网络有待进一步提升。

中学创新教育校本化的探索与实践*
——以人文类主题创新教育课程为例

一、问题的缘起

（一）时代发展与国家对创新人才的需求导向

"创新是一个民族进步的灵魂，是一个国家兴旺发达的不竭源泉，也是中华民族最鲜明的民族禀赋。"习近平总书记强调，当今世界，谁牵住了科技创新这个牛鼻子，谁走好了科技创新这步先手棋，谁就能占领先机、赢得优势。2020 年初，随着新冠肺炎疫情在全球蔓延，国际发展不确定性越来越强，创新将成为未来推动时代发展的重要动力。2018 年，习近平总书记在全国教育大会上强调："要在增强综合素质上下功夫，教育引导学生培养综合能力，培养创新思维。"并且提出："着重培养创新型、复合型、应用型人才。"《中国教育现代化 2035》指出："全面提升学生意志品质、思维能力、创新精神等综合素质，提高身心健康发展水

---

* 本文获 2021 年南宁市微型课题结题评定 A 等。

平，培育担当民族复兴大任的时代新人。"

这一方面说明国家重视对创新人才的培养，另一方面也说明了中学阶段的创新教育需要重视学生意志品质、综合实践能力、创新思维、创新精神的培养。

（二）高中开展创新教育课程的困惑

在创新教育实践探索中，我们发现如下困惑：

1. 学校缺乏专门的创新教育课程领导机构，同时缺乏专业的指导老师，大多由高考科目教师兼职，缺乏专业性，不能给予学生有效的指导。

2. 学校创新教育课程框架尚不健全，创新课程开发不成系统，没有系统的创新教育目标、内容、评价等，具有随意性与分散性。

3. 学生在开展创新教育过程中偏重动手经验性实践，对于思维训练特别是创新意识挖掘、创新精神传承、创新品质的培养等方面的教育是偏弱的。

（三）南宁三中为研究性学习课程的探索提供了经验

从 2002 年开始，南宁三中立足学生终身发展的需要，开始探索一种提升学生自主研究能力的组织形式与学习方式，力图探索一些有效的解决方法。在南宁三中科研部门的推动下，教师们踊跃参与研究性学习课程的开发和实施，做了许多有益尝试，发表了众多论文（如《让"研究性学习"固点、串线、组面、成体——对研究性学习活动的认识与实践》《浅议"研究性学习"》《开展研究性学习的八种误区》），同时所做研究都为创新教育课程提供了借鉴。

（四）研究现状

笔者以"高中创新教育""高中创新教育课程"为主题，利用中国知网开展现状研究，发现现阶段研究关注的是学科内部内容的创新和教学方式的创新，或者学科培养创新意识或创新精神的方式方法，专门探讨创新教育课程的文章非常少。目前所搜到的是《基于 STEAM 教育的高中创新课程实践研究——以上海市 F 高中为例》（夏曼华，2018），其"开展 STEAM 理念下创新课程的构建，研究制定课程目标、设计方法、教学策略、课程评价、课程资源开发等相关内容"[1]为本研究提供了借鉴意义。

---

① 夏曼华：《基于 STEAM 教育的高中创新课程实践研究——以上海市 F 高中为例》，上海师范大学 2018 年硕士学位论文。

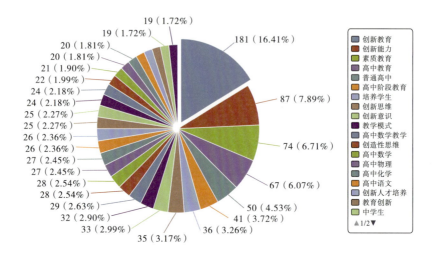

图1 "高中创新教育"研究主题分布

二、课程建设的实践

（一）构建了高中生主题式创新教育课程开发的设计思路及其目标模型

首先，我们围绕主题开展创新教育课程的开发，主要设计思路遵循课程说明、课程目标、课程内容、课程实施与课程评价五大步骤展开，如图2所示。

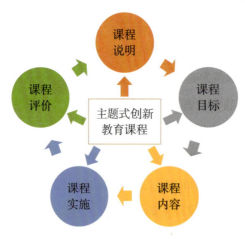

图2 高中主题式创新教育课程开放设计思路

其次，我们基于"学生发展、创新人才"的理念，建立创新人才的核心素养模型，构建更明确的主题式创新教育课程目标体系，如图3所示。

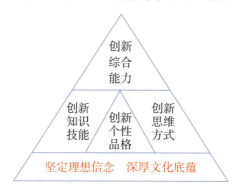

图3　创新人才核心素养模型

2020年修订的《普通高中课程方案》指出："普通高中课程建设坚持全面贯彻党的教育方针，落实立德树人根本任务……培养德智体美劳全面发展的社会主义建设者和接班人。"其解决了新一轮改革中"为谁培养人"、"培养什么人"和"怎样培养人"的核心问题，为高中各类课程建设和开发指明了方向。普通高中创新教育课程既要培养学生的创新能力、提高学生创新素养，也要注重培养学生形成正确的创新观和端正的创新个性品格。这一点在人文类主题创新教育课程中尤为突出。因此，我们设置了人文类创新教育课程的目标（见表1），指导创新教育课程的实施。

表1　普通高中人文主题创新教育课程目标

核心目标	有远大理想、有社会责任、开放包容
思想	树立坚定的社会主义核心价值统摄的理想信念 养成积极向上的人生观、价值观和尊重、宽容、平等、开放、利他的人文精神 形成独立思考的探索精神、与时俱进的求真意识和健康的批判思维
知识	具有牢固的人文社科基础知识、专业知识 初步形成博与专结合、通古博今的知识储备等
能力	初步形成观察力、对相关主题的分析力和判断力 能够带领科研小团队开展调研、讨论交流并形成研究成果
品格	有爱国爱党爱人之心、有道德情操、有社会责任，诚实守信、恪尽职守、忠诚进取，有同情心和感恩之心

（二）构建了人文主题创新教育课程内容及其体系

主题式课程是指"以某一主题为基点、中轴和核心而进行的多学科内容及学科教学方式的整合，并以此而结成的一种独立性、综合性的课程样态"①。学校结合普通高中课程学科体系的设置，根据目标设置不同主题的课程，形成跨学科的课程。在实践中，以人文类主题创新教育课程为核心，分为基础课程、拓展课程、研究课程、实践课程，并开发相对应的课程，重在培育学生创新品格。

图 4　人文类主题创新教育课程

1. 基础类课程。

基础类课程是国家课程要求中的基础课程，是学生知识学习、基础知识储备的关键核心课程。教师在课堂中注意发掘相关课例，通过课例引导和帮助学生提高核心素养。例如，在"四大发明与世界文明的进步"这一课上，我们进行了如下的教学设计。

情境导入："如果诺贝尔奖在中国的古代已经设立，各项奖金的得主就会毫无争议地全都属于中国人。"——（美）罗伯特·K·G·坦普尔《中国：发明与发现的国度——中国的 100 个世界第一》。

---

① 王洪席、郝德永：《新课程背景下主题式课程模式开发初探》，载《辽宁教育研究》2007 年第 4 期，第 53—55 页。

设问1：中国古代有哪些发明最有可能拿到诺贝尔奖？

学生回答：中国四大发明——造纸术、指南针、火药、印刷术。

教师展示：通过视频、图片、文字展示中国四大发明发展过程、创作亮点。

材料呈现：

印刷术、火药、指南针"这三种发明已经在世界范围内把事物的全部面貌和情况都改变了：第一种是在学术方面，第二种是在战事方面，第三种是在航行方面"。

——培根

设问2：中国古代发明对世界文明的发展有什么样的影响？

学生回答：造纸术是对书写材料的一次革命，促进世界文明和文化的发展；火药的使用，摧毁了欧洲封建堡垒；指南针的使用，迎来了新航路开辟的时代；印刷术促进了文化的传播，推动了文艺复兴和宗教改革运动。

表2　中国古代科技发明的世界地位变化统计

年代	科技发明（单位：件）	中国（单位：件）	百分比	世界其他国家（单位：件）	百分比
公元1—400年	45	28	62%	17	38%
公元401—1000年	45	32	71%	13	29%
公元1001—1500年	67	38	57%	29	43%
公元1501—1840年	472	19	4%	453	96%

设问3：16世纪以后，中国古代发达科技为什么没有转化为近代科学技术？

学生回答：当时中国腐朽的封建制度阻碍了中国现代科技的发展；封建统治者实行重农抑商政策，阻碍资本主义萌芽，科技发展缺乏物质基础和动力；封建统治者加强文化专制，禁锢了思想和创新，不利于自然科学的发展；"闭关锁国"政策阻碍了东西方文化的正常交流。

学生通过了解四大发明的历史，认识中国是历史悠久的文明古国，四大发明是中国劳动人民艰苦实践的结晶；在了解四大发明对世界的贡献基础上，激发学生的民族自豪感和使命感；在认识中国古代科技创新受影响原因的基础上，激发学生的创新动力。

2.拓展类课程。

拓展类课程主要是对基础课程的拓展，是学生将学习基础理论知识转化为实践的课程，利用课外时间围绕一个主题开展学习和创造活动，旨在培养学生的创新思维和动手实践能力。例如，以"垃圾分类"为主题开设一门课程，学生听取教师对垃圾分类知识的介绍，并结合自己日常生活中所看所学的垃圾分

学生绘画展示

类知识，发挥想象力和创造力，在画纸上画出了自己对垃圾分类环保理念的认识。最后，将质量比较高的绘画进行展示，既让学生的创意思维得到了升华，又传播了垃圾分类环保理念。

3.研究类课程。

经过多年的小课题研究，南宁三中课题研究开展模式可总结为讲座指导—课题研究—汇报答辩—成果展示。每名南宁三中学子至少开展4次小课题研究。高一主要通过教师引导、教师讲座，使学生具备初步研究知识，注重研究的规范性；高二通过专家讲座拓宽学生视野，使其根据需要选择研究方法，提升研究水平和研究能力，突破瓶颈，追求创新思维。每年组织一次汇报会，自2016年起组织优秀课题组答辩，学生通过答辩表达自己的观点，答辩过程中获取新知，加深对本课题的理解。

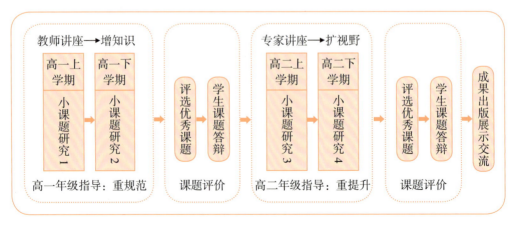

图5　南宁三中课题研究开展模式

4.形成高中人文类主题式创新教育课程实施运行机制。

研究性学习优秀论文答辩

建设形成人文类创新教育课程建设与运行的闭环机制，闭环运行机制分为以下步骤：明确教育定位 → 采集信息、吸收资源 → 制度保障 → 课程建设 → 识别课程建设水平 → 监控课程实施 → 内部评价激励推动并发现问题 → 制订改进措施 → 持续改进。通过闭环运行机制，使课程建设活动与教学实施成为一个首尾相连的过程，形成持续改进的良性循环，使课程不断发展，保障新时代创新人才的高质量培养。

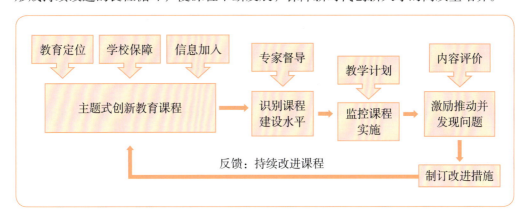

图6 南宁三中主题式创新教育课程设计路径

中学创新教育校本化的探索与实践*
——以"科技类主题"课程为例

一、问题的缘起

（一）研究性学习是国家教育战略

2001 年 6 月，教育部印发的《基础教育课程改革纲要（试行）》规定将研究性学习纳入综合实践活动，作为小学到高中的必修课程，强调学生通过实践，增强探究意识和创新意识，学习科学研究的方法，发展综合运用知识的能力。《国家中长期教育改革和发展规划纲要（2010—2020 年）》明确要求，在对学生的培养过程中要注重学思结合、知行统一及因材施教，以此建立创新人才的培养模式。

2016 年，教育部发布的《中国学生发展核心素养》提出"人文底蕴、科学精神、学会学习、健康生活、责任担当、实践创新"六大素养。其中，科学精神和实践创新是研究性学习的培养

---

*　本文获 2021 年度南宁市教育科学微型课题结题评定 A 等。

目标，开展研究性学习是培养科学精神和实践创新能力的重要途径。2017年，教育部印发《中小学综合实践活动课程指导纲要》，强调综合实践活动是国家义务教育和普通高中课程方案规定的必修课程，是基础教育课程体系的重要组成部分，将其与学科课程并列设置，自小学一年级至高中三年级全面实施。

2019年，中共中央、国务院印发《中国教育现代化2035》，把"提升一流人才培养与创新能力"列为中国教育现代化的十大战略任务之一，强调丰富并创新课程形式，创新人才培养方式，培养学生创新精神与实践能力，强化实践动手能力、合作能力、创新能力的培养。

（二）开展研究性学习的困惑

实践探索过程中，发现当前广西开展研究性学习主要存在如下困惑：

首先，学校缺乏专门的研究型课程领导机构；同时缺乏专业的研究性学习指导教师，大多由高考科目教师兼职，缺乏专业性，不能给予学生有效的指导。其次，重视高考学科的多，关注研究性学习的少；课时、师资得不到保障。再次，学校课程框架尚不健全，课程开发不成系统，对于研究型学习课程设定比较随意。最后，突出的问题有课程领导力不强、课程规划能力弱、课程模式混乱、课程实施不力。

（三）南宁三中科技创新课程起步探索

调查发现"解决问题能力薄弱"是阻碍学生创新实践能力提升的主因，南宁三中从2002年开始，立足于学生终身发展的需要，开始探索一种提升学生自主研究能力的组织形式与学习方式，力图探索一些有效的解决方法。在南宁三中科研部门的推动下，教师们踊跃参与科技创新课程的开发和实施，做了许多有益尝试。当年，3位研究性学习指导教师撰写了3篇研究性学习研究文章（《让"研究性学习"固点、串线、组面、成体——对研究性学习活动的认识与实践》《浅议"研究性学习"》《开展研究性学习的八种误区》）发表在《广西教育》上。源于对科技创新课程的投入，南宁三中人的探索与思考一直延续到现在。

二、解决问题的主要思路

第一，如何建设研究性学习课程，提升课程的领导力和规划力。

第二，如何建立多方联动的研究型课程常态化运行机制。

第三，如何进一步增强研究兴趣、提升学生自主探究能力。

三、主要成果

（一）构建多方联动科技创新课程领导结构

以学生为中心，将"教育创新专业发展系统、个性化成长系统、学习支持系统"融会贯通。在治理结构和研究性学习课程的支撑下，形成学生个性化成长系统；在教师和研究性学习课程的支持下形成学习支持系统。由科研部门负责研究性学习课程的综合化运行，通过组建教师指导团队，全程全方位、多样指导学生开展研究性学习。研究性学习课程结构清晰、管理有层次，是体系性的研究性学习。

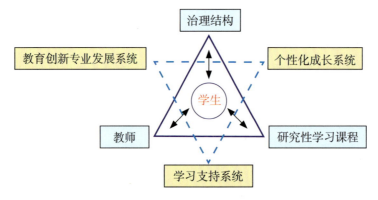

图 1　学生个性化成长系统

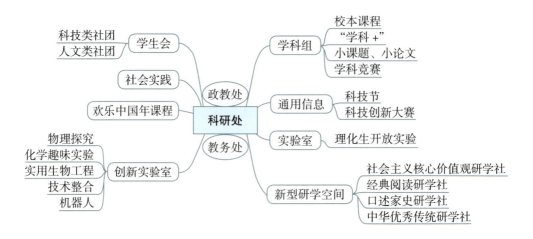

图 2　南宁三中研究性学习课程管理结构

（二）进行研究性学习课程的学生发展核心素养校本化表达

为充分发挥研究性学习独特的育人价值，将研究性学习课程素养育人的课程目标进行校本化表述，统领课程。

表1　南宁三中科技创新课程素养校本化表达

载体	课程目标	发展核心素养校本化表达
课题研究	经历完整的研究历程 撰写小论文，形成课题报告	懂研究规范，逻辑清晰，格式符合要求
人文社团	感受人文、品味文化、体验艺术	自主合作、多元思维
科技社团	促进知识流动，增进学科融合	质疑求真、探究交流、应用创造
特色研学	感知特色文化，紧跟时代脚步	多学科、多角度思考问题
科技活动	应用技术进行创新设计、制作体验新科技，开阔视野	传统项目设计和绘图，动手进行创新制作
创新实验	应用时代较先进技术和方法进行开放式实验	有科学理想，进行数据采集、证据推理和模型建构，形成特长
高一年级	引导学生根据兴趣个性选择研究发展方向	兴趣导向，智能分流
高二年级	确定方向后，侧重夯实技术和提升学术	夯实技术，提升学术
高三年级	在实践中解决问题，提升创新能力	综合运用，解决问题

（三）融合研究性学习创新实践载体，形成"五层三步"进阶式研究性学习模式

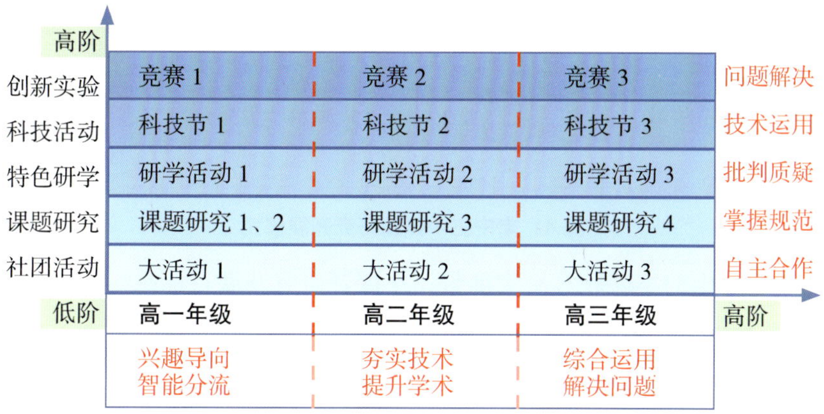

图3　南宁三中"五层三步"进阶式研究性学习模式

项目组经多年实践，系统规划、整体推进，科研处主要负责。融合五大载体（社团活动、课题研究、特色研学、科技活动、创新实验）为培养学生创新实践能力的重要平台，以发展"自主合作、掌握规范、批判质疑、技术应用、问题解决"素

养为目标，构建了"五层三步"进阶式研究性学习模式。"五层"即社团活动、课题研究、特色研学、科技活动、创新实验，是课程平台；"三步"即高一、高二、高三。高一年级侧重兴趣导向，智能分流，引导学生根据兴趣个性选择研究发展方向；确定方向后，高二年级侧重夯实技术和提升学术；高三年级的发展目标为综合运用，解决问题。

1. 社团活动。

学校现有各种类别社团 48 个。其中，科技类社团有 15 个，放卫星社、中医药社、天文社、物理社、化学晶体社等是科技类社团中的明星社团；人文类社团有 13 个，英语社、戏剧社、古风社、法学会等在人文类社团中备受欢迎；体艺类、管理类社团共有 20 个。2017 年开始，南宁三中设立导师团项目孵化制度，导师团主要由高校教师、科技类社团指导教师、通用信息指导教师等组成，为学生项目研究提供规划选择、研究评价等方面的指导。每学期评选出优秀科技类社团。

2. 课题研究。

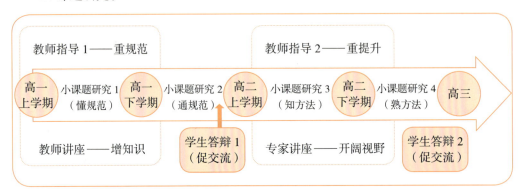

图 4　南宁三中课题研究开展模式

面向全体学生的小课题具有大能量，小课题研究开展目标是"人人有课题，课题有质量"。经过多年的小课题研究，学校总结出了南宁三中课题研究开展模式，每名南宁三中学子至少开展 4 次小课题研究。高一主要通过教师引导、教师讲座，使学生具备初步研究知识，注重研究的规范性；高二通过专家讲座拓宽视野，根据需要选择研究方法，提升学生研究水平和研究能力。每年组织一次汇报会，自 2016 年起组织优秀课题组答辩，学生通过答辩表达自己的观点，在答辩过程中获取新知，加深对本课题的理解。

表2　五象校区 2017—2019 年课题研究情况

年度	2017 年	2018 年	2019 年
提交小课题报告（篇）	1232	2317	2401
评出优秀报告（篇）	178	219	302
参与答辩课题组（个）	10	14	13

3. 特色研学。

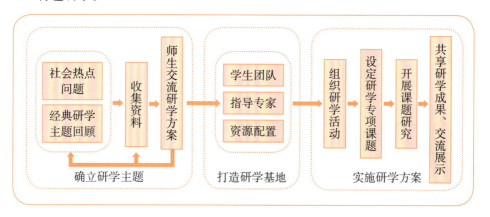

图5　南宁三中特色研学开展模式

指导研学社活动

学校开设图书馆书吧、阅览室、研学教室等自主研学区域，创设能进行深度学习与思考的时间与空间，目前已创办研学空间 17 个。在定位上，研学社略高于普通社团，学校为研学社安排了专门空间，配备指导教师，在研究资源上和指导教师上多于一般社团，对研学社的管理也较严格，制定了管理制度。2018 年，共青团中央书记处第一书记贺军科到南宁三中调研并和学校社会主义核心价值观研学社成员座谈，对学校社会主义核心价值观研学社工作给予高度肯定。其他如经典阅读研学社、口述家史研学社、中华优秀传统文化研学社等的成员在广西乃至全国比赛中纷纷获奖。

4.科技活动。

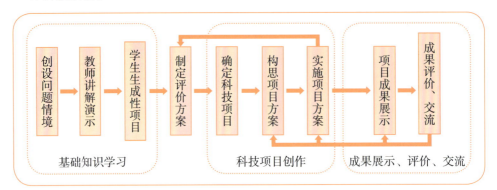

图6　南宁三中科技活动开展模式

创意设计大赛

"水火箭"一飞冲天的喜悦

每年一届科技节活动，主要分为体验展示类、现场竞技类、评比类比赛。科技节以突出人才培养，淡化竞赛，重在体验和参与为目的，同时有针对性地集中开展各项培训讲座，重点提升学生的设计能力与实践能力。最近3届科技节，每届均有超过20个活动项目，参加师生超过6000人次，学生获奖人数超1000人次。开设了16场科技专家课堂，其中8场为高校专家学术报告，8场为本校研究性学习指导教师的专题科技讲座。学生踊跃参与，学校收到252份创新方案，评出20多份很有价值的研究方案，并落实科技孵化跟踪制度，成功申请了专利。

5.创新实验。

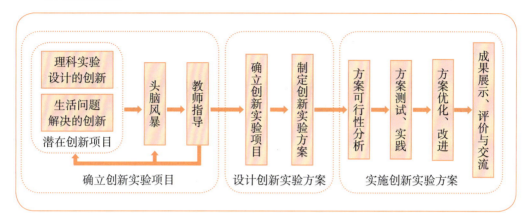

图7　南宁三中创新实验开展模式

学校共有研究性学习小组创新实验室6个，专门编写了《青少年科技创新活动手册》，为学生开展常态化、普及化的创新实践提供指导。

鱼菜共生实验室

3D打印创新实验室

创新实验室已成为学校研究性学习重要的平台，是创新科技大赛、科技类社团的支撑载体和活动根据地，初步形成了物理探究、化学趣味实验、实用生物工程、技术整合、机器人五大学习领域，每个领域都开发了校本选修课和相应创新实践项目。以机器人创新实验室为例，学习机器人技术是以兴趣为前提，学生自愿报名，目前高一、高二有6支机器人队伍。主要开设WER（世界教育机器人大赛）机器人课程，每周进行3次集训。曹耀彬、黄柳霖同学在WER2018赛季世界锦标赛中获三等奖。

搭建机器人训练场地

在 2018 年广西中小学电脑机器人竞赛中获奖

（四）丰富课程，匹配个性，提升南宁三中学子创新实践能力

1. 丰富课程，促进校本课程与研究性学习课程深度关联。

寻求校本课程和研究性学习课程内在联系，注重学科课程目标与研究性学习课程目标之间的相互渗透和融合。开发"面向全体、兴趣导向、技术提升"3 类研究性学习校本课程共 166 门，开发课程的教师也是研究性学习指导教师，对口指导开展研究性学习。学校开发了 3 类课程：第一类是面向全体的通用型课程。第二类是面向项目的兴趣类课程。为解决学生技术薄弱、动手能力差的问题，学校还组织通用、信息组教师开发了第三类课程——技术提升课程，使学生拥有技术课程课标所要求的基本学习经历和技术素养。

学校引导各学科组充分发挥特色校本课程的支持作用，每年举办的欢乐中国年活动设计了大量研究性学习内容，如"文化大观园活动""数学游园活动""英语世界""化学梦工厂""趣味物理实验""生物乐园"等。2016 年创设的传统特色课程"光阴的故事·二十四节气"，融合历史、人文、地理等学科知识，由多学科教师共同实施，有力地促进了学生多元思维和发散思维的发展。

欢乐中国年活动

趣味化学——酿酒蒸馏

2．匹配个性，最大限度满足学生的个性化需求。

内容上，学校对研究性学习各类课程开发、实施过程进行调查，了解课程的热度趋势、学生的兴趣，依据时代科技发展，结合学校的资源进行课程重整优化，从而形成实证化的课程菜单。方式上，社团活动、课题研究面向全体学生，特色研学、科技活动、创新实验面向研究性学习小组。学习方式有个人自主的研究性学习、小组合作的研究性学习、教师指导的个人研究性学习、教师指导的小组合作学习等。在内容和方式上，最大限度满足学生的个性化需求。

（五）教师培训并举，全面提高研究性学习指导教师的专业能力

为全面提升教师的研究性学习综合指导能力，提升教师的课题研究指导能力、项目设计制作能力，科研处组织资深专家、优秀同行对研究性学习指导教师进行全方位培训。近3年来，研究性学习指导教师的专业能力不断提升，结项市级课题65项。

（六）资源拓展，多方合作，提升研究性学习研究成果

学校科研处从国内科研院所、知名高校聘请优秀指导教师作专题讲座，开设"乌龙寺讲堂"，解决学生研究中的困惑，对学生进行培训、指导，提升学生的实践能力。与科研院所、高校合作建设了6个创新实验室，如与中国科学院合作建设3D打印创新实验室等。2002年以来，邀请中国科学院、北京航空航天大学、广西大学、广西师范大学、南宁师范大学等校近200名资深专家作专题报告。南宁三中和广西师范大学合作编写的《八桂科技行》，聚焦学科核心素养落实，深受欢迎。与南宁市博物馆（南宁市文物考古研究所）、南宁市科技馆（南宁市青少年科技中心）建立长期、有效的友好合作关系，共建"研学基地""校外考察与实践基地"。

与南宁市博物馆共建研学基地

研究性学习小组到南宁市博物馆研学

基于"实践型德育"理论的高中生研究性学习实践与思考
——以南宁市第三中学为例

【摘要】研究性学习也是一种实践活动，是学校或教师引导下的学生自主实践。我们可以在研究性学习前开展德育教育，在研究性学习中提升德育效力，在研究性学习后发掘德育亮点、升华德育效果。无论哪种德育形式，最终都是为学生的终身成长、终身发展奠基的。

【关键词】实践型德育　研究性学习　德育模式

自 2001 年教育部印发《普通高中"研究性学习"实施指南（试行）》（简称《指南》）对研究性学习的研究和实践进行指导以来，研究性学习实践探索方兴未艾。笔者在研究中发现，在过去的研究性学习实践中，我们往往重视学生开展研究性学习具体方法、措施的指导，而忽略了发掘研究性学习中的德育因素，忽略了学生在开展研究性学习活动过程中道德的体验、引导、升华。

在新的一轮教学改革中，为适应"培养全面发展的人"①的核心素养要求，在高中重视开展研究性学习实践并发掘其德育因素，具有重要意义。本文拟以南宁市第三中学的实践为例，谈一谈笔者的思考，以求教于方家。

一、研究性学习的德育因素

《指南》认为，"研究性学习是学生在教师指导下，从自然、社会和生活中选择和确定专题进行研究，并在研究过程中主动地获取知识、应用知识、解决问题的学习活动。研究性学习与社会实践、社区服务、劳动技术教育共同构成'综合实践活动'，作为必修课程列入《全日制普通高级中学课程计划（试验修订稿）》"②。这一方面从学习方式上看，认为研究性学习是一种学生主动探究的学习活动，表现为学生学习方式由传统的被动学习到主动学习、由被动接受到自主汲取的学习过程转变；另一方面从课程角度上看，认为研究性学习是培养学生分析问题、解决问题的能力和创造能力的实践性课程。尽管看待角度不同，但都认为研究性学习是一种重视研究实践行动、重视自主参与、重视体验过程、重视知识生成的学习实践活动。

我们认为，实践型德育是"受教育主体通过积极参与道德实践活动，体验道德生活，在教师的引导下，感悟道德要求并内化为自身品质。……实践型德育的实质是一种体验式和发现式的道德学习"。其实施过程是"实践—体验—引导—升华"③。实践型德育作为一种新型的德育模式强调实践的作用，通过实践培养学生的道德认识、通过实践检验学生形成的道德认识；强调开展各类实践活动，增强学生的自主性和创造性；强调道德潜移默化的形成过程。

经过以上的分析，我们看到研究性学习也是一种实践活动，是学校或教师引导下的学生自主实践，因此我们可以在实践前、实践中开展德育教育，实践后发掘德育亮点、升华德育效果。

---

① 核心素养研究课题组：《核心素养：为了培养"全面发展的人"》，载《中国教育学刊》2016年第10期。
② 中华人民共和国教育部：《普通高中研究性学习实施指南（试行）》，载《中小学管理》2001年第7期。
③ 贾应锋：《例谈实践型德育模式的具体内容——中学学校文化建设研究系列论文之三》，载《广西教育学院学报》2016年第3期。

二、如何在研究性学习实践中开展德育

（一）引导选题，开展德育的起点

我们在选题中引导学生关注社会热点，培养社会责任。"道德实践的生命力在于理论联系实际。要让学生始终感受到时代的变化，社会大潮的涌动，让学生产生一种热情去关心社会，关注祖国的发展，就必须使道德实践活动与社会热点结合。"[①]我们的研究性学习选题建议是"贴近生活、学习，贴近南宁实际"。在收上来的 240 多篇研究性学习报告中，我们看到很多关于社会热点的内容，如南宁市公共交通、南宁市旧城改造、春节烟花爆竹燃放等。以南宁市公共交通为例，2016 年 12 月 28 日南宁市地铁一号线正式进入（试）运营、2017 年 1 月 25 日南宁市 BRT（快速公交系统）一号线开通运营，对南宁市的交通、市民的生活、首府的形象都产生了重大的积极影响。2016 级李龙等 5 名同学从人们关于地铁的初步认识、市民乘坐地铁的感受、是否选择乘坐地铁、人们喜欢的出行方式 4 个方面进行了调查，认为南宁地铁一号线"使人民享受到了更加便利、便捷的生活，缩短了出行时间，提高了生活质量，体现了南宁市政府对于人民出行的认真和细致规划……是一项真正的惠民工程"。2016 级简杏倩等 5 名同学对南宁市 BRT 进行调查和实地体验，针对其存在的隐患提出"相关部门应进一步完善交通设施设备，对于造成堵塞的路段进行更加有效的管理；引导私家车驾驶员不占用 BRT 专用道；呼吁广大市民多乘坐 BRT 等绿色交通出行"等建议。在学生的实践中，我们看到了学生对南宁交通巨大变化的深刻感受，也看到学生对政府民生工程的肯定，对南宁交通更好发展的热切关注和积极参与。

学生通过自己的调查和实践，形成自身的积极的认识，正如《指南》里提到的"学会关心国家和社会的进步，学会关注人类与环境和谐发展，形成积极的人生态度"，"培养对社会的责任心和使命感"[②]。

---

① 贾应锋：《例谈实践型德育模式的具体内容——中学学校文化建设研究系列论文之三》，载《广西教育学院学报》2016 年第 3 期。

② 中华人民共和国教育部：《普通高中研究性学习实施指南（试行）》，载《中小学管理》2001 年第 7 期。

（二）构建合作共同体，提升德育效力

"道德……是人与人、人与社会、人与自然关系的一种反映……追问就其根本功能来说，就是教人行善，离开善，则无道德可言……离开合作，则无道德可言。"[①]

一方面，我们积极构建合作共同体。要求"小组内各成员协作完成一篇小课题论文"，并以班级为单位，进行分工协作，"每班成立 10 个小课题组，小组成员 5 人，其中一名课题组组长；课题组组长组织成员分工协作"（如图 1）。在最后的论文汇编成册和颁奖、展示过程中，都以小组的形式呈现。这种通过"设立共同目标、创造合作机会、明确分工强化合作、对合作效果及时鼓励"的方式，促进了学生想合作、能合作、知合作、乐合作的协作精神的培养和发展。

课题名称：　　　浅谈偶像精神与青少年教育的结合

课题组长：姓名　黄**　性别　女　班别　高一（*）　学号 2016020***

成员表：

班别	学号	姓名	性别	任务分工
*班	2016021***	韦***	女	"偶像精神与青少年教育结合的概述"
*班	2016020***	罗***	女	"偶像精神与青少年教育结合的意义"
*班	2016020***	陈***	女	"偶像精神与青少年教育结合的方法"
*班	2016020***	冯***	女	结论部分
*班	2016020***	黄***	女	结构框架、摘要、引言和关键词，全文统筹审核及修改

图 1　2016 级某研究性学习小组分工

另一方面，创造平等真诚的合作共同体，以共同体提升德育的效力。"没有个体之间平等、真诚、人道的互动与交往，就没有真正有效的、合乎道德的合作学习。"[②]因为研究性学习活动是课外进行的，不可能随时随地接受教师的引导，为保证学生之间交流的平等性、真实性，保证合作正常进行和目标的最终实现，我们建议在班主任的指导下根据学生自愿原则组成研究性学习小组开展研究。在实践过程中，出现了以同宿舍、同班、同社团等形式为单位的小组。这些类型的小组或因兴趣相同、

[①]　向玉贞：《合作道德教育初探》，山东师范大学 2001 年硕士学位论文，第 19 页。

[②]　刘玉静：《让合作以道德的方式进行———交往伦理学视域下的合作学习研究》，载《教育发展研究》2009 年第 20 期。

或因关系较为亲近，往往能够在实践过程中推举心目中最有能力的成员当组长，并服从组长安排，当出现困难时彼此之间能够相互理解、共同寻对策，能为实现共同的目标真诚地沟通、努力，争取最好的结果。

（三）总结研究性学习成果，德育的升华

一方面，多元多层次表彰和肯定学生努力的结果，激发学生的荣誉感、自豪感、自信心。2016—2017 年度下学期，经过科研处和各个学科组的努力，学校评选出优秀研究性学习报告（论文）一等奖 6 篇、二等奖 12 篇、三等奖 12 篇；将评选出的报告（论文）编成《研天地之理，究人文之事——2016 级研究性学习论文萃编》并出版，实现学生作者人手一册；召开表彰大会并让获一等奖的 6 个小组展示自己的研究成果；将研究性学习系列成果写成报道并转发到家长群、教师群等。这既促进了学生的个人成长，也促进了良好的班风、校风的形成。另一方面，我们还可以通过研究性学习成果，了解到学生这一成长阶段所关注、所困惑的问题，并有针对性地给予指导，让研究性学习的德育功能继续发挥作用。

在研究性学习过程中，我们不仅要重视学生的研究性学习成果，还更应当重视学生的实践体验过程。有所动才有所思，有所思才更易有所成。同时，研究性学习过程中重视教师的引导和学生的自主实践相结合，教师是引路人、指路人，学生是实践者、行动者。

综上所述，我们从"实践型德育"理论出发，认识研究性学习在德育教育方面的重要意义和具体实践的方法，通过选题、合作开展研究性学习、总结表彰，以"实践—体验—引导—升华"为路径，实现开启德育教育、提升德育效力、升华德育。在这过程中，我们认识到，学校开展德育教育的方式是多种多样的，但无论哪种德育，最终的一环都是学生身心的自我体验后新的生成。我们最终的期盼是德育教育能够为学生的终身成长、终身发展奠基。

附　录

报道：诚心琢玉，守道如山
——记广西南宁市第三中学副校长韦屏山

　　韦屏山是广西的儿子，浑身透出的是大山般的深沉、稳重和
劲健。朋友、同事以及过去的学生一直亲切地称呼他"阿山""山
哥"。直到有一天，称呼在学生口中变成"山爹"，似乎在告诉
他：你已不再挺拔如初。对此他也乐呵呵地点头应和，受用心甘。
因为，在他心中，山终究会经历沧桑，但却始终可以给人依靠。
那一年，他担任南宁市第三中学的副校长并同时兼任两个班的班
主任。从教20多年，韦屏山老师的成长历程和教育思想，传遍了
八桂；他的教育理念，引领了无数学子的成长，也滋养了广西这
片土地上一大批中青年教师的成才。他以跋山涉水的教育践行者
的形象，为八桂大地教育事业的发展殚精竭虑。

　　他把获得的荣誉看得很轻，将之视如会随着山中云气飘飞散
去的山间云彩；他把教过的学生看得很重，在杏坛播下的种子犹
如在山上栽下的树苗，或已绿叶成荫，或正茁壮成长，每一棵都
点缀了他开垦过的山林，共同铸就一片奇秀的风景。他把教育看

得很美，就像在雕琢山间的美玉，玉给了山以灵气，而他便是那琢玉的巧匠。

真心育人，玉汝于成

韦老师说过，不当班主任的日子是有质量的日子，当了班主任的日子是有重量的日子。20多年班主任的经历使他的人生有了重如大山的分量。那一届学生永远不会忘记，因为担心高三的孩子们营养跟不上，他决心每天为全班同学的早餐配上鸡蛋。一个班50多个孩子，每人每天2个鸡蛋，一天100多个，一年下来煮了几万个；凌晨5点多他便起床洗锅烧水，一锅接一锅，就连70多岁的老母亲也早早起床帮忙。从每天7点准时到韦老师家领鸡蛋去班上分发的班长眼里，他收获到的是学生回报的沉甸甸的信心和温暖。

韦老师有一名学生小张，高三时一夜之间失去了父亲，母亲是一名普通女工。失去父亲的痛苦、守护母亲的责任、备战高考的压力，让小张稚嫩的心灵无法承受，常常以泪洗面，学习成绩急剧下降。韦老师及时找到小张，先尽力鼓励，让她慢慢平静下来；接着进行多次家访，做小张母亲的工作，勉励小张以优异的成绩来告慰父亲。近一年时间里，小张的一举一动他都看在眼里，他尽己所能从思想上、学习上、生活上给予帮助。最终，小张勇敢面对现实，战胜各种困难，考上了重点大学。在小张上大学的4年里，韦老师依旧记着这个生活遭遇磨难却勇敢坚强的孩子，尽力在思想上、经济上给予帮助。当小张大学毕业走上工作岗位时，她动情地对韦老师说："老爸，谢谢您!"这一声"老爸"，令他感动不已。他有许多儿女，他们口中的"山哥""老爹"，给他的人生增添了许多幸福和价值。

他相信爱是会传递下去的。玉养于水、润于泽，也同样会用自己的温润养人，为人理气。大山养育森林万物，万物也装点了大自然。

班级文化品质一直是韦老师着力打造并在很多活动中着力培养的。在众多班级文化品质中，他将"豁达"放在了第一位。有一年开学后不久的一个周末，他把学生带到农村扶贫。那天天气突然变冷，下着毛毛雨。当天中午，同学们分别到农户家里吃饭。看到桌上的饭菜，一个同学说："他们平时吃得也不错啊，有鱼有肉的。"后来这名同学去后院，发现一个孩子独自待在那里，一问才知道是农户的小孩。小孩说今天的饭菜是特别为城里来的贵客准备的，自己不能上桌。在总结班会上，那名同学流泪了：农家为了接待他们把自己的孩子排除在外，想想平时自己的作为，感到很羞愧。

后来，学生们在村子里面帮扶了6个贫困学生，每个月都拿出一些零花钱资助他们。这项活动得到了延续——后来他的学生自发组织，总共资助了18名农村孩子完成学业。他还安排学生去农村割稻谷，一大早开始干活，干到中午12点。然后，让学生们自己搭灶做饭，有些火生不着，有些灶搭不好，一些同学折腾到下午4点才吃上饭。在主题班会上，同学们说：知福了。想想父母平时不管工作多忙多累，甚至偶尔身体不适，也要在第一时间内把劳累抛在一边开始做饭。而今天自己动手做的一顿饭，却是父母每天的常规工作。

美其众材，琢玉成华

在育人中，韦老师十分注重融入生命安全与发展、审美情趣等不同维度的教育。他提出了"以主题活动带动情商发展，以情商发展带动智商提高"的"情商教育法"，并倾注心血践行。

尽管他经常接手的都是全校基础最薄弱的班级，但为使处于全校基础最薄弱班级的同学不再有被边缘化的感觉，他给每一名同学机会，最大限度地唤醒学生的自尊，激发学生的斗志。"要改变一所学校，就要改变学校的精神；要改变一位老师，就要改变他的价值取向；要改变一个学生，就要改变他的人生追求。"他努力去做了，相信他的学生也有同悟。在班里同学的日记本上，有这样一段话："在山东参拜孔子，有人提出，拜孔子就不用跪了吧？'老爹'说：千里迢迢，就是为了这一跪。他还让我们进行文化寻根，人手一册《上下五千年》……这就是'老爹'，是朋友，更是我们的人生导师。他教会我们怎样生活，打破了传统的师道尊严，让我们度过高中充实而又快乐的'天仰流年'时光。"

"玉虽有美质，在于石间，不值良工琢磨，与瓦砾不别。若遇良工，即为万代之宝。"韦老师也一直在想，怎样才能做好一名能化璞玉为瑰宝的良工。他让班上学生每星期调整一次座位，每个月竞选一次班长，让班级显得与众不同。座位调整，让大家更充分了解彼此；班长一个月选举一次，每个人都有上台演讲和竞选的机会，于是班上大半同学都当过班长。每个学生都有自己的特长，即使是那些成绩不理想的孩子，也应该给他们确定一个"江湖地位"，让他们有一个舞台展现自己，得到肯定。例如，有一个叛逆而聪明的学生因为一次迟到，韦老师找他谈话，说了一大堆道理。"接受吗？""不接受。""那你接受什么？""对抗。"就是这样的一个学生，通过竞选当上了班长，一个月下来，活动组织得有声有色。他希望能为学生一辈子着想。他的许多学生在大学里成为学生干部，成为各领域的佼佼者。他们能力的累积效益在毕业后开始显现并帮助他们实现了价值。

"保护个性，引领个体发展是生命教育的关键。"他这样说，也这样坚守。

他山采石，攻玉在行

作为一名教师要有专业成长的意识，他的职业定位是做一名促进学生生命发展的教师。他以此为动力，坚持学习，提高理论研究水平，承担重要课题；教学上着力打造自己独特的"尊重知识的发现过程，以解决问题为突破口"的高效教学模式，启发学生创造性思维，发展学生思维品质，力求课堂教学有序、有理、有情、有趣，使之充满生命的活力和思维的张力；他不断反思，随之而来的是具有影响力的一篇篇论文的发表，一本本专著的问世……

他乐于将自己的思考和收获与同行分享，他到那坡、都安、凭祥、天峨等地区为当地学校作学校发展和教师专业化发展等专题报告，为学生作高考复习及学习规范等讲座，足迹遍布广西的大山和边陲；他接受几个县教育局的聘请，担任教师专业发展培训专家；他应邀到高校，通过讲座、报告等形式，为学员提供更高层面的教师教育。2005 年至今，他的报告、讲座累计召开 60 多场，受众在 7 万人以上。

在别人或质疑或信服的眼光中，他所带的学生一一用成绩作出了回答。他所带班级屡获各种奖励，学生全面发展，成绩优异。新华社、中央广播电视台、广西广播电视台、《广西日报》等众多新闻媒体曾做过韦屏山老师的专题报道，均称之为"一个特立独行、执着追求教育智慧的教育者，一个行走在素质教育与应试教育边锋的探索者"。

然而，韦老师始终认为，自己做的事情很平常很平凡，只是遵循育人的本质，做着一名育人者应做的事。一名网友曾在论坛上留言："其实，'老爹'的做法，有一些是我们曾经做过的但是没有坚持下来的，还有一些是我们想到了却没有去做的，更有一些是我们连想都不愿意去想的。是我们缺少了'老爹'一样的责任感和事业心，是我们只把教育当成一种谋生的职业，还是升学的压力扼杀了我们本来拥有的工作热情？"他看了很感动，这道出了他以及许多同道中人坚守教育理想不平凡的艰辛：现实与理想无奈的尴尬。

新华社记者采访韦老师时问："素质教育和应试教育其实并不对立，但在'素质教育轰轰烈烈、应试教育扎扎实实'的现实怪圈中，如何兼得？""现在的老师，在应试教育的指挥棒下机械地比分数，个性太少，缺乏教育智慧。很多人认为我在创新，其实我是在回归，回归教育的本来：关注人的尊严，最大化地体现教育的力量。"他道出了所思所想。

"尊重每个生命的价值，促进每个生命的良性发展，这是教师的重要使命！"韦老师坚守这样的理念，这也是他追寻的教育之"道"以及孜孜追寻的最本质的东西。琢玉性惟坚，孜孜以成华。琢玉日久，他希望自己的性情，也能浸染玉的温润平和，成熟而不轻浮，沉静而睿智。一个有内涵的人也应该是一座山，成熟、稳重。他提醒自己，内心要如一座静默、稳重的大山，静静思考，悄悄生长。他无意于"用人格魅力感召人，用模范行为影响人"，他愿意在"净化心灵，简化生活，修正习惯，处处主动；勤于学习，善于反思，勇于实践，乐于奉献"的教育征程上潜心耕耘，以丰厚的山间营养，润泽美玉，用如山的爱，如山的步伐，实践着重如山的教育事业，并以思考者的姿态屹立，信道守诚！

（来源：中国教育新闻网 2014 年 7 月 3 日，本书收录时有删改）